权威·前沿·原创

皮书系列为
"十二五""十三五"国家重点图书出版规划项目

嘉峪关蓝皮书

BLUE BOOK OF
JIAYUGUAN

嘉峪关市经济社会发展报告
（2017~2018）

ANNUAL REPORT ON THE ECONOMIC AND SOCIAL
DEVELOPMENT OF JIAYUGUAN (2017-2018)

主　编／韩峻峰
副主编／王玉忠　杨平刚　王　炜　杨殿锋

社会科学文献出版社
SOCIAL SCIENCES ACADEMIC PRESS（CHINA）

图书在版编目（CIP）数据

嘉峪关市经济社会发展报告. 2017~2018 / 韩峻峰
主编. -- 北京：社会科学文献出版社，2018.5
（嘉峪关蓝皮书）
ISBN 978 - 7 - 5201 - 2464 - 5

Ⅰ.①嘉…　Ⅱ.①韩…　Ⅲ.①区域经济发展 - 研究报
告 - 嘉峪关市 - 2017 - 2018 ②社会发展 - 研究报告 - 嘉峪
关市 - 2017 - 2018　Ⅳ.①F127.423

中国版本图书馆 CIP 数据核字（2018）第 053457 号

嘉峪关蓝皮书

嘉峪关市经济社会发展报告（2017~2018）

主　　编 / 韩峻峰
副 主 编 / 王玉忠　杨平刚　王　炜　杨殿锋

出 版 人 / 谢寿光
项目统筹 / 祝得彬
责任编辑 / 张　萍

出　　版 / 社会科学文献出版社·当代世界出版分社（010）59367004
　　　　　　地址：北京市北三环中路甲 29 号院华龙大厦　邮编：100029
　　　　　　网址：www.ssap.com.cn
发　　行 / 市场营销中心（010）59367081　59367018
印　　装 / 三河市龙林印务有限公司

规　　格 / 开　本：787mm × 1092mm　1/16
　　　　　　印　张：18　字　数：271 千字
版　　次 / 2018 年 5 月第 1 版　2018 年 5 月第 1 次印刷
书　　号 / ISBN 978 - 7 - 5201 - 2464 - 5
定　　价 / 89.00 元

皮书序列号 / PSN B - 2018 - 702 - 1/1

本书如有印装质量问题，请与读者服务中心（010 - 59367028）联系

主要编撰者简介

邓廷涛　男，毕业于西北师范大学政治学理论专业，研究生学历，法学硕士学位。曾在中共嘉峪关市委党校任教，主讲河西生态、非传统安全、党的建设、基层治理等专题，先后在《甘肃社会科学》《青海社会科学》等学术刊物上发表论文 20 余篇。现在嘉峪关市委政策研究室工作，参与编写《嘉峪关转型发展研究》（经济日报出版社，2016 年 5 月出版）。

张海吾　男，毕业于西北师范大学思想政治教育专业，大学学历，法学学士。曾在嘉峪关市统计局等部门工作，现供职于嘉峪关市委政策研究室，主要研究方向为嘉峪关经济发展、工业经济转型发展、新常态下嘉峪关经济形势分析预测等。主持和参与起草了市委、市政府多项政策文件。

李燕生　男，毕业于甘肃政法学院法学专业，大学本科学历。现供职于嘉峪关市委政策研究室，从事市情调研、区域经济社会转型发展研究、领导决策参考等工作。论文《一场千年接力——社会主义核心价值观历史传承与创新发展略论》获 2015 年度中国思想政治工作研究会优秀成果评选一等奖。

邹　哲　女，毕业于兰州大学思想政治教育专业，本科学历，法学学士学位。现在中共嘉峪关市委政策研究室（改革办）工作，先后参与撰写《嘉峪关市深化改革和体制机制创新研究报告》《嘉峪关转型发展研究》等多项专题研究报告，并参与嘉峪关市科技计划项目"嘉峪关新型工业化发展研究""嘉峪关城乡一体化发展研究"的撰写工作。

李国荣 男，毕业于天水师范学院汉语言文学专业，大学本科学历，文学学士。现任职于嘉峪关市委政策研究室（改革办），主要从事区域经济发展、产业结构调整、城乡一体化、文化产业发展等方面政策理论研究。参与编写《嘉峪关发展研究》（光明日报出版社，2015年1月出版）。

吕伟杰 男，大学本科学历，法学学士，公共管理学硕士。本科毕业于合肥工业大学法学专业，在职研究生毕业于西北师范大学公共管理专业。曾在嘉峪关市水务局工作，现任职于中共嘉峪关市委政策研究室，主要从事水利水资源管理、公共管理、法学、基层党建、基层社会治理等方面研究。

摘　要

　　《嘉峪关市经济社会发展报告（2017～2018）》由嘉峪关市委政策研究室主持编撰，是定位于总结分析嘉峪关发展现状，预测嘉峪关未来发展的综合性研究报告。

　　全书包括总报告、转型发展篇、供给改革篇、文化旅游篇、全面小康篇、文明城市篇、生态文明篇、民生保障篇八大板块，全方位展示了嘉峪关2017年经济社会发展成就，深刻分析了嘉峪关今后一个时期的发展趋势。

　　针对嘉峪关经济社会发展的热点和重点问题，每篇报告通过数据对比、理论解析、模型预测等多种研究方法，深度解析了事关嘉峪关长远发展的问题，致力于为政府发展决策提供参考，为关注嘉峪关发展的专家学者提供初步研究成果。客观上，也为相关企业在嘉峪关进行战略投资提供可资借鉴的理论成果。

目　录

Ⅰ　总报告

B.1　2017～2018年嘉峪关市经济社会发展形势分析与预测

　　　　……………………………… 张海吾　李　巍 / 001

　　一　2017年嘉峪关市经济社会发展形势……………… / 002

　　二　2018年嘉峪关市经济社会发展环境分析………… / 007

　　三　2018年嘉峪关市经济社会发展对策建议………… / 009

Ⅱ　转型发展篇

B.2　嘉峪关市2017年固定资产投资形势分析与2018年展望

　　　　………………………… 张海吾　张　帆　牛　犇 / 017

B.3　2017～2018年嘉峪关市PPP项目建设分析与建议

　　　　………………………… 张海吾　王清德　赵金瑜 / 027

B.4　2017年酒钢集团公司产业发展情况分析及预测

　　　　………………………… 邹　哲　陈　平　窦敏瑞 / 036

Ⅲ 供给改革篇

B. 5 2017年嘉峪关市服务业发展情况分析及预测

.... 邹 哲 赵管社 吕文婷 / 044

B. 6 2017年嘉峪关市铝产业发展情况分析及预测

.... 邹 哲 王仁辉 何进录 / 053

B. 7 2017年嘉峪关市商贸流通业发展情况分析

.... 李国荣 贾 军 / 062

Ⅳ 文化旅游篇

B. 8 2017年嘉峪关市创建全域旅游示范区的调研与思考

.... 邓廷涛 刘 芳 / 069

B. 9 2017年嘉峪关市推进交通基础设施建设情况及建议

.... 李燕生 杜 楠 / 077

B. 10 2017年嘉峪关市关城大景区建设情况分析及预测

.... 邓廷涛 李 敏 董雪娇 / 086

Ⅴ 全面小康篇

B. 11 2017年嘉峪关市戈壁农业发展情况分析及预测

.... 李国荣 高永明 / 094

B. 12 2017年嘉峪关市农村改革情况分析及预测

.... 邓廷涛 陈雪敏 / 103

B. 13 2017嘉峪关市峪泉镇关城文旅特色小镇建设情况与展望

.... 魏 泉 周晓丽 / 110

B.14 2017年嘉峪关市城乡一体化建设情况分析及预测

.... 邓廷涛　肖　琳 / 118

B.15 2017年嘉峪关市城乡产业融合发展情况分析及预测

.... 吕伟杰　温礼号 / 127

Ⅵ　文明城市篇

B.16 2017年嘉峪关市全国文明城市创建工作情况及建议

.... 吕伟杰　周思思 / 134

B.17 2017年嘉峪关市第三产业及国际港务区工作情况及建议

.... 李燕生　李耀山 / 146

B.18 2017年嘉峪关市统一市场监管改革情况分析及建议

.... 王皙渐　杨　嘉 / 153

B.19 2017年嘉峪关市城乡社区网格化服务管理工作现状及思考

.... 王皙渐　陈志远 / 161

B.20 2017年嘉峪关市城市综合执法和城市管理形势分析与展望

.... 魏　泉　孙志栋 / 169

B.21 2017年嘉峪关市行政审批制度改革分析及预测

.... 张海吾　邓红玲 / 179

Ⅶ　生态文明篇

B.22 2017年嘉峪关市园林绿化工作情况及建议

.... 李燕生　张　辉 / 187

B.23 2017年嘉峪关市环境保护工作情况及建议

.... 李燕生　温旭涛 / 194

B.24 2017年嘉峪关市水资源保护开发工作情况及建议

.... 李燕生　赵玉珍 / 203

Ⅷ 民生保障篇

B. 25 2017年嘉峪关市棚户区改造情况及建议 …… 邹　哲　贺建琨 / 213

B. 26 2017年嘉峪关市医疗卫生事业发展情况及建议

……………………………………… 李国荣　朱建清 / 221

B. 27 2017年嘉峪关市教育事业发展情况分析及预测

……………………………………… 李燕生　王　林 / 233

B. 28 2017年嘉峪关市社会保险工作情况与对策建议

……………………………………… 吕伟杰　杨　阳 / 244

Abstract ……………………………………………………………… / 254

Contents ……………………………………………………………… / 255

皮书数据库阅读**使用指南**

总 报 告

General Report

B.1

2017~2018年嘉峪关市经济社会发展形势分析与预测

张海吾 李 巍*

摘 要： 2017年以来，面对严峻复杂的宏观经济环境，嘉峪关市深入
贯彻落实党的十八届三中、四中、五中、六中全会精神和党
的十九大精神，以习近平总书记系列重要讲话精神，特别是
视察甘肃时做出的"八个着力"① 重要指示精神为统领，认

---

* 张海吾，毕业于西北师范大学思想政治教育专业，法学学士，嘉峪关市委政策研究室副调
研员；李巍，毕业于中国农业大学数学与应用数学专业，理学学士，嘉峪关市统计局工交
能源统计科副科长。

① "八个着力"是指在2013年2月，习近平总书记视察甘肃时做出的重要指示，即着力转变
经济发展方式，推进经济结构战略性调整；着力推进科技进步和创新，增强经济整体素质
和竞争力；着力发展现代农业，增强农产品供给保障能力；着力推进扶贫开发，尽快改变
贫困地区面貌；着力加强生态环境保护，提高生态文明水平；着力保障和改善民生，努力
让人民过上更好的生活；着力加强社会管理，维护社会和谐稳定；着力改进干部作风，提
高党和政府公信力。

真贯彻落实新发展理念，统筹推进稳增长、调结构、促改革、惠民生、防风险等各项工作，经济社会总体保持健康发展的良好态势。2018年，嘉峪关市将深入贯彻落实党的十九大精神，深刻领会习近平新时代中国特色社会主义思想，全面落实甘肃省第十三次党代会精神和嘉峪关市第十一次党代会确定的目标任务，深化供给侧结构性改革，推动经济发展，做好民生保障和改善工作，努力开创嘉峪关市经济社会发展新局面。

关键词： 经济转型　城乡一体化　创新驱动战略

一　2017年嘉峪关市经济社会发展形势

2017年，面对经济持续下行的压力和严峻复杂的外部环境，嘉峪关市委、市政府认真落实中央和省委、省政府重大决策部署，按照产城一体、景城一体、城乡一体的总体发展思路，强化问题导向、强化责任担当、强化工作落实，为经济社会转型发展迈出坚实的步伐。

（一）经济转型步伐加快

（1）经济运行企稳回升。全市地区生产总值达到206亿元，同比增长4%；一般公共预算收入达到18.4亿元，同比增长7.4%；规模以上工业增加值达到93.7亿元，同比增长4%；城镇居民人均可支配收入达到36558元，同比增长9%；农村居民人均可支配收入达到17700元，同比增长7.5%；城乡居民可支配收入总额均居全省首位，全市经济呈现止跌回稳向好态势。

（2）重大项目推进有力。秉承抓项目就是抓发展的理念，深入研究国家和甘肃省政策措施，使之转化为嘉峪关市发展规划、政策措施和资金项目。认真落实重点项目、重大产业、重要政策的"三重"任务和一业一策、一企一策、一事一议的"三一"工作方案；制定加快重大项目建设实施办法"24条"、投资项目建设问责暂行办法"16条"、容错纠错实施办法"14条"等一系列措施；出台固定资产投资任务分解、四大班子包抓项目清单等10个文件；严格落实市级领导包抓项目责任制，促进重点项目落地实施。全市开工重点项目81个，开工率达到90%，带动固定资产投资147.5亿元。

（3）工业转型步伐加快。坚持产城一体化，以最大力度支持酒钢公司改革发展，加快传统产业转型升级，推进工业强链、延链、补链。总投资24.52亿元的酒钢天成彩铝有限责任公司（以下简称"天成彩铝"）40万吨绿色短流程铸轧铝深加工项目投入运营，铝产业向中高端方向迈进；投资4.8亿元的酒泉钢铁（集团）有限责任公司（以下简称"酒钢"）粉矿悬浮磁化焙烧技术改造项目进展顺利，酒钢公司牙买加阿尔帕特氧化铝厂产出第一批氧化铝产品，资源和市场掌控能力进一步加强；索通预焙阳极二期及余热利用项目建成投运，甘肃益工20万吨高精度交通用铝板项目启动实施，铝产业集聚发展效应逐步显现。深化供给侧结构性改革，严格执行国家化解过剩产能和淘汰落后产能政策规定，彻底关闭取缔华北经贸、原晟金属制品厂两家"地条钢"企业。出台《支持企业改革创新　加快率先转型步伐实施意见》，深入实施创新驱动战略，投入10.7亿元研发经费支持企业加大科技研发力度，其中有5项获甘肃省科学技术进步奖，综合科技进步水平指数达到48%；技术合同成交金额达5.2亿元，同比增长10%；科技在转型中的引领作用进一步发挥，嘉峪关市成功入选国家知识产权试点城市。

（4）重点产业取得突破。出台《关于深入推进"六大一新"① 重点工作　加快补齐全面建成小康社会短板的实施意见》，制定科技创新"35条"、双创"45条"、非公经济"25条"、招商引资"22条"、汽车产业发展"21条"等一系列高含金量政策措施，汽车、光伏、新能源等重点产业不断发展壮大。总投资20亿元的一特多功能专用汽车一期项目建成投运，填补了嘉峪关市无汽车产业的历史空白，产业转型迈出关键一步。项目建设做到了

---

① "六大一新"：大文化、大旅游、大交通、大市政、大生态、大民生和新业态。

一周签约落地、一月完成前期手续、一季试装生产、一年整车下线的"四个一"，项目洽谈与公司注册并行、项目规划与前期手续办理并行、项目施工图与项目报建并行、工艺设计与设备订购并行、职工培训与市场开拓并行、厂房建设与零部件配套并行的"六并行"。积极发展战略新兴产业，嘉西光伏产业园建成，在建规模达到794兆瓦，110千伏光伏发电输变电配套送出工程建成投运；嘉峪关工业园区成功入选国家级低碳示范园区和循环化改造示范试点园区，连续五年名列省级开发区第一名。

（5）第三产业发展迅速。坚持景城一体化，把文化旅游作为转型发展的突破口，出台支持旅游发展的"32条"。全力创建国家全域旅游示范区，快速推进关城大景区五大项目建设，总投资28亿元的丝绸之路文化博览园基本完工；总投资12亿元的世界文化遗产公园（花卉博览园）完成总工程量的三分之二；白鹿仓峪泉古街开工建设，景区旅游连接公路建成通车。开发关城文旅、文殊航空、草湖生态、大漠温泉、观礼古镇五大特色小镇旅游项目，其中观礼古镇、大漠温泉小镇被评为2017年国家优选旅游项目，关城文旅小镇成功入选全国第二批特色小镇，文化旅游对转型发展的带动作用更加凸显。全年旅游收入达57亿元，同比增长25.83%；旅游人数达857万人次，同比增长22.08%。坚持文化事业和文化产业并举的发展路线，"河西走廊之嘉峪关""丝绸之路彩绘艺术大观""嘉峪关文化丛书"三大文化项目快速实施。顺应工业主导向服务业主导变化的趋势，布局发展商贸物流业，投资6亿元的天诚广场投入运营，投资9.5亿元的天诚美居文化产业园建成运营，生活性服务业向专业化和价值链高端延伸。

（二）城乡一体发展取得新进展

坚持城乡一体化，实施农村改革提速工程。出台《推进农村"三变"改革试点工作的实施方案》，深化农村所有权、承包权、经营权"三权"改革，完成土地确权颁证；实施富民产业培育工程，发展农业观光、生态采摘、酿酒葡萄等优势产业，恒翔现代农业、野麻湾高新农业和苗圃现代农业等示范园区带动效应明显；积极发展戈壁农业，占地5000亩的文殊戈壁农业发展示范园项目开工建设；大力发展乡村旅游，规划实施新城田园综合体，建成乡村旅馆和民俗客栈43家，星级农家乐74家，农村居民非农产业收入比重超过50%；实施城乡一体提升工程，加快以人为核心的新型城镇化建设，峪泉镇国家级建制镇示范试点工作稳步推进，塔湾村、中沟村入选2017年度省级"千村美丽"示范村；出台《关于实施乡村振兴战略 加快生态文明小康村建设的实施意见》，推进城乡基础设施一体化和公共服务均等化，持续改善农村人居环境。

（三）改革开放深入推进

深入推进"简政放权、放管结合、优化服务"改革（简称"放、管、服"改革），累计调整取消行政审批事项70项，并将保留行政许可事项全部纳入行政审批服务平台办理。深化商事制度改革。企业减税降费、降低制度性交易成本等政策得到全面落实，积极推进涉企行政事业性收费"零收费"试点；出台《嘉峪关市企业投资项目承诺制管理办法（试行）》《嘉峪关市投资项目全程代办服务办法（试行）》，积极推进并联审批和网上审批；深化市属国企改革，加速剥离企业办社会职能，酒泉钢铁（集团）有限责任公司、中核四〇四有限公司"三供一业"分离移交改革①进展顺利；出台投融资改革"19条"，设立城市建设发展和文化旅游产业发展两个百亿元基金，文旅发展基金获得兰州银行10亿元授信，募集3亿元成立中小企业金融服务股份有限公司，加快完善嘉峪关市城市基础设施建设投资开发（集团）有限公司、嘉峪关文化旅游集团有限公司、嘉峪关水文化（集团）有限公司、嘉峪关水务投资发展有限责任公司、嘉峪关经济技术开发区发展公司、嘉峪关农业发展（集团）有限公司的法人治理结构；研究制定《嘉峪关市监察体制改革试点实施方案》，扎实推进监察体制改革试点工作；扩大对外开放，举办丝绸之路（嘉峪关）文化产业发展

---

① "三供一业"分离移交改革：国有企业（含企业和科研院所）将家属区供水、供电、供暖和物业管理职能剥离，交由专业化企业或机构实行社会化管理。

座谈会、中国西北（嘉峪关）发展战略与国际合作学术研讨会，成功举办国际铁人三项赛、丝绸之路（嘉峪关）国际音乐节、国际短片电影展、中俄国际象棋大师巅峰赛等节会赛事，城市的知名度和影响力持续扩大；推进国际空港、机场改扩建、铁路物流园区、国际港务区、综合客运枢纽五大立体化综合交通体系项目建设；"嘉峪关号"中亚国际货运班列常态化运行，嘉峪关机场吞吐量首次突破 40 万人次大关，城市通达能力和辐射效应进一步提升。

（四）生态建设成效显著

实施草湖湿地保护等五大生态项目，讨赖河环境治理等重点项目顺利实施；积极创建国家生态园林城市，实施市区道路、生态园区绿化提升工程，推进城市立体绿化和图案绿化工作，城区新建绿地 12.98 公顷，人均公园绿地面积 35.6 平方米，人均水域面积 27 平方米，荣获"2017 年最具投资竞争力旅游城市""最具绿色宜居投资潜力城市"称号；建立市、镇、村三级河长制和湖长制，由 19 个部门和单位对全市 7 条河流、14 个湖泊水库进行严格保护管理；推进大气、水、土壤污染防治工作，全年未发生重大环境事故，全市空气优良天数 310 天，空气优良率达到 84.9%。

（五）社会治理更加有效

推进城市精细化管理。整合市政公用、市容环卫、园林绿化、城市执法等相关职能，推进城市管护市场化、治理网格化、管理法治化；试行城市市容和环境卫生管理办法，探索环卫保洁、园林管护等工作的市场化运营；创新城市管理方式，全面构筑 457 个网格；开展全域全城无垃圾创建工作，出台《关于在全市范围内禁止生产销售使用塑料购物袋的通告》，广泛开展"六整治一行动"①，全域全城无垃圾创建工作常态化开展；社会主义核心价

---

① 六整治一行动：城乡环境、集贸市场、背街小巷、景区景点、门头牌匾和交通"六个重点领域"环境整治及"美丽雄关·万人清洁"全民爱国卫生运动。

值观深入人心，城市文明程度和市民文明素质显著提升，经过 20 余年的不懈努力，嘉峪关市成功跻身第五届全国文明城市行列。

（六）民生保障持续有力

牢固树立以人民为中心的发展思想，将财政支出的 70% 以上投入民生领域，人民群众的获得感和幸福感得到持续提升。坚持民生优先，积极落实棚户区改造项目，共投入资金 51 亿元，实施改造 10171 户（套），"旧三年"① 棚户区改造全面完成，"新三年"① 规划全面启动，使棚户区居民从"忧居"走向"宜居"；新建并改造供排水、供热、煤气管线 84 公里，11 条老旧道路改造项目全部完工；完善社会保障体系，社会保险"五险合一"② 信息系统顺利运行，基本医疗保险实现异地就医结算；建设社区卫生服务中心，康乐寿养老院项目开工建设，食品药品、农产品检测中心项目主体建成，标准化社区服务中心、居家养老服务中心、南市区老年人日间照料中心等项目进展顺利；落实 17 项教育基本建设项目，教育教学条件不断改善；加快现代职业教育发展，与上海交大教育集团合作建设的嘉峪关中德学院正式挂牌，德国手工业协会汽车检测与维修培训及考试认证中心正式启动；关注困难弱势群体，民生兜底保障成效显著。

二 2018年嘉峪关市经济社会发展环境分析

2018 年是嘉峪关市深入贯彻落实党的十九大精神的开局之年，是学习贯彻习近平新时代中国特色社会主义思想的重要一年，更是率先实现转型跨越发展、率先全面建成小康社会的冲刺之年，这一年，国内外形势依然错综复杂。

从国际形势看，2018 年国际经济环境仍有极大的不确定性，但积极

---

① "旧三年"是指 2015～2017 年嘉峪关市棚户区改造任务；"新三年"是指 2018～2020 年嘉峪关市棚户区改造任务。

② 五险合一：将养老、医疗、失业、工伤和生育五大社会保险信息整合到一个信息系统中。

因素逐渐增加。从目前全球主要国际组织的普遍预期来看,2018年全球经济有望继续保持温和复苏的势头,全球贸易增长动能增强,经济增长有望保持良好发展态势,我国对外贸易将会保持平稳增长。从国内形势看,国内经济正处在结构调整的关键期,仍面临不少问题和挑战。我国经济已由高速增长阶段进入高质量发展阶段,供给侧结构性改革深入推进,新旧动能接续转换加快,制造业逐步回暖,产业加快向中高端迈进,增长动力和产业结构将得到进一步优化,经济发展质量将明显提高,消费拉动经济增长的基础性作用更加明显。从甘肃省内形势看,在"一带一路"建设的大背景下,嘉峪关向西开放的区位优势更加明显,交通等基础设施更加完善,全方位的外向型经济将得到深入发展。在供给侧结构性改革深入推进的形势下,甘肃省工业转型升级步伐加快,现代农业发展规模扩大,第三产业将延续良好的发展态势。但受资本市场不发达、人才支撑力不足、科技创新能力弱等因素制约,经济下行压力依然较大,投资的关键性作用将进一步强化,项目建设在转方式、调结构、促发展、惠民生中的功能将更加重要。

从嘉峪关市现况来看,机遇和挑战并存交织。就面临的机遇看,党的十九大指出,要强化举措推进西部大开发形成新格局,支持资源型地区经济转型发展。作为全国重要的老工业基地,嘉峪关市迎来了发展的政策良机。嘉峪关市处在甘肃省向西开放的前沿,拥有得天独厚的地理优势。近年来,嘉峪关市的钢铁冶金、有色金属、装备制造、新型建材已初具规模,多功能专用汽车生产基地基本建成,具备一定产业基础。嘉峪关市属于典型的投资拉动型经济,随着供给侧结构性改革深入推进,钢铁、电解铝等行业的过剩落后产能持续削减,供过于求的矛盾有所缓解,这对全市钢铁、电解铝产业发展有一定缓和对冲作用,但钢铁业、铝业由数量主导型向质量主导型迈进,产品将步入中高端消费时代。全民旅游时代,文化旅游融合发展迎来大好机遇,以关城大景区五大项目为龙头的第三产业将蓬勃发展。但由于工业尚未摆脱传统重化工业的生产经营模式,民间投资活力不足,第三产业仍处于初级发展阶段,新旧动能转换正在爬坡过坎,持续下行的经济压力依然不小。

但总体来看，全市转型发展仍处在重要战略机遇期，嘉峪关市将坚持高质量发展要求，进一步解放思想，敢于担当、敢于碰硬、敢于创新，提高决策执行的内在动力，提高攻坚克难的破题能力，提高履职尽责的工作能力，促进经济持续健康发展。

三　2018年嘉峪关市经济社会发展对策建议

2018年是推动经济社会转型发展的关键一年，是率先全面建成小康社会的冲刺之年，必须深入贯彻党的十九大精神和习近平总书记视察甘肃时提出的"八个着力"重要指示精神，认真落实中央、省委和省政府的决策部署，深入推进产城一体化、景城一体化、城乡一体化的工作方针，补齐全面建成小康社会和加快转型发展的短板，推动经济社会持续健康发展。

（一）狠抓重点项目建设，推动经济社会转型发展

区域经济发展速度取决于资源可利用转化程度，在西部欠发达地区，项目仍是拉动投资、促进消费、激发各生产要素活力的主要载体和渠道。嘉峪关市把稳投资作为稳增长的关键，以加快重大项目建设为重点，推动投资继续保持平稳较快增长态势。

（1）做好项目规划储备。围绕国家产业政策、投资导向和甘肃省支持发展重点，加强项目规划储备工作，完善和充实重大项目库，做好三年滚动投资计划。坚持"以规划带项目，以项目抓前期"的工作方法，进一步提高咨询机构、设计单位、管理部门对项目前期工作重要性的认识，严把各项前期工作质量关，包括项目建议书、可行性研究报告、初步设计概算评审程序、审批程序、公式程序等，以提升前期策划、研究、设计工作的质量。

（2）强化项目落地实施。积极开发全产业链，抓住机遇利用节会精准招商，积极承接产业梯度转移，提高项目落地率。严格落实市级领导包抓项目责任制，新建项目抓开工、在建项目抓进度、签约项目抓落地，进一步加大重点项目督办力度，及时协调解决项目建设中遇到的困难，全力确保项目

的签约、审批、开工工作无缝对接，推动项目早投产、早见效。严格履行项目"一站式"服务和首问负责制，严把质量建设关口，加强项目建设资金管控，加强对工程进度、资金使用、概算控制以及招投标、合同执行等各项工作的全程监督。

（3）扩大项目多方参与。围绕重大基础设施和生态建设等方面的投资重点，落实市政府与社会资本合作项目工作，科学管理已纳入项目储备库的47项总投资达463.63亿元的PPP项目，对这些项目进行动态监管，滚动实施并分批推进。鼓励民营资本参与城市公用设施、道路交通、市场改造等特许经营项目建设运营，支持民间资本进入医疗、养老、教育等民生领域。全面落实甘肃省新发展理念"1+19"配套政策，以及嘉峪关市非公经济发展"25条"，激发民间投资活力。

（4）拓展项目融资渠道。支持金融机构更好地服务实体经济，鼓励商业银行加强金融创新，丰富产品种类，使民营企业有钱可投。深化政府机关、金融机构、企业单位、社会力量对接合作，及时协调解决问题，支持银行加大对中小企业的信贷力度。用好城市建设发展和文化旅游产业发展两个百亿元基金，落实市财政每年整合列支1000万元扶持奖励非公经济发展的规定，吸引更多社会资本参与经济建设。支持企业发行债券、上市融资，积极引进风投基金如天使投资，进一步提高直接融资的比重。完善民营企业信用评级制度，加强对科技创新、绿色制造、文化旅游、戈壁农业等产业的扶持，提高民营企业发展的质量和效益。

（5）完善项目保障机制。认真落实"三重""三一"工作方案，深入推进"互联网+政务服务"，促进联审联批和"一门式"服务，做好项目全程代办工作，提高投资的便利化水平。坚持特事特办、急事急办，用"超常规不超程序"的思路和办法推进项目各环节工作。完善园区基础设施，降低企业用能、运输等成本，减轻市场、资源两头在外的现实压力。清理回收园区各类闲置土地，将优质土地提供给优质项目，提高土地的使用率和有效产出。落实新型政商关系"15条"，严格落实项目包抓责任制，完善企业联席会议制度，加大市级领导干部联系帮扶民企力度，稳定民间投资预期，提振民企投资信心。深入推进"三纠三促"专项行动①，严厉整治服务企业过程中推诿扯皮、慵懒散漫等不良现象，严肃追究不担当、不作为、不尽责的单位和个人。

（二）实施创新驱动战略，发展新产业新业态

（1）以产业转型提升发展水平。深入推进"三去一降一补"（去产能、去库存、去杠杆、降成本、补短板），全力支持酒钢集团转型发展；扶持新型金属复合材料产业化、高炉优化升级改造、绿色短流程铸轧铝深加工、牙买加铝产业基地等重点项目；加快提升钢铁、电解铝、电力能源、煤化工四大百亿元级支柱产业发展质量，推进循环经济、装备制造、现代物流等十亿元级多元产业发展。深入贯彻《中国制造2025》及"甘肃行动纲要"精神，加快汽车装备制造产业发展，全力支持多功能专用汽车整车生产，打造汽车产业园，围绕汽车产业进行延链、补链、强链工作。

（2）以科技创新增强发展动能。全面落实"大众创业、万众创新"实施方案"45条"，通过一系列行之有效的措施，打造发展新引擎、增强发展新动力；落实各项推动创新驱动发展的举措，发挥企业创新主体作用，鼓励各类发明创造，加速科技创新成果向生产力转化，着力推动新能源、新材料等支柱产业发展；2018年，嘉峪关市科技进步贡献率达到60%以上，研究与试验发展经费投入强度达到2.5%以上；实施人才强市战略，把培养引进科技、教育、文化、旅游等领域中高级人才作为转型发展的第一任务，在住房、医疗、子女入学等方面提供各项保障。

（3）培育战略新兴产业。支持酒钢集团公司积极开发建筑结构用钢、核电用钢、复合板材、新型不锈钢等新型钢材，打造优质钢材生产和加工基地；出台中高端铝业扶持办法，大力发展铝塑板、铝膜板、高强度铝合金板、建筑铝型材、汽车用铝板材、轨道交通用铝等新型铝合金材料及深加工

---

① 从2017年7月中旬开始，甘肃省委决定在全省开展"纠正不担当不作为和弄虚作假问题、促进中央和省委省政府决策部署落实、促进全省经济社会平稳健康发展、促进党员干部作风明显好转"专项行动，简称"三纠三促"专项行动。

产业；主动融入甘肃省国家级新能源综合示范区建设，加快发展太阳能光伏发电产业。支持中核四〇四有限公司和中核龙瑞科技有限公司推进甘肃核技术产业园建设，加快推进中核龙瑞嘉峪关研发办公和生活基地建设。

（三）围绕发展全域旅游，促进文化、旅游、商业、体育深度融合

（1）加强地域文化研究与开发。大力挖掘嘉峪关市各项文化元素，如戈壁钢城精神元素、多样文明汇聚元素、城市底蕴文化元素、生态复合特色元素和现代城市时尚元素等，以全域旅游发展构建文化与旅游、文化与博览、文化与教育、文化与娱乐、文化与体育、文化与企业、文化与农业多元深度融合式文化产业发展格局。

（2）积极创建国家全域旅游示范区，加快关城大景区五大项目建设。力争丝绸之路文化博览园能够在 2018 年 4 月 28 日正式开园；加快推进世界文化遗产公园和峪泉古街古镇项目；争取白鹿仓峪泉古街在 2018 年底建成投运；加快关城文旅、文殊航空、草湖生态、大漠温泉、观礼古镇五大特色小镇建设，提升小镇产业化聚集水平；加快"丝绸之路彩绘艺术大观""嘉峪关文化丛书""河西走廊之嘉峪关"三大文化项目建设，建设特色文化旅游城市。

（3）把产业结构优化升级的主攻方向定为服务业，优先发展生产性服务业。鼓励有能力、有条件的工业企业提高自身研发创新能力和系统集成能力，分离并外包非核心业务。大力发展现代物流业，加快推进电商快递园区等项目建设。发展生活性服务业，丰富家庭服务、健康养老、医疗救助、教育培训、休闲娱乐等服务产品的供给，推进生活性服务业便利化、精细化、品质化发展。实施城乡市场体系建设工程，培育具有产业、经营、文化特色的多功能、多业态商业街区，推广新兴快递配送模式，打造社区综合服务平台。

（四）实施乡村振兴战略，推进城乡融合发展

实施乡村振兴战略，落实嘉峪关市委、嘉峪关市人民政府《关于实施

乡村振兴战略　加快生态文明小康村建设的实施意见》，在城乡规划、政策支持、项目资金、医疗卫生、社保、文化、科技、教育等方面补足短板、增强弱项，建立健全城乡融合发展体制机制和政策体系。严格落实《嘉峪关市城市总体规划（2016～2030年)》，抓好《乡村建设规划》《控制性详细规划》《城市双修规划》《停车设施规划》等分项规划，引领城乡统筹协调发展。加快城乡基础设施一体化和公共服务均等化，补齐公共服务体系建设短板，使改革发展成果更多、更公平地惠及农村居民。

以生产、生活、生态"三生同步"，第一、第二、第三产业"三产融合"，农业、文化、旅游"三位一体"为发展导向，全面推进农村所有权、承包权、经营权的"三权改革"和资源变资产、资金变股金、农民变股东的"三变改革"，完善农业生产体系发展平台，培育农业经营体系发展动能，推进农村产业链整合和价值链提升。建立健全农业实用技术和综合服务人才队伍建设体制机制，加强高标准农田和水利设施建设，实施富民产业，扶持现代农业科技示范园区建设，培育壮大特色优势产业，鼓励工商资本发展农业产业化项目。大力发展戈壁农业，推进占地5000亩的文殊戈壁现代农业示范园和1000亩的宏丰戈壁农业示范区的建设。

（五）深化改革开放，优化发展环境

深化"放、管、服"改革，推进"多证合一""证照分离"工作，着力探索"多评合一""联合验收"等新模式，健全完善负面清单、权力清单、责任清单制度，强化专业技术人员培训，增强"接""管"① 能力，提高"放、管、服"的协同性和联动性，积极为企业排忧解难，切实做好跟踪服务。实行"1＋（2＋X）"并联审批②，精简审批环节，优化管理流程，提升服务效能，加强事中、事后监管，构建公开透明的政务服务体系，营造

---

① "接"是指承接好中央行政审批改革事项；"管"是指加强与有关部门的沟通衔接，确保下放的行政审批事项不出现管理脱节。

② "1＋（2＋X）"并联审批："1"即一个窗口受理，"（2＋X）"是指项目审批、核准的前置手续和开工前需办理的相关手续。

亲商、安商、富商氛围。积极开展涉企行政事业性"零收费"试点工作，落实涉企行政事业性"零收费"试点《实施方案》，降低制度性交易成本，进一步减轻企业负担。全面启动市属国有企业改革，为公益型国有企业设立绩效目标，建立健全现代企业制度，推动国有企业做强、做优、做大。

牢牢把握《国家西部大开发"十三五"规划》将嘉峪关—酒泉地区确定为次级增长区域和陆桥通道西段节点城市的有利契机，充分发挥丝绸之路重要战略通道的区位优势，加快国际空港、机场改扩建、铁路物流园区、国际港务区、嘉峪关综合客运枢纽中心立体化交通体系五大项目的建设，加速人流、物流、资金流、信息流的交汇融合，打造大集散、大联通、大循环的全国立体化交通枢纽城市，努力形成公铁联运、路航对接、高速公路与省道、地方公路有效衔接的立体交通综合体系，打造连接甘肃、新疆、青海、内蒙古四地交汇的"大十字"铁路枢纽和甘肃省重要的国际空港。加强对外交流合作，持续培育品牌节会赛事，办好国际短片电影展、国际房车博览会、国际铁人三项赛、国际滑翔节、长城马拉松五大节会赛事，积极承接大型会议、展览展销和高峰论坛。充分利用第八届敦煌行·丝绸之路国际旅游节在嘉峪关市举办的有利契机，规划文旅产业博览园项目，努力把嘉峪关市打造成丝绸之路上的文化创意中心。

（六）加强生态文明建设，建设宜居宜业城市

（1）加快城乡生态发展一体化。完善城乡重点区域生态绿化规划，全面拓展城乡绿色空间，推动落实园林绿化数量与质量并举、建设和管理并重的工作方针，提高绿地管理养护水平，巩固"国家园林城市"的建设成果，争创国家生态园林城市和生态文明示范市。推进重点园林绿化工程建设，抓好城区道路绿化提升改造，完善绿化配套设施，形成一路一景、风格多样的绿化格局，重点实施城市立体绿化、图案绿化等工程和重点道路绿化带提升改造。大力开展小区庭院、企事业单位、公共空间绿化美化和农村"四旁"绿化[①]活

---

① 农村"四旁"绿化：农村路旁、水（渠）旁、村旁、宅旁进行绿化。

动，加大生态镇、生态村、绿色社区建设力度，让良好的生态环境成为经济社会持续健康发展的支撑点。

（2）加快环保治理体制机制建设。狠抓环境执法监管工作，持续排查清理工业、农业、生产等领域影响环境保护的突出问题，严厉查处危险废物非法倾倒、排放、处置等违法行为。严格执行国家《生态文明建设目标评价考核办法》，制定实施嘉峪关市"十三五"生态环境保护规划，加速推进水源地保护等环保立法工作，完善地方法规体系。严格落实环境保护"党政同责、一岗双责"责任制，细化目标任务，层层落实责任，坚决做到责任、领导、措施、人员和工作"五个到位"，形成全市上下齐抓共管、运行高效、落实有力的"大环保"工作格局。严守生态安全红线，严把项目准入关、审批关、环评关，坚决杜绝"三高一低"① 项目进城落户，从源头上减少污染排放。

（3）深入开展污染防治工作。持续推进工业企业达标治理、燃煤锅炉综合整治、机动车尾气排放管理、餐饮油烟和煤炭污染治理等各项工作，持续管控空气环境质量，做到城市空气质量优良天数比率全面达标；实行严格的水资源管理制度，集中整治污水乱排行为，统一管理防洪排涝、蓄水供水、用水节水、污水处理和中水回用等工作，加强饮用水水源地环境监管，保障地表水、地下水、集中式饮用水水源地水质安全稳定达标；实施《嘉峪关市土壤污染防治工作方案》，实行农用地分类管理和建设用地环境风险管控，推进工业企业污染场地等重点区域的土壤污染治理与修复试点工作，严格预防新建项目污染土壤。立足全市产业整体布局，按照减量化、再利用、资源化原则，加大经济结构调整和转型升级力度，落实能源和水资源消耗、建设用地等总量和强度的"双控"行动，压减过剩产能，降低单位产值污染物排放强度。

（七）树立以人民为中心的发展思想，增进民生福祉

落实《关于深入推进"六大一新"重点工作　加快补齐全面建成小康

---

① "三高一低"：高投入、高消耗、高污染、低效益。

社会短板的实施意见》，对照全面建成小康社会的 38 项监测指标，针对科技进步贡献率、公共交通服务指数、文化及相关产业增加值、单位 GDP 能耗、环境质量指数、城市建成区绿地率、一般工业固体废物综合利用率等八个短板，加快推进大文化、大旅游、大市政、大交通、大生态、大民生和新业态工作，解决突出问题，打开工作局面，提升发展层次，确保 2018 年嘉峪关市在全省率先全面建成小康社会。

完善城市综合功能。统筹推进新旧城区电力通信、广电网络、给水排水、燃气供热、污水处理、雨水蓄积、街区路网、公共交通、停车设施、公共卫生等基础设施建设，加强农贸及餐饮市场的建设管理工作，着力打造管理规范、环境整洁、方便群众的城市环境。统筹推进城乡教育、医疗卫生、基础设施建设一体化进程，促进城乡基本公共服务均等化。启动实施棚户区改造"新三年"规划，更新老旧小区配套设施，完善新旧小区功能。

全面发展社会事业。持续巩固全国文明城市建设成果，保持全域全城无垃圾创建常态化开展，提升城市文明形象和市民文明素质，提高城市知名度和美誉度。全面深化教育领域综合改革，落实促进学前教育改革与发展实施办法"31 条"，大力发展学前教育，普及高中阶段教育，整合提升职业教育，积极发展高等教育。

完善社会保障体系。实施健康行动计划，协调推进医疗、医保、医药"三医"联动改革，落实分级诊疗制度，发展医养结合型养老机构，增加养护型、医护型养老床位。关注困难弱势群体生活，持续改善困难群众的生产生活，更好地满足人民群众对美好生活的向往。

转型发展篇

Transformation Development

B.2

嘉峪关市2017年固定资产投资
形势分析与2018年展望

张海吾　张帆　牛犇*

摘　要： 2017年，嘉峪关市固定资产投资低位开局，逐季回升，但投资结构不尽合理、重大项目储备不足、资金保障不足等问题依然存在。受宏观环境复杂严峻、产能过剩、产业升级矛盾突出等多重因素影响，2018年固定资产投资仍将面临不少困难和问题，压力较大。本文对2017年固定资产投资运行状况进行深入分析，揭示投资运行中存在的难点问题，并对2018年固定资产投资做了初步判断。

* 张海吾，毕业于西北师范大学思想政治教育专业，法学学士，嘉峪关市委政策研究室副调研员；张帆，毕业于安阳工学院应用化学专业，工学学士，嘉峪关市重大建设项目稽查办公室副主任；牛犇，毕业于西北师范大学数学与应用数学专业，理学学士，嘉峪关市统计局固定资产投资科副科长。

关键词: 固定资产投资 民间投资 招商

2017 年,嘉峪关市认真贯彻落实中央和甘肃省委、省政府决策部署,积极推进供给侧结构性改革,牢牢把握投资对稳增长的关键作用,以项目带动战略实施,固定资产投资逐季回升,为全市经济增长提供了强大动力。但宏观环境依然复杂严峻,经济下行压力持续加大,新旧动能转化艰难,投资增长仍处于下行趋势,保持固定资产投资增速面临的压力很大。

一 2017年嘉峪关市固定资产投资运行情况

(一)投资增速逐步回升

2017 年,固定资产投资第一季度下降 45.96%,上半年下降 11.99%,前三季度下降 10.3%(见图 1),全年固定资产投资额 147.5 亿元,同比下降 8.1%。而纵观 2017 年度走势,全年投资增速呈止跌回稳态势,保证了经济的平稳健康发展。

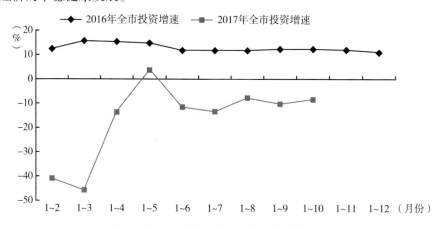

图 1 2016~2017 年嘉峪关市投资增速对比

资料来源:嘉峪关市统计局,经汇总整理后绘制。

（二）重大项目带动作用明显

2017年，全市实施重点项目300个。其中，丝绸之路文化博览园二期投资超过10亿元，天成彩铝绿色短流程铸轧铝深加工项目投资超过20亿元，一特多功能专用汽车项目投资超过10亿元，工业转型步伐进一步加快。房地产开发投资40.67亿元，同比增长12.6%；棚户区改造投资16.46亿元，同比增长1.69倍。

（三）资金来源多元化

2017年，资金吸收工作效果显著，其中国省补助资金8.6亿元，银行贷款8.6亿元，招商引资拉动投资作用明显，丝绸之路文化博览园、一特汽车产业园、戈壁现代农业示范园、新能源光伏发电等一系列大项目、好项目落户嘉峪关。

（四）营商环境持续改善

2017年，嘉峪关市委、市政府高度重视营商环境改善工作，深入推进"三重""三一"工作方案落地，严格管控前期手续办结时限，力促项目尽快落地开工。一特多功能专用汽车项目于2017年3月起正式开工建设，为促成项目尽快落地，嘉峪关市最大限度简化审批流程，实现了项目一周签约落地、一月完成前期手续、一季试装生产、一年整车下线"四个一"，开创了当年建厂、当年投产、当年见效的"嘉峪关速度"。

二 2017年投资运行存在的困难和问题

（1）投资仍处于低位运行。2017年以来，嘉峪关市投资总体处于负位运行态势。一方面，自2000年以来，嘉峪关市固定资产投资年均增速达21.1%，增长基数较大，保持高速增长难度大；另一方面，甘肃省投资增速快速下降，各市州投资均处于下降态势，嘉峪关市投资增速下降不是个例，

符合经济运行规律。嘉峪关市"七五"以来投资情况如图2所示。

（2）工业投资持续下降。2017年以来，嘉峪关市工业投资大幅下降，工业投资共达53.6亿元，同比下降12.23%，其中前三个季度与2016年同期相比分别下降了73.22%、30.39%和16.57%。市属工业投资占全市工业投资比重不足35%，这也是嘉峪关市投资下降的重要因素。

（3）投资结构优化任重道远。嘉峪关市第一产业投资较少，规模不大，呈负增长态势；第二产业对投资贡献率降低，工业投资增长动力不足，持续低迷的状态难有新突破；第三产业虽逐年增长，但未形成稳定的产业规模，投资带动作用不够明显。受投资结构等多重因素的制约，投资总体效益发挥不充分。

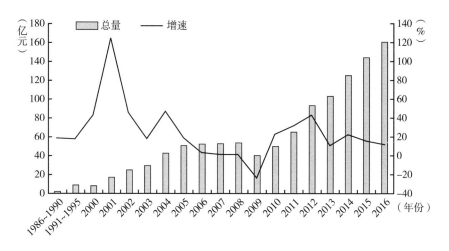

图2 嘉峪关市"七五"以来投资情况

数据来源：嘉峪关市统计局，经汇总整理后绘制。

（4）项目储备不足。亿元以上重点项目不足，大项目总量偏少，且重大项目储备少，缺乏对全市发展调结构、转方式有重要促进作用的接续产业项目，对经济社会支撑带动不够，投资后劲不足，发展增长乏力。

三　2017年促投资采取的主要举措

（1）进一步落实目标责任，全力完成固定资产投资任务。2017年初，召开全市经济运行暨固定资产投资推进会，明确推进项目建设工作的时间节点、目标进度和投资任务。同时，嘉峪关市委、市政府对投资任务实行目标化管理工作制度，将《2017年固定资产投资任务分解》《2017年嘉峪关市四大班子领导包抓重点建设项目清单》《市级领导包抓重点建设项目清单》等全部纳入任务书，逐一落实责任领导和牵头部门。对市一级包抓领导、项目责任单位和协作单位进行明确分工，对任务清单管理实行月调度、季督查、年考核的工作制度，采取市级领导总牵头，市发改委总协调，各部门、企业积极配合的措施，形成一级抓一级，层层抓落实，责任全覆盖的工作格局。将固定资产投资任务纳入年度经济目标责任书考核内容，落实重点项目责任制考核，同时将考核结果纳入年度考核工作。

（2）深化政务服务，不断扩大民间投资。一是努力提振民间投资信心。强化政策解读和舆论宣传，详细解读促进民间投资的发展环境、产业导向、投融资改革、服务型政府建设等政策措施，加大政府信息数据的开放力度，引导社会资本积极投入项目建设。二是着力营造公平竞争的市场环境。全面落实民间资本准入平等待遇，积极拓展民间资本投资领域，鼓励民间资本参与交通基础设施、公用服务设施、生态环境建设、文化创意产业、生活性服务业等领域的项目建设。三是进一步优化投资项目审批流程。全面启动投资项目在线审批监管平台，扎实推行"1+（2+X）"并联审批制度，为建设项目顺利实施创造条件。四是加强和完善政务服务。全面推行"互联网+政务服务"，推动实体政务大厅向网上政务大厅延伸，优先保障市政基础设施、公共服务类和重大产业化投资项目的规划选址工作，保证其建设用地。

（3）找准问题分类突破，全力抓好项目建设。一是突出抓好酒钢天成彩铝有限责任公司、酒泉钢铁（集团）有限责任公司粉矿悬浮磁化焙烧技术改造、嘉峪关丝绸之路文化博览园、铁路综合性货场等省级重大项目和其他市级领导包抓项目，解决好项目建设的关键问题，全面加快项目建设进程。二是加快推进在建项目进度，抓好第三季度施工的黄金时段，督促建设单位倒排建设工期，加快项目进度，尽快形成实物工作量，业主单位保障施工所需，责任单位切实加大服务、督办工作力度，确保在建项目按期完成目

标任务。三是抓好前期项目,尽快开工。对全市计划实施的重点项目,各职能部门在审批手续、资金筹措、规划选址、土地供应、基础配套等方面开辟"绿色"通道,优先给予保障。

(4)着力拓宽投融资渠道。一是积极利用国家支持地方政策,在棚户区改造、城市基础设施、社会事业、旅游设施、交通设施等符合投向的项目上,积极争取国家和甘肃省各类资金支持。二是对计划安排的市财政资金,按照工程建设进度加快资金拨付,保证财政资金及时用于项目建设。三是利用投融资体制改革最新政策机遇,加强与金融部门的衔接,积极争取金融部门的支持,更好地满足重点建设项目的资金需求。四是进一步规范 PPP 模式,完善 PPP 机制,尽可能多地吸引社会资本投入。

(5)多方沟通配合,加强固定资产投资统计。建立投资项目信息档案,项目主管单位督促检查项目建设单位投资统计台账,确保投资项目源头的数据质量;建立部门对接机制,全市各相关单位和部门及时跟进了解项目最新进展情况,全面掌握工程进度,会同市统计局定期对项目上报情况对接,确保及时准确上报统计数据;对于已形成投资、未入库的项目,督促企业抓紧入库纳统,手续不全的项目协调补齐手续,做到应统尽统。

(6)严格奖惩,切实强化督查考核。嘉峪关市委、市政府将根据与各单位签订的《责任书》和下发的《任务书》强化督查考核,每月对固定资产投资完成情况进行通报,其结果与单位年终考核挂钩。对考核结果排名靠前、每月积极上报投资完成情况的单位进行表彰奖励,年终考核为优秀等级予以优先考虑;对未完成目标任务且上报投资完成情况不积极的单位在全市范围内进行通报批评和问责,且年终考核不予考虑优秀等级。

四 2018年嘉峪关市固定资产投资展望

2018 年是学习贯彻落实党的十九大精神的开局之年,是嘉峪关经济社会发展的战略机遇期和经济转型期,更是在全省率先全面建成小康社会的冲刺阶段。随着"十三五"时期经济总体态势趋于稳定,嘉峪关市经济发展内在潜力将得到进一步释放，各项促投资、稳增长的政策将继续深化落实，固定资产投资面对的是一个健康发展的有利环境。但与此同时，不可预测风险因素增多，结构性矛盾依然突出，投资趋于稳定运行趋势，固定资产投资也面临不少困难和问题。

（一）有利因素

（1）发展机遇千载难逢。党的十九大报告指出，要强化举措，推进西部大开发；深化改革，加快东北等老工业基地振兴；支持资源型地区经济转型发展，加大西部开放力度，形成陆海内外联动、东西双向互济的开放格局。这些政策措施将为西部地区，特别是丝绸之路经济带沿线地区发展，提供难得的历史机遇和发展机会。

（2）宏观环境趋势向好。2018年，国家将继续实施积极的财政政策和稳健的货币政策，进一步扩大合理有效投资，持续深化投融资体制改革，积极推进重大工程建设，大力推广政府和社会资本合作模式，促进民间投资健康发展，充分发挥投资对稳增长的关键作用。可以说，2018年嘉峪关市固定资产投资将面临较好的宏观环境。

（3）扶持政策多重叠加。国家出台了一系列支持甘肃经济社会发展的优惠政策，政策和资金不断倾斜，新的增长点正在形成。国家深入推进"一带一路"建设，甘肃省明确提出加快打造丝绸之路经济带甘肃黄金段的战略定位和奋斗目标。在丝绸之路经济带中处于重要位置的嘉峪关市，拥有重要的战略地位，固定资产投资将享受到多重政策扶持。

（二）不利因素

嘉峪关市以重化工业为主导产业，产业升级对嘉峪关市经济发展冲击巨大，产业结构不合理、产能过剩的矛盾未得到根本改善，战略性新兴产业发展滞后，这些问题制约着嘉峪关市的投资增长。另外，重大项目储备少，缺乏对全市发展调结构、转方式有重要促进作用的接续产业项目。在经济新常态下，国家更加重视环境保护、生态建设和节能减排，这在一定程度上也限

制了投资增长。同时，资金财力有限及信贷债务负担也将是制约嘉峪关市投资增长的瓶颈问题。

（三）投资目标

"十三五"时期，我国经济增长进入新阶段，经济增速放缓，投资增速较"十二五"有所回落，但总体保持稳步增长。从甘肃省来看，2017年，全省投资增速下降40%左右，嘉峪关市投资增速下降8.1%，同时，统计口径和统计方法发生变化，不确定因素较多。虽然仍存在很多不确定因素，但嘉峪关市属于投资拉动型城市，在目标制定上需自我加压，保持一定规模。2018年，嘉峪关市投资的目标重心是：进一步推动产业优化升级，延伸产业链，培育创新型、可持续发展产业，完善城市功能，优化生态环境，强化民生保障，实现投资稳中有升。

五　扩大有效投资的对策建议

2018年，嘉峪关市固定资产投资要着力深化投融资体制改革，扩大民间投资，创新投资模式，拓宽融资渠道，扩大有效投资，发挥投资的关键作用，促进经济的提质增效、转型升级。

（1）强化项目带动战略。继续实施项目带动战略的方针政策，树立抓项目、抓投资就是抓发展的理念，围绕转型发展和多元发展，推进传统工业提质、战略性新兴产业壮大和现代服务业集聚，加快文化、商业、旅游、体育深度融合发展，大力实施生态建设提档升级工程，进一步优化项目建设布局，充分释放项目聚合效应。盘点2018年续建项目和新开工项目，抓紧完善项目明细清单，主动研究对接国家和甘肃省重点投资领域和专项基金投资方向，规划一批带动力强、效益好、质量优的大项目，争取更多项目加入国家和省一级规划项目。

（2）落实项目包抓责任。严格落实工作责任，建立投资保障相应的领导机构和工作机构，加强组织领导，提升促进投资的能力。实行重点项目管理责任制，逐一落实责任领导和牵头部门，对市级包抓领导、项目责任单位和协作单位进行细化分工，对目标任务进行月调度、季督查、年考核。认真研究国家和甘肃省宏观经济发展投资导向，结合嘉峪关市经济发展实际，加强对投资运行情况的分析，将2018年投资目标细化分解，落实到具体项目上，确保投资目标顺利完成。

（3）加大招商引资力度。抢抓丝绸之路经济带建设重大机遇，加大开放招商引资力度，强化产业链招商、品牌化招商，大力承接产业转移，培育壮大新动能，在战略性新兴产业、现代农业、基础设施、文化旅游、商贸物流、科技发展等领域引进一批龙头型、创新型项目。进一步加大对嘉峪关市发展滞后领域的投资力度，补足经济增长短板。深化与华强集团、上海交大教育集团等的合作，加快关城大景区五大项目、中德学院等项目的建设进度。

（4）深化投融资体制改革。积极抢抓国家实施适度宽松货币政策的机遇，加强与金融部门的衔接工作，创新债券发行，做好项目申报和融资工作，争取更多融资支持。完善政府、银行、企业合作对接机制，组织开展融资对接活动，向金融机构推介重点项目。紧盯国家和甘肃省投资方向，做实做细项目前期工作，争取更多国省补助资金。深入推进投融资体制改革，加大简政放权力度，进一步优化投资环境、激发市场主体活力。充分发挥城市建设发展和文旅产业发展两个百亿元基金作用，撬动更多社会资本参与基础设施建设和文化旅游产业发展。加快完善政策体系，研究专项领域改革方案，减少审批环节，优化项目管理流程。加快投资项目在线审批监管平台的建设和应用，加快与各联审部门审批业务系统的对接，确保平台正常运行。

（5）持续扩大民间投资。进一步清理和规范不利于民间投资和民营企业发展的法规政策文件，落实国家和甘肃省出台的促进民间投资政策的配套措施，营造公平竞争的市场环境。加强银行、企业对接沟通，研究建立民营企业项目融资推介长效机制。加强政策宣传解读，合理引导社会预期，增强民营企业发展的信心。推进市场化改革，完善政府和社会资本合作项目库，

精心筹备和实施 PPP 项目，特别是正在编制"一方案两报告"① 的 PPP 项目，借用 PPP 模式加快文旅特色小镇、世界文化遗产公园、文化旅游产业创意园等项目的建设。

（6）强化督查问责问效。充分运用"容错纠错实施办法 14 条""监督保障重大项目建设实施办法 24 条""构建新型政商关系意见 15 条""投资项目建设问责暂行办法 16 条"四个办法，加强激励引导，创造良好的创业环境。完善项目考评机制，每月通报一次投资完成和项目建设情况，对项目推进结果排名排序，督促进度缓慢的项目加快速度，重点督办措施不力的部门，对推诿扯皮、不尽心尽力的要追究相关责任人责任。深入开展"三纠三促"专项行动，完善督查问效、纪检问责制度，以严厉问责倒逼责任落实，鞭策先行、敦促落后。

---

① "一方案两报告"：工程实施方案，财政承受能力报告、物有所值评价报告。

B.3

2017~2018年嘉峪关市PPP项目建设分析与建议

张海吾　王清德　赵金瑜*

摘　要： PPP是近年来一种新兴的公共项目投融资结构，它以公、私合作为核心，以有效引入市场要素为基础，充分发挥财政资源在调动市场力量、优化资源配置方面的杠杆作用，为公共产品和服务的供给以及财政投资项目安排开辟了一种有效模式。嘉峪关市在推进PPP项目领域进行了积极探索，精心规划实施了一批政府与社会资本合作的项目，如全省医疗卫生系统率先开展的政府和社会资本合作项目，取得了一定进展，下一步，嘉峪关市将加快PPP项目建设，努力实现更大突破。

关键词： 投融资　PPP模式　社会资本

2014年，国务院发布《关于创新重点领域投融资机制鼓励社会投资的指导意见》（国发〔2014〕60号），在全国范围全面推行政府与社会资本合作的PPP模式。开展政府和社会资本合作（PPP）是嘉峪关市全面深化改

---

* 张海吾，毕业于西北师范大学思想政治教育专业，法学学士，嘉峪关市委政策研究室副调研员；王清德，毕业于甘肃农业大学工学院农业水利工程专业，嘉峪关市发展和改革委员会PPP项目管理办公室副科长；赵金瑜，毕业于中央广播电视大学水利水电专业，嘉峪关市发展和改革委员会PPP项目管理办公室科员。

革在经济投资领域采取的具体措施，是经济发展进入新阶段的必然选择，有利于创新投融资机制，拓宽社会资本投资渠道，增强经济增长动力；有利于推动各类资本相互融合、优势互补，促进投资主体多元化，发展混合所有制经济；有利于理顺政府与市场的关系，加快政府职能转变，发挥市场资源配置的决定性作用；有利于提高资金使用率，提升公共服务的质量和效率。嘉峪关市高度重视 PPP 合作模式，2016 年开始大力推广 PPP 模式。目前，嘉峪关市积极规划储备项目，采取有力措施，全力推动 PPP 项目落地。

一　PPP 模式分析

（一）PPP 模式概念

PPP 即政府公共部门与社会资本合作。为增加公共产品和服务的供给，提高其效率和质量，在公共部门预算可承受的范围内，通过竞争机制和市场配置的方式，基于契约精神建立长期稳定、系统全面的合作关系，以达到平衡利益并取得投资回报的双向目的。重点在于公共部门和私营部门利益共享，合作共赢，根据公共部门和私营部门各自优势合理分配资源、公平承担风险、运用宏观价格调整机制平衡投资的成本和收益，以实现公共产品和服务物有权目标。

（二）PPP 模式特征

（1）物有所值。PPP 模式考虑的是项目全生命周期内不同方案的成本和风险，包括定性评估（可行性、合理性、可完成性）和定量评估（公共部门比较值）。评估结果一般作为是否采用 PPP 模式和确定风险分担的依据，以提高公共服务采购的性价比。如果采用 PPP 模式没有优势、不适合，就不予采用。

（2）风险分担。地方政府债务是地方政府的负担，风险全部由地方政府承担。而 PPP 项目中风险由政府和社会资本双方中最适宜管理风险的一方来承担，能够发挥双方主观能动性，更好地管理和控制风险。

（3）全生命周期的管理。以往在政府投资项目中，政府只参与前期项目审批，而在 PPP 项目中，政府要参与整个项目的生命周期，包括设计、建设、运营、维护全过程，双方通过长期合同来明确权利和义务，根据服务提供的绩效结果进行付费，用激励约束机制来保证公共服务的质量和效益。

（4）关注服务而不仅仅是资产的建设。传统投资模式下，建设性资金由政府一次投入；而 PPP 模式下，政府在建设期不付费，在私营部门提供服务后基于项目表现逐年支付费用。

PPP 模式更加注重项目产出标准而不是实现方式，促使社会资本发挥主观能动性，降低成本，获得高于预期的利润，从而减轻财政压力。

（三）PPP 模式的优势

（1）建立风险合理的分担机制。PPP 模式可以使政府与社会资本根据各自的控制能力分担风险，风险分配更合理，减少政府、承建商和投资商的风险，从而降低融资难度，提高项目融资成功的可能性，政府在分担风险的同时也拥有了一定的控制权。

（2）提高资产和财政资金利用效率。推动 PPP 模式有利于借助社会力量和专业化力量，提高合作项目的经营效率，能较好地解决当前政府投资领域存在的一些低效、低质问题。

（3）合作各方利益得到保障。PPP 模式旨在利用市场机制合理分配风险，在项目运行中，政府和企业在平等协商、依法合规的基础上建立起合作关系。充分发挥双方优势，提高公共产品或服务的供给数量、质量和效率，在保障社会资本得到长期合理回报的同时，避免社会资本利润超出合理空间，实现公共利益最大化，确保 PPP 合作项目各方实现双赢或多赢，达到物有所值、物超所值的效果。

（4）有利于转变政府职能，减轻财政负担。按照权责对等原则，政府与市场明确各自的职责，该由政府管的，政府依法管住、管好，该由企业做

的，企业放手去做。政府从过去的基础设施、公共服务的"提供者"变成"监管者"，而社会资本的进入，又减轻了政府公共财政的举债压力。

（5）能够促进投资主体的多元化。利用社会力量来提供产品和服务，能为政府部门提供更多的资金和技能，促进投融资体制改革。同时，社会力量参与还能推动项目设计、施工、设施管理过程等方面的革新，提高办事效率，传播先进的管理理念和经验。

二 在嘉峪关市大力推广 PPP 模式的意义及影响

从当前经济形势来讲，PPP 不仅是改革的问题，也是发展的问题，与当前经济状况息息相关。十八届三中全会提出，要建立透明规范的城市建设投融资机制，允许社会资本通过特许经营等方式参与城市基础设施投资和运营，以 PPP 模式带动财税体制、投融资体制和行政管理体制变革，规范政府和市场的关系。党中央、国务院以及各级地方政府都把 PPP 作为促进经济增长、拉动民间投资重要的政策工具。推广 PPP 模式有利于提高公共服务的供给质量、供给效率，保障和改善民生；有利于政企分开、政事分开，加快政府职能转变；有利于打破行业准入限制，激发经济活力和创造力；有利于完善财政投入和管理方式，提高财政资金的使用效益。

在新常态下，嘉峪关市经济从高速发展逐渐向中高速增长阶段过渡。PPP 模式的出现为嘉峪关市的经济发展提出了新的挑战。PPP 模式在社会主义现代化建设中能够最大限度地发挥财政资金的杠杆作用，减轻财政压力，达到提升公共项目的融资水平和运营管理能力的目的，确保嘉峪关市固定资产投资健康稳步增长。

三 嘉峪关市 PPP 工作的进展情况

当前，财政部、国家发改委等部门都在大力推广 PPP 模式，嘉峪关市也在积极推动 PPP 模式落地，通过加强全市入库管理工作，已储备 PPP 项目34个，总投资384.03亿元。其中医疗卫生类2项，投资额8.72亿元；环境保护类2项，投资额2.1亿元；商贸物流类2项，投资额141.2亿元；文化旅游类8项，投资额78.26亿元；市政基础类2项，投资额50.5亿元；文化教育类1项，投资额3.5亿元；公共服务类2项，投资额6.7亿元；交通运输类12项，投资额89.43亿元；农林水利类2项，投资额2.62亿元，生态类1项，投资额1亿元。目前已有8个项目列入甘肃省PPP项目库，10个列入嘉峪关市重点推进PPP项目，总投资额230.48亿元。同时，上述项目已全部纳入国家重大项目库。

（一）成立组织机构

为做好全市PPP项目政策引导、遴选储备、论证评估、合作洽谈、合同（协议）审查、绩效评价、信息管理、咨询培训工作，以及对上争取、对下指导，信息统计，部门和区域协作等相关工作的推进与落实，嘉峪关市成立了政府和社会资本合作工作领导小组，负责协调各相关职能部门工作，建立各部门分工负责的工作机制，加强推广运用PPP模式的统一领导，做好PPP合作项目的统筹规划工作。同时成立了嘉峪关市PPP项目管理办公室，主要履行政府和社会资本合作政策制定、项目储备、业务指导、项目评估、信息管理、宣传培训等职责，为PPP合作项目全面规范开展提供制度和组织保障。

（二）加强制度建设

一是发布《嘉峪关市政府和社会资本合作项目工作导则》（以下简称《工作导则》）。《工作导则》的主要内容可以归纳为"八个明确"：明确更加全面的PPP领域，明确工作职责，明确项目适用范围，明确项目审批和实施方案审查的关系和程序，明确PPP项目入库的具体要求，明确社会资本方选择相关要求，明确项目支持方式，明确项目公司设立、项目法人变更、项目融资及建设、项目运营绩效评价、项目接管和提前终止、项目移交和后评价等具体操作程序。二是强化PPP项目操作规范，制定了嘉峪

关市 PPP 项目操作流程。三是拟定《嘉峪关市贯彻落实省政府 PPP 项目引导资金管理办法实施意见》，进一步规范全市传统基础设施领域和公共服务领域的 PPP 项目操作流程，对全市后续 PPP 项目顺利实施具有十分重要的指导意义。现阶段，嘉峪关市已形成推广运用 PPP 模式必要的组织和制度体系，通过完善制度体系，加快组织机构建设，基本形成各部门密切配合、协调推进 PPP 模式的工作格局。

（三）大力推进 PPP 项目建设

2017 年以来，嘉峪关市已开展各项工作的 PPP 项目有 15 项，其中已落地项目 1 项，系嘉峪关市第一人民医院南市区迁建项目，该项目作为嘉峪关市第一个 PPP 民生项目，在甘肃省也属首例。项目包括一期工程、儿童病区、新建两栋住院楼、医疗附属配套工程、医疗设备等。项目总投资 5.9 亿元，合作期限 11.5 年，合作模式采用 TOT + BOT① 模式。目前，急诊楼、医技楼、住院楼、儿童病区主体已建成，并已完成"一方案两报告"编审、社会资本方遴选及项目公司组建，近期即将开工建设。正在进行可研编审项目 6 项，分别是黑山岩画风景区项目、魏晋民俗文化展览馆、嘉峪关草湖国家湿地公园、智慧旅游城市建设项目、S06 嘉酒绕城高速项目、国际港务区建设项目。进入"一方案两报告"审查项目 1 项，系嘉峪关市中医医院项目，现阶段正在进行"两报告"审查，待财政局出具审查意见后即可开展实施方案联审工作。已完成对接、正在开展前期工作的项目 1 项，系新华北路公铁立交项目，项目已完成可行性研究、地质勘查、环境评价、水土保持的招标工作，目前各中标单位正在有序开展工作。正在进行对接的项目 6

---

① TOT 是英文 transfer-operate-transfer 的缩写，是指政府部门或国有企业将建设好的项目的一定期限的产权和经营权有偿转让给投资人，由其运营管理，投资人在一个约定的时间内通过经营收回全部投资和得到合理的回报，并在合约期满之后，交回给政府部门或原单位的一种融资方式。BOT 是英文 build-operate-transfer 的缩写，是指政府通过契约授予私营企业（包括外国企业）一定期限的特许专营权，许可其融资建设和经营特定的公用基础设施，并准许其通过向用户收取费用或出售产品的方式清偿贷款，回收投资并赚取利润，特许权期限届满时，该基础设施无偿移交给政府。

项，分别是南湖文化生态园三大中心建筑群项目、全民健身中心项目、南市区跨讨赖河大桥项目、迎宾东路公铁立交工程、嘉峪关机场公路铁路互连互通工程、金港路上跨清嘉高速桥梁及附属道路工程。

（四）主要工作情况

（1）积极申报PPP示范项目及省级引导资金。按照前期工作进展好、可操作性强、项目收益相对稳定的标准，积极申报省级示范项目。根据甘肃省发改委要求，经主管部门会同梳理，筛选出嘉峪关市符合条件的嘉峪关草湖国家湿地公园进行上报。根据《甘肃省发展和改革委员会关于做好2017年省级PPP引导资金申报工作的通知》（甘发改投资〔2017〕37号）文件要求，为符合条件的嘉峪关市第一人民医院南市区迁建项目申报省级引导资金5000万元。

（2）加强PPP项目库入库管理。PPP项目管理部门会同相关部门深入调研、科学论证、现场勘察，初步梳理出前期工作扎实，符合条件，涵盖医疗卫生、交通、环境、旅游等多个领域的47个项目的详细信息，录入国家重大项目库。对已纳入国家重大项目库的项目，定期统计分析项目情况，上门跟踪指导业务，对不适合做PPP项目的项目做到及时退出，并积极与市财政局对接，以尽快实现嘉峪关市PPP项目与财政部PPP项目综合信息平台项目库、发改委国家重大项目库信息同步。

（3）做好项目对接工作。通过召开座谈会、对接会、现场会等多种方式与潜在社会资本方、项目单位进行多次对接，推动PPP项目尽快落地实施。

（4）严格PPP项目审查程序。组织开展嘉峪关市第一人民医院南市区迁建项目、智慧旅游城市建设项目实施方案的评审和嘉峪关市第一人民医院南市区迁建项目的PPP项目合同审查。积极参与项目推进中的各个环节，助推PPP项目规范实施。

（5）举办嘉峪关市PPP项目培训班。为进一步深化投融资体制改革，加强PPP模式推广，切实提高嘉峪关市PPP相关人员的理论水平和实务水平，举办嘉峪关市第一批PPP培训班，第二批正在筹划中。提高相关人员

对 PPP 基础知识、政策体系、发展经验及操作流程的了解，增强相关人员对 PPP 模式的理解和认识，提高其 PPP 模式的实践能力，为推进嘉峪关市 PPP 模式工作打下坚实的基础。

四　对开展 PPP 项目的意见建议

（1）强化 PPP 项目财政管理要求。全面贯彻落实《甘肃省政府和社会资本合作（PPP）项目工作导则》（甘政办发〔2017〕37 号）和《嘉峪关市政府和社会资本合作项目工作导则》（嘉政办发〔2017〕97 号），切实履行 PPP 项目识别论证、政府采购管理、财政预算管理、资产负债管理、信息披露与监督检查等职责，保障 PPP 项目全生命周期规范实施、高效运营，保障合作各方的合法权益。

（2）营造有利于社会资本参与 PPP 项目的环境。不断简化规范 PPP 项目审批程序，明晰政府支出责任，保障项目合理回报，做好项目信息披露公开，不断激发社会资本参与 PPP 项目的积极性。

（3）加强 PPP 项目库入库管理。对已入库项目及新增项目，在深入项目单位了解具体情况的前提下，做好 PPP 业务的指导服务，使在库项目做到"需之即有、有则能干"。加强与财政部门的沟通交流，实现全市 PPP 项目在财政部 PPP 项目综合信息平台项目库、发改委国家重大项目库的信息同步，嘉峪关市基础设施及公共服务领域项目做到全面覆盖、无缝对接。

（4）支持推动重点 PPP 项目落地实施。加快在建 PPP 项目建设，各部门协调做好项目建设、监督、管理等工作，保证项目按计划顺利竣工投运。切实抓好新开工 PPP 项目，按照工作计划、时间节点倒排工期，积极督促项目单位推进前期手续办理、可研报告审批、PPP 项目实施方案联审上报等工作，最大限度缩短项目成熟期，使项目能够尽早落地实施。挖掘储备项目，组织一批条件成熟、可操作性强的项目，加快项目前期工作进度，争取尽快落地实施。

（5）积极做好项目资金对上争取工作。进一步加强与上级部门的沟通和联系，及时掌握最新政策信息，把准方向，精准筛选符合条件的项目上报甘肃省及国家，最大限度争取资金支持，并做好后续跟踪落实工作。

（6）加大 PPP 模式的培训力度。加强 PPP 业务专项培训，推广深化 PPP 公益理念，提高相关工作人员的业务实操能力，达到在培训中提升工作人员的工作技能，在推广中转变其职能理念的目的。2018 年拟举办两次 PPP 项目专题培训，邀请专家为具体项目把脉问诊，解决项目推进过程中出现的具体问题，为 PPP 项目在全市项目建设中的进一步推广打下坚实的理论和实践基础。

B.4
2017年酒钢集团公司产业发展情况分析及预测

邹哲 陈平 窦敏瑞*

摘 要： 酒泉钢铁（集团）有限责任公司坚持"做优做强钢铝产业，适度多元协调发展"战略，大力推进供给侧结构性改革，坚决打赢企业生存保卫战和提质增效攻坚战，集团经营状况有了明显改观，发展能力得到了有效提高。但是，国内钢铁行业市场不景气、企业经营基础依然脆弱、科技含量和附加值偏低、高端产品比重不高等突出矛盾没有根本解决。在新常态下，酒钢集团公司必须抓住我国钢铁、铝产品消费结构优化的机遇，加快转变企业生产经营模式，提高企业整体竞争力。

关键词： 酒钢 铝产业 多元协调发展

一 酒钢集团公司发展概况

酒泉钢铁（集团）有限责任公司（以下简称"酒钢集团公司"）始建于1958年，是新中国继鞍钢、武钢、包钢之后规划建设的第四个钢铁工业基地。经过多年发展，酒钢集团公司形成了钢铁与有色两大产业主导，电力

---

* 邹哲，嘉峪关市委政策研究室综合科副科长；陈平，嘉峪关市政协委员，酒钢集团公司发展规划部副部长；窦敏瑞，酒钢集团公司发展规划部产业规划主管，工程师、PMP（项目管理师）。

能源、煤化工、循环经济、装备制造、物流仓储、现代农业等相关产业配套延伸的多元化经营发展格局。钢铁产业拥有从采矿、烧结、焦化到炼铁、炼钢、热轧、冷轧等完整的碳钢和不锈钢工艺装备，具备年产1100万吨钢（其中不锈钢120万吨）的能力；有色产业拥有500KA、400KA、240KA三条大型电解铝生产线，年产电解铝170万吨；电力能源拥有火力发电机组10余套，总装机容量3150MW；煤化工、循环经济、装备制造等相关产业也拥有了一定的产业规模。集团资产总额1064.86亿元，员工总数39400余人。2017年，酒钢集团公司在中国企业500强排名第185位、中国制造企业500强排名第76位。

在钢铁行业快速发展时期，酒钢集团公司的规模经营效益明显，利税贡献多年位居甘肃省前列。但是，随着国内经济增速换挡，钢铁行业面临严重产能过剩的局面，地处西北内陆的酒钢集团公司出现体制机制僵化、经营管理粗放、创新能力欠缺、产业竞争力不强等瓶颈问题，企业生存和发展面临空前挑战。2015年，酒钢集团公司出现了94.39亿元的严重亏损。而2016年，酒钢集团公司实现营业收入813.1亿元、工业总产值405.3亿元、利润20.1亿元，盈利能力在全国35家500万吨大中型钢铁企业中由末位提升至第7位。2017年，酒钢集团公司营业收入达875亿元，工业总产值529亿元。

二 酒钢集团公司支柱产业现状分析及未来预期

（一）钢铁产业

2017年，受钢材销售价上升及钢材品种结构调整影响，酒钢集团宏兴股份公司全年收入410亿元，较2016年增收60亿元，由于原料燃料价格涨幅高于钢材售价涨幅，实现盈利3.4亿元，较2016年降低3.3亿元。公司铁产量466万吨，钢产量17万吨，材产量602万吨。

2017年，我国经济继续保持稳中向好的发展态势。西北地区经济保持一定活力，但投资和消费的增速明显低于全国平均水平。钢铁行业供给侧改

革进一步推进，随着国家出清"地条钢"、加强环保督查等重要措施的实施，加之制造业、房地产及基建投资发力，需求稳步提升，钢材市场供需结构明显改善，钢材价格震荡上行。钢企处于稳定高产状态，盈利水平明显提升。2017年，我国粗钢产量8.32亿吨，同比增长2.9%，比2016年增加2300万吨。

2018年，去产能仍是钢铁行业的主要任务之一。2017年，钢铁产业完成全年5000万吨去产能任务，2016～2017年完成总量超过1亿吨，未来去产能压力有所下降。2017年，粗钢产量屡创新高，钢厂产能得到充分发挥，因此，2018年不再具备钢铁产量继续上升的基础条件，在基础建设投资缓慢下降、制造业发展逐步向好的趋势下，房地产投资增长幅度的放缓，新增电弧炉产能的释放，都将成为影响钢材价格的不确定因素。现阶段为保护环境，供需两端均受限制，尤其利空原料价格，低价成本带来的支撑作用逐渐减弱，综合分析供需情况和各类因素的影响，预计2018年钢材价格将逐步回归到合理水平，均价比2017年有所回落，但跌幅不会太大。在区域市场方面，受环保政策的影响，周边矿山大量关停，钢铁原料来源锐减，燃料供应受环保、运输等因素影响阶段性紧张，预计酒钢集团经营难度将明显大于沿海钢厂。2018年，酒钢集团钢铁产业预计总收入428亿元，利润目标盈利4亿元。

（二）铝产业

酒钢集团东兴铝业公司已形成煤电铝一体化的产业链体系，电解铝产能规模居中国第六位。企业技术设备水平、节能环保水平、劳动生产率水平、关键技术水平等经济指标优势突出，是中国最具竞争力的大型铝电解企业之一。东兴铝业公司主要有陇西和嘉峪关两个生产基地。陇西生产基地由10万吨/年的240kA生产线和25万吨/年的400kA生产线构成；嘉峪关生产基地自2011年以来建成并投产三条500kA超大型电解铝生产线，具有系列产能大、环保指标优、单位投资省等诸多优点。在实现电解节能减排、提高劳动生产率、使用轨道运输铝液、煤电铝一体化等方面具备突出优势。2017

年，东兴铝业公司主营收入193亿元，实现产值193亿元，电解铝产量158.8万吨。

2018年，在深化供给侧改革以及进一步强化环保督察治理力度的大背景下，继续淘汰落后产能及不合理产能的举措势在必行。从产品销售端看，政策利好将对铝价形成支撑；从原材料端看，势必助推原材料价格上涨。因此，未来一年铝行业整体经营情况将受到成本上涨和价格上涨双重因素的影响。2018年，东兴铝业公司预计主营收入215亿元，其中嘉峪关市172亿元，陇西43亿元。

三 酒钢集团公司面临的困难和挑战

（1）企业的经营基础依然脆弱。首先，受周边矿山企业停产影响，酒钢集团公司的资源保障能力明显 UI 化，同时受周边市场需求影响，产品销售乏力，严重限制了产能发挥；其次，大用户直供电政策尚未全面覆盖集团主导产业，榆钢公司仍被执行限制类电价，给集团经营带来了较大影响；最后，虽然酒钢集团拥有超千亿资产，但低效无效资产占比较大，资产利用率低下。

（2）体制机制改革尚未到位。目前，集团还没有完全建立真正意义上的现代企业制度，"干部能上能下、收入能高能低、员工能进能出"的三能机制还有待健全，集团的体制机制还不能适应市场竞争的要求。

（3）企业迫切需要新的发展动力。随着外部环境的急剧变化，科技进步和"走出去"将成为酒钢集团新的发展动力。但酒钢地处西北内陆，资源和市场两头在外，科技创新能力相对薄弱，企业对外合作意识不强，这些因素已成为制约企业发展的瓶颈问题。

（4）基础管理依然薄弱。2016年，酒钢宏兴股份公司西沟矿发生了"8·16"重大火灾事故，直接反映出集团安全管理存在漏洞、各级安全生产主体责任未全面落实、安全教育培训不到位等问题，更加暴露出管理基础的薄弱，在管理方面长期存在的一些突出问题尚未得到有效解决。

四　提升企业综合竞争力的对策建议

实施"做优、做强钢铝产业，适度多元协调发展"战略，在突出钢铁、电解铝两大主业发展的同时，围绕主业的供应链、技术链和资源利用链，加强衍生资源利用力度，促进多元产业协调发展，提升企业综合素质与竞争力，促进资产规模有序增长，持续改善员工收入与生活质量，积极促进企业与区域经济的绿色、和谐、可持续发展，努力将酒钢集团建设成具有国际竞争实力的现代化企业集团。

（一）深入推进转型发展

（1）转变发展方式，由追求数量扩张转向追求品质、提升效率。积极响应国家战略并主动适应外部环境变化，加快从"高投入、高消耗、高排放、低效率"的单一粗放规模扩张增长方式向"低投入、低消耗、低排放、高效率"的多元品牌优先增长方式的转变；从要素投入型发展增长向内生技术进步型增长转变；从数量、速度型发展方式向质量、效益型发展方式转变；从技术引进型增长向自主创新型增长转变，努力实现企业各方面品质的全面提升。

（2）转变成长动力，由投资驱动转向创新驱动。强化科学技术及创新驱动对企业发展的突出作用，以提升价值为重要导向，加大科技投入，加快新技术、新工艺的创新，破解制约企业价值提升的瓶颈和难题。提高产品增值服务能力，实现企业从产业链延伸向价值链中高端转变。

（3）转变商业模式，由生产制造企业向技术服务型企业转变，由注重产品生产向产品与服务并重转变，由单一的产品生产商向材料方案集成服务提供商转变，实现以产品为载体向服务增值延伸。从注重生产制造向注重研发、销售、服务转变。

（4）转变产品结构，由中低端、同质化转向中高端、特色化。研究国家去产能大政形势并考虑自身条件，酒钢集团的主导产业钢铁产业、电解铝产业难以进一步提高规模效益，必须不断提升产品技术含量，走特色化发展之路。因此，一要加快推进产品特色化、差异化；二要积极推进产品精品化、高端化。

（5）转变战略空间，由国内发展向国外国内协调发展。紧抓"一带一路"战略机遇，大力拓展，利用国内国外两个市场、两种资源，积极掌控战略资源，积极输出产能技术，深化对国际市场的分析，加强对自身能力及风险管理的研究，创新资源及产业合作模式，提高酒钢集团公司战略资源的保障能力，扩大境外产品市场份额，提升企业的国际化运营水平。

（6）转变筹资渠道，由依赖自身积累向注重资本运营转变。打造多层次的资本运营平台，构建和完善资本运营管理体系。积极发挥可利用资源与生产要素的作用，借助资本杠杆进行有效运营，盘活存量资产，优化资源配置，提升企业经济实力和抗风险能力。

（二）优化提升管控能力

（1）推进集团管控向战略投资型模式转变，提升运营及发展活力。集团公司管控模式由生产经营型向战略投资型转变。集团公司总部制定战略方向，对预算、资金、重大投资、关键人事任免等事项进行管控，以确保各单元的发展符合集团战略，使集团公司总部成为权责明确、监管高效、规范透明的管理平台，并通过权利清单明确各业务单元权责，激发集团各单元运营及发展的活力。

（2）加快商业模式创新，努力打造金属材料集成服务供应商。以打造金属材料方案集成服务供应商为目标，深入贯彻以客户为导向的理念，提升供应链管控能力，加强与下游用户的对接，充分利用互联网平台大数据技术，针对用户个性化需求推出定向产品与服务，提升用户服务能力和水平。

（3）全面深化改革，提升竞争优势。紧跟国资国企改革新形势，进一步完善法人治理结构，推进三项制度改革，探索推行职业经理人制度，推进混合所有制改革与子公司股份制改革，探索员工持股，支持技术入股，建立创新驱动发展的体制机制，不断推进企业组织扁平化、运营流程化、

管理协同化。

（4）优化资本布局结构，提高资本经营效率。解决酒钢集团公司资产利用率低，导致大量资金被占用的问题，实施资产重组、业务整合，优化资源配置，提高资产利用效率。

（三）促进产业多元协调发展

（1）钢铁产业。在适当规划规模并巩固已有优势的前提下，不断采用和推广新技术、新工艺，提升设备水平和技术工艺条件，积极推进智能化、信息化、自动化，提高先进产能比重，通过研发投入掌握核心技术，不断向产业链和价值链的高端延伸拓展。一是加强选矿技术改造，拓宽周边难选铁矿石的有效利用范围，提升铁矿资源自给率，重点降低铁前成本；二是围绕区域化战略，对碳钢生产线进行提质增效改造，优化产品结构，发展特色品种，做优常规产品、做精高端产品；三是坚持精品战略，以400系为核心，打造全国知名的不锈钢品牌；四是协调好集团本部、榆钢、翼钢和海外基地之间产业布局的关系，优化资本布局结构，提升产业链集约化水平。

（2）电解铝产业。以电解铝生产为核心，进一步夯实能源基础；全面实施纵向一体化战略，通过签定长期订单及在境外建设氧化铝厂等举措，增强资源控制能力，从产业链上游保障氧化铝原料供应；吸引外部投资，加速产业集聚，向铝材下游深加工产业延伸，实现产品链和价值链向中高端转变。构建以电解铝与新兴能源相融合、与上下游产业链相融合的具有强大竞争力的现代化铝工业体系，铝产业形成"电—电解铝—铝加工—铝精深加工"的全产业链条。

（3）电力能源产业。秉持"保障供给、降低成本、开拓市场"的总思路，以电力体制改革为契机，筹划局域电网建设，参与外部电力市场竞争；落实"节约、清洁、安全"的能源方针，严格执行能效环保标准，提升系统能效，实现供电煤耗、污染排放双降低；优化电网结构，持续提高电网安全保供能力；探索和实践局域电网供电技术，推进国家局域电网供电示范基地建设；优化能源结构，积极推进可再生能源电源点的建设，积极吸纳风电、光电等可再生能源技术，提高可再生能源利用率。

（4）煤化工产业。按照统一规划，分步实施的原则，合理规划发展总量，科学安排项目实施顺序及建设进度。总结正在实施的示范试验项目在自主创新、设备大型化、生产管理等方面的经验和技术诀窍，为产业化推广奠定基础。

（5）循环经济产业。贯彻创新驱动、绿色发展的理念，以国家加强循环经济产业发展力度为契机，以全面高效利用其他产业衍生资源为方向，积极引进合作方，面向社会提供服务，将循环经济产业打造成集团效益的增长点和区域绿色产业发展的旗舰。

（6）现代物流产业。坚持"对内强化保障、对外拓展经营、持续改革转型"的战略思路，积极争取铁路运费降费政策，不断完善运输方式，全力降低集团物流成本；提升嘉策铁路的运输能力，扩大兰西园区的运营规模；提升供应链一体化管理水平，积极发展第三方物流业务。

（7）装备制造产业。努力走出产业价值链洼地，提高产品附加值与竞争力，实现产品从中低端转向中高端，并逐步从单一制造生产向工程服务转型，提升发展质量，提高企业利润率水平；重点提高新能源装备制造能力，积极推动风电场、光电场的资源开发及运营，进行风光电设备维护；推进装备制造向智能化、信息化、专业化制造方向发展；加快建立以企业为主体，联合高等院校和科研院所为技术支撑的研发体系；建立"互联网＋制造"的新模式，打造精益创新平台。酒钢集团西部重工股份有限公司筹划新三板上市。

（8）其他产业。最大限度地利用好存量资产，加快盘活现有闲置资产，提高现有产能和生产线的规模效益，提升企业运营效益；推进技术创新，加快产品研发，推进品牌战略，拓展发展空间，努力提升市场竞争力和其对主业核心竞争力的贡献；对长期亏损、竞争乏力的产业与企业，实施重组整合或退出的策略。

供给改革篇

Supply Reform

B.5

2017年嘉峪关市服务业发展
情况分析及预测

邹 哲 赵管社 吕文婷*

摘　要：　2017年以来，随着文化旅游产业的迅猛发展，嘉峪关市服务业整体发展速度明显加快，呈现规模平稳增长、水平逐步提升、行业良好发展的态势，逐步成为全市经济增长的新动力。但是与全国相比，特别是与西安、兰州、银川等西北地区发展较快的城市相比，嘉峪关市服务业占生产总值比重低，生产性服务业发展滞后的问题仍很突出。展望未来，嘉峪关市服务业发展处于重要机遇期，生产性服务业将加快发展，生活性服务业将提质升级。为了主动适应新常态、引领新常态，

* 邹哲，嘉峪关市委政策研究室综合科副科长；赵管社，嘉峪关市发展和改革委员会副主任；吕文婷，嘉峪关市发展和改革委员会成员。

嘉峪关市应提升服务业的对外开放水平，培育和发展多样性的市场主体，促进服务业融合发展。

关键词： 服务业　市场主体　第三产业

服务业是指生产和销售服务产品的生产部门和企业的集合。在我国国民经济核算实际工作中，通常将服务业视为第三产业，将服务业定义为除农业、工业之外的其他所有产业部门。通常认为，服务业分为生活服务业（或消费服务业）与生产服务业。

服务业的发展状况与发展水平是衡量一个国家和地区经济发展水平的重要标志，也能反映出一个国家和地区经济所处的发展阶段。在社会转型升级进程中，服务业在国民经济中的地位随着经济水平的提高而不断上升，成为区域经济发展的加速器和增长点。因此，深刻认识服务业的发展规律、发展状况、发展特点，分析服务业的发展优势，把握服务业的发展方向，对于提高地区竞争力，实现产业升级，提升国民经济发展水平具有重要的战略意义。

一　嘉峪关市服务业发展的总体态势

"十二五"以来，嘉峪关市积极主动适应经济新常态，全市服务业运行情况总体向好。

（1）服务业发展速度明显加快，发展水平显著提升。在经济总体形势面临较大下行压力的情况下，嘉峪关市服务业保持了较快增长，2013～2016年，全市服务业年均增速保持在14%以上，高于全国服务业年均增速5.9个百分点，高于全市GDP年均增速3.6个百分点；2013～2016年，全市服务业营业收入实现稳定增长，由2013年的6.54亿元增加至2016年的12.94亿元；吸纳就业人数由2012年的0.5万人增加至2016年的0.7万人，占全市第三产业就业人口比重由2013年的14.3%提升至2016年的28.6%。随

着供给侧结构性改革加快推进，经济发展新动能不断培育壮大，2016年，全市服务业增加值为88.6亿元，比上年增长13.4%。^① 三产结构比例由2012年的1.4∶81.8∶16.8变为2016年的2.9∶39.3∶57.8，第三产业占GDP比重首次超过第二产业，全市经济结构发生了重大变化，国民经济由工业主导向工业与文化旅游业主导转变。

（2）服务业产业结构持续优化，互联网行业亮点突出。以交通运输、仓储和邮政为代表的传统服务业增速逐步放缓，以科技服务为代表的现代服务业得到迅速发展。2016年，全市科技服务业实现营业收入2.42亿元，占服务业总收入的18.7%，比2013年提高2.8个百分点。电子商务发展不断提速。2016年，全市电子商务实现交易额4.1亿元，比上年增长15.7%；全市限额以上批发和零售业通过互联网实现销售总额3.4亿元，比上年增长5.7%。以美嘉优购、天天绿色、酒钢采购平台为代表的电商企业在生活和生产领域引领全市电子商务发展。

（3）服务业改革日益深化，政策红利逐步释放。随着近年来国家不断出台扶持服务业发展的政策，"营改增"减税及人才库等政策得到完善，服务业各行业迎来了最好的发展机遇。养老服务业、健康服务业、文化产业、旅游业、信息服务业等行业在财政资金扶持政策的鼓励下，撬动民间资本，以政府补助加快产业建设，促进了服务企业加快发展。服务业的快速发展，促进了全市经济结构转型发展，2016年，全市规模以上服务业企业41家，比2013年增加7家。其中华强方特嘉峪关欢乐世界旅游有限公司成为服务业中最有活力的文化娱乐企业，甘肃嘉旅文化投资有限公司、嘉峪关文化旅游投资集团公司成为以文化旅游融合发展带动全市第三产业快速增长的龙头企业。

二　2017年服务业发展基本情况

2017年，随着文化、旅游、体育等产业深度融合，嘉峪关市服务业发

---

① 数据来源：嘉峪关市统计局。

展速度明显加快。

（1）规模以上服务业稳步增长。2017年，全市规模以上服务业实现营业收入14亿元，同比增长8%；服务业增加值85亿元，同比增长4%，占生产总值的比重达到40%。全市规模以上服务业主要分布在交通运输、电信广播、商贸服务、专业技术服务、物业管理、文化艺术、娱乐等领域。2017年以来，全市规模以上服务业营业收入有增有降，主要呈现以下特征：第三产业蓬勃发展，带动航空运输、商贸、文化等服务业营业收入较快增长；互联网科技快速发展，带动专业技术服务业大幅增长；邮政服务和电信、广播电视及卫星传输服务行业市场日趋饱和，增长速度保持平稳；居民生活消费趋于保守，居民服务业、娱乐业营业收入有所下降。

（2）交通运输业快速发展。2017年以来，嘉峪关市着力构筑"大交通"格局规划建设，形成了公路、铁路、民航、邮政联营联运，站点建设更加完善的现代交通运输体系。2017年，全市交通运输、仓储和邮政业完成增加值8亿元，同比增长6%；全市公路运输完成旅客周转量13.3亿人公里，货运周转量19亿吨公里，同比分别增长15%、16%；航空旅客吞吐量43万人次，货邮吞吐量1740吨，同比分别增长7.6%和2%；全市邮政行业业务收入累计6221.23万元，同比增长7%，其中快递业务量累计90万件，业务收入累计1932.7万元，同比分别增长3%和5%。

（3）消费市场保持平稳。批发、零售、住宿、餐饮行业的整体实力明显增强，批发和零售业零售额在社会消费品零售总额中的占比达80%，在消费品市场中仍占主导地位。受全国钢材、煤炭等大宗商品价格持续走高的趋势影响，全市限额以上批发业商品销售额大幅增加，商品销售额105.6亿元，同比增长13.4%；在首届丝绸之路（嘉峪关）国际音乐节、丝绸之路（嘉峪关）国际房车博览会、中国（嘉峪关）国际短片电影展等大型节会和文化旅游消费的带动下，在住宿餐饮企业"互联网+"营销模式的助推下，住宿、餐饮业明显回暖，住宿业商品销售额2.19亿元，餐饮业商品销售额13.55亿元，同比分别增长18.4%和16%。2017年，嘉峪关市社会消费品零售总额达到65.7亿元，同比增长9.5%。

（4）对外贸易形势好转。嘉峪关市重点外贸企业酒钢（集团）公司生产经营企稳回升，全市进出口贸易降幅收窄，2017 年进出口总额 16.5 亿元，同比下降 6%。

（5）重点商贸流通项目进展顺利。全市经济的快速发展和居民消费能力的不断提高，推动了一批重点商贸流通项目进度加快。天诚购物广场、阳光金水湾名家汇商贸综合体建成投入运营；雄关大厦、一得乐商场改建等项目进度加快；紫轩国际开工建设；万豪国际、金茂财富广场前期建设工作有序推进。积极探索城市综合市场改造新模式，通过招商确定镜铁路市场项目的实施企业，计划于 2018 年开工建设；按照甘肃省物流业规划布局，嘉峪关国际空港和国际港务区总体规划已完成编制工作，其他工作有序推进。

三　存在的主要问题

（1）服务业内部结构不合理。一是传统服务业仍然占较高比重。2016年，交通运输业、仓储业、邮政行业和公共设施管理业占服务业营业收入比重达 20.2%，仍占据重要地位。二是知识密集型、科技密集型的现代服务业比重偏低。近年来，嘉峪关市信息传输计算机服务和软件业、科学研究技术服务等现代服务业有了较快发展，但由于基础差、规模小，现代服务业占全部服务业增加值的比重仍然偏低。三是一些新兴行业如研发设计、文化创意、影视制作等仍处于空白状态，尚未形成竞争优势。传统服务业比重过高，现代服务业发展相对较慢，这种不合理的产业结构将制约嘉峪关市服务业发展水平的进一步提升。

（2）服务业企业规模偏小。全市规模以上服务业企业共有 41 家，但规模较大、竞争力较强的企业并不多，尚未形成集群发展的态势。规模以上服务业中，私营企业户数占比 43.75%，但营业收入仅占 11.02%，且亏损严重。这部分服务企业科技含量低、管理落后，在现有的市场竞争中长期处于劣势，企业发展缓慢。

（3）聚集效应不强。服务业集聚化、规模化程度不高，综合竞争力亟须提升。从企业规模来看，服务业企业规模仍然偏小，且竞争力弱，缺乏实力强、影响力大的大企业、大集团和知名品牌；从服务业集聚程度来看，企业分布散乱，集聚程度不高。

（4）高端人才短缺。服务业从业人员多集中在传统服务行业，专业素质不强。中高级人才匮乏成为嘉峪关市新兴服务业发展的突出瓶颈，特别在软件信息、文化创意、现代物流、金融保险、电子商务、服务外包等行业，高端人才十分紧缺，储备严重不足。

四 服务业发展前景展望

（1）服务业继续保持高增速。服务业是新常态下我国经济发展的新动力，同时也是未来中国经济的重要支撑。[①] 短短几年里，我国服务业在经济中的地位发生了质的变化，"十二五"规划末期，服务业占国内生产总值的比重超过50%，现代服务业的发展内容也被列入《国民经济和社会发展第十三个五年规划纲要》中并被重点提及。2015年，甘肃省出台《关于支持服务业加快发展的若干意见》，努力消除瓶颈制约，推进全省服务业持续快速发展。嘉峪关市服务业在国民经济中比重偏低，2016年，嘉峪关市服务业在国民经济所占比重比全国平均水平低15.4个百分点，说明嘉峪关市服务业仍有较大的发展空间。在嘉峪关市"十三五"规划中，提出"发展壮大现代服务业"，计划到2020年，全市服务业增加值占GDP比重达到43.6%。

（2）生产性服务业前景广阔。2014年，国家发布了《关于加快发展生产性服务业促进产业结构调整升级的指导意见》。为贯彻落实该意见，甘肃省出台了《关于加快发展生产性服务业促进产业结构调整升级的实施意见》，提出"把加快生产性服务业发展作为促进产业结构调整升级，推动发

---

① 纪明辉：《吉林省服务业运行形势分析与展望》，载邵汉明主编《吉林蓝皮书·吉林经济社会形势分析与预测》，社会科学文献出版社，2017，第74~75页。

展方式转变和经济结构战略性调整的重要切入点",将研发设计、现代物流、信息技术服务、金融服务、节能环保服务、电子商务、检验检测认证、商务咨询、品牌建设和售后服务、人力资源服务、服务外包等领域作为全省生产性服务业重点发展方向。随着嘉峪关市产业结构转型升级以及工业产业的多元化发展,产品研发、设计、营销、咨询、金融保险、信息服务等高端服务业必将迎来广阔的发展空间。

(3)生活性服务业发展升级。2015 年 11 月,国务院办公厅印发《关于加快发展生活性服务业促进消费结构升级的指导意见》,这是我国第一个针对生活性服务业发展发布的政策性文件,文件指出,"加快发展生活性服务业,是推动经济增长动力转换的重要途径,实现经济提质增效升级的重要举措,保障和改善民生的重要手段",该文件为满足人民群众消费升级需求,促进生活性服务业品质和效益的提升做出了全面系统的部署。当前,随着收入水平的提高,人民群众对生活品质的提升也有了更高要求,生活性服务消费的需求迅速增加。同时,日新月异的信息网络技术也为生活服务的供给方式拓宽了渠道。近年来,随着旅游业的蓬勃发展,嘉峪关市的生活性服务业也发展起来,2017 年,嘉峪关市接待游客总人数 857 万人次,同比增长 22.08%,旅游总收入 57 亿元,同比增长 25.83%。但这还不够,生活性服务业的发展方向是便利化、精细化和品质化,必须通过提升规模和效益来推动居民生活消费方式由生存型向发展型转变,由传统型向现代型转变,由物质型向服务型转变。

五　促进服务业快速发展的建议

(1)着力改善发展环境,夯实服务业发展基础。中国社会科学院财经战略研究院副院长夏杰长曾在《经济日报》撰文指出,服务业具有无形性、多样性和信息不对称的特点,良好的信用环境是服务业发展的重要基础支撑。只有健全社会信用体系、加强服务业信用管理、尊重和保护知识产权、制定和实施服务业标准,才能降低服务产品和服务行为的交易成本,提高交易效率，实现现代服务业快速、健康、有序发展。[①] 在现代社会，信息基础设施也是生产性服务业发展的重要软环境和软要素，应该不断完善信息基础设施建设，从而加强生产性服务业对其他产业的渗透与融合。

（2）高度重视创新型人才培养，提高服务业企业创新能力。发展服务业，人才是关键。必须加大传统人才培养模式的改革创新力度，重点发展特色职业教育，支持各类高等教育、职业教育和培训机构开展复合型、技能型特别是创新型人才的培训。在引进商务服务人才的同时，要注重完善人才激励机制，优化人才发展环境，通过"领军人才计划"为服务业创新能力的提升提供更多助力。政府要加大对服务业企业技术创新的扶持力度和优惠力度，通过政策激励引导企业不断提高自主创新能力。

（3）聚焦薄弱环节，补齐短板，加快发展新兴领域服务业。打造物流枢纽体系，围绕全国性交通枢纽建设，加快实施国际港务区、嘉峪关国际空港、嘉峪关机场改扩建、航空口岸开放、铁路综合货场、公路货运中心、酒钢多式联运物流园、金翼乡村电商快递物流集散中心、西部天地物流配送中心、恒基物流仓储配套中心等重点项目建设，努力构建立足西北、辐射中亚和西亚的区域性物流中心城市。依托全国性综合交通枢纽建设，把握好国家新一轮改革发展和对外开放的机遇，大力发展枢纽经济，实现城市经济转型升级和跨越发展。不断完善铁路货运基础设施建设，设计开行钢铁、电解铝等产品"点到点"大宗直达班列等铁路快捷货运产品，推进"嘉峪关号"中亚国际货运班列常态化运行。加快建设酒嘉物流集聚区，重点发展新能源装备物流、钢铁生产供应链物流、农副产品物流、商贸物流，使其成为带动甘肃西部物流业发展的重要主力军以及联结新疆、青海、西藏和中亚各国的桥头堡。

深入实施创新驱动发展战略，整合现有资源与技术力量，加快建立和完善以企业为主体、以市场为导向、产学研相结合的技术创新体系，重点支持科技服务业发展，促进创新成果转化，提升研发设计服务水平和能力。以加

---

① 夏长杰：《把握生产性服务业发展的着力点》，《经济日报》2014年9月6日，第7版。

强产业技术创新为主攻方向，着力推进优势产业改造升级。努力做强新材料产业、新能源产业及装备制造业。创新配套服务业发展模式，以专业维修服务、外包服务为重点，支持相关配套服务企业发展，形成上下游产品配套协调的新材料产业体系、新能源产业链、装备制造产业链，有效降低企业运营成本。

积极推进节能环保服务业发展，深入实施《甘肃省循环经济总体规划》，以能源、原材料等行业为重点，开展专业化节能环保服务，培育节能环保市场体系。面向工业节能、建筑节能、清洁技术等领域，大力发展以合同能源管理为核心机制的节能评估、能源审计、电平衡、项目规划设计等全过程服务。引导全市重点用能企业组建专业化节能队伍，帮助企业提高节能技术和总结管理经验。完善再生资源回收体系建设，合理布局回收网点，完善以标准化回收站点为基础、以集散市场为中心、覆盖全市的再生资源回收网络。积极推进再生资源产业园区建设，启动实施再生资源集散加工中心、旧货交易中心和报废汽车拆解中心项目的建设。

大力发展商务服务业，对商务服务进行合理定位，着力解决"弱""小"的问题，为嘉峪关市商务服务发展创造一个良好的政策空间和外部环境。科学制定商务服务业发展规划，培育发展天诚美居家居文化产业园、安远沟建材综合交易市场、西北物流汽配城、金港汽车文化产业园、新河西商贸城、工程机械交易市场等一批大型专业批发市场，加快雄关大厦、一得乐商场改造、紫轩国际、万豪国际和老旧市场更新改造等一批重点商贸项目的建设，并通过政府的重点扶持和政策倾斜，使这些商务服务机构成为商务服务行业的重点骨干，进一步提高本地商贸集聚度和整体运营水平。

加快发展金融服务业，发挥城市建设投资、水利投资、交通投资等融资平台的作用，为城市基础设施建设项目、重大产业项目和社会事业项目提供投融资支持。健全中小企业信用担保机制，扶持市中小企业担保公司等融资担保机构的发展，积极开展小额贷款公司试点工作，缓解中小企业融资难问题。搭建政银企合作信用平台，完善银企对接、项目对接、需求对接机制，实现信贷需求双方沟通衔接的制度化、常态化。

B.6
2017年嘉峪关市铝产业发展
情况分析及预测

邹 哲　王仁辉　何进录*

摘　要： 2017年，受益于供给侧结构性改革，国内电解铝市场价格上涨，电解铝企业产能逐渐得到恢复。在此利好因素的带动下，嘉峪关市电解铝生产和铝材加工保持了平稳增长，但是，产业链条延伸不足、铝产品单一、成本费用增加、资源环境约束收紧等突出矛盾没有得到根本解决。嘉峪关市应抓住铝消费结构优化的机遇，进一步延伸铝型材深加工产业链，使铝挤压型材由"半成品"向"成品"延伸，提高产业链整体竞争力。

关键词： 铝产业　制造业　市场风险

一　嘉峪关市铝产业发展概况

近年来，嘉峪关市深入实施工业强市战略，积极为新能源就地消纳创造条件，主动承接先进技术水平的现代高载能产业转移，布局发展现代高

---

* 邹哲，嘉峪关市委政策研究室综合科副科长，主要研究方向为形势政策分析、基层改革与创新；王仁辉，嘉峪关市发展和改革委员会产业协调和交通运输科科长，主要研究方向为固定资产投资管理、重大项目建设调度、宏观经济研究、产业协调发展和交通基础设施建设；何进录，嘉峪关市发展和改革委员会产业协调和交通运输科正科级干部，主要研究方向为统筹协调产业发展和交通运输业发展工作。

载能及循环经济产业，着力打造"光伏发电—电解铝—铝制品加工"千亿级产业链，建设集模具配套、污水处理、仓储物流为一体的铝制品深加工产业园，大力发展以铝棒、铝板、铝带、铝箔为主的铝型材、铝制品深加工产业。

（一）铝产业发展现状

近年来，嘉峪关市通过兼并重组、招商引资等方式，培育发展了酒钢东兴铝业有限公司、甘肃广银铝业有限公司、索通预焙阳极有限公司、甘肃中威斯铝业有限公司、嘉峪关澄宇金属材料有限责任公司等有色金属工业企业，实现了有色金属从无到有、从小到大的突破，全市铝产业连续多年保持平稳较快发展（见表1）。

表1　2012～2017年嘉峪关市电解铝和铝材产量

单位：万吨，%

年份	电解铝		铝材	
	产量	增速	产量	增速
2012	64.8	—	4.5	—
2013	86.9	34.1	23.3	418.0
2014	109.4	25.9	29.4	26.2
2015	131.3	20.0	34.8	18.4
2016	142.6	8.6	40.2	15.5
2017	158.8	11.4	48.1	19.7

资料来源：嘉峪关市统计局。

2017年，随着酒钢天成彩铝有限责任公司顺利投产，嘉峪关市铝合金加工企业由原来的广银铝业有限公司、中威斯铝业有限公司和澄宇金属材料有限责任公司3家企业变为4家，铝材产能由180万吨/年提升到220万吨/年。同时，受益于供给侧结构性改革，在电解铝价格上涨、产能恢复的带动下，嘉峪关市电解铝和铝材产量总体保持了平稳较快增长。2017年，全市电解铝产量158.8万吨，同比增长11.4%；铝材产量48.1万吨，同比增长19.7%。

嘉峪关抓住"中国制造2025"和甘肃省打造制造业升级版的发展机遇，围绕打造"光伏发电—电解铝—铝制品加工"千亿级产业链的重点工作，积极吸引承接中东部地区铝产业转移，铝产业集群初具规模。特别是酒钢集团东兴铝业嘉酒风电基地载能特色铝合金节能技术改造项目的投产，吸引了包括索通预焙阳极有限公司、广银铝业有限公司、中威斯铝业有限公司、酒钢天成彩铝有限责任公司等企业，构建了完整的上下游产业链，形成规模较大的产业集群。目前，已建成索通预焙阳极有限公司一期25万吨预焙阳极项目和二期34万吨预焙阳极项目、甘肃广银铝业有限公司一期45万吨铝合金棒加工项目、中威斯铝业有限公司60万吨高精冶金新材料加工项目、酒钢天成彩铝有限责任公司40万吨绿色短流程铸轧铝深加工项目和澄宇金属材料有限责任公司10万吨铝材加工项目，初步具备214万吨铝制品生产能力。

（二）推进铝产业发展的战略举措

（1）强化领导，合力推进。组建铝产业发展常设议事协调机构，建立市铝产业发展联席会议制度，由分管副市长召集，以嘉峪关市发改委、嘉峪关市工信委、嘉峪关市工业园区管委会、嘉峪关市国土局、嘉峪关市规划局、嘉峪关市建设局等部门为成员单位，铁路物流、供电、供气、供暖、供水等部门参与，及时研究解决铝产业发展中存在的问题，制定具体措施和办法，形成具有约束力的会议纪要，协调推进全市铝产业发展。

（2）深化改革，全力提速。深化"放、管、服"改革，出台企业投资项目承诺制管理办法和重点投资项目全程代办服务办法，实施重点项目"1＋（2＋X）"并联审批。开设铝产业项目"绿色通道"，在项目审批、土地供应、能源环保、基础配套等方面给予支持，简化手续，实行全程跟踪服务，对重大项目特事特办、优先办理。

（3）政策扶持，推动发展。出台《嘉峪关市加快铝产业高端绿色发展的扶持办法（试行）》[①]，从支持引进铝产业延链补链项目、优先发展高端顶

---

① 2017年3月17日由嘉峪关市人民政府办公室印发。

尖产品、鼓励铝材扩大应用、鼓励企业扩大直接融资规模、鼓励铝电联营、鼓励节能降耗和绿色生产、切实降低运输和天然气等成本、鼓励建立产业研发中心、支持名牌产品和标准化建设、鼓励建立铝金属产品质量监督检验中心、大力引进高端人才等方面对支持铝产业发展做出了明确规定，对项目建设、企业跃升规模以上、直接融资、担保贷款给予奖励和优惠。

（4）设立基金扶持引导。设立了铝产业发展引导基金，市政府每年出资 5000 万元，5 年内累计出资 2.5 亿元，与有关金融机构和社会资本共同组建铝产业发展引导基金，对铝产业及相关配套产业予以扶持。同时加强与甘肃省发改委、工信委的沟通，以国家承接产业转移专项资金为重点，积极完善项目落实和推进机制，提高项目包装策划水平，全力争取国家和甘肃省的专项资金支持。

二 嘉峪关市铝产业企业概况

（一）电解铝企业

嘉峪关市电解铝产业已建成酒钢集团东兴铝业酒嘉风电基地高载能特色铝合金节能技术改造一期 45 万吨项目，完成酒钢集团东兴铝业酒嘉风电基地高载能特色铝合金节能技术改造项目二期 2×45 万吨项目，目前产能达到 135 万吨，未来产能将达到 300 万吨。

（1）酒钢集团东兴铝业酒嘉风电基地高载能特色铝合金节能技术改造一期 45 万吨项目。该项目于 2010 年 10 月底动工，2011 年 12 月通电投产。共安装电解槽 336 台，综合技术达到世界先进水平，是目前世界槽型最大、单系列产能最大、电流强度最大的生产线，其干法净化回收技术具有效率高、无废水、无二次污染等特点。

（2）酒钢集团东兴铝业酒嘉风电基地高载能特色铝合金节能技术改造项目二期 2×45 万吨项目。该项目设计产能 90 万吨，设计电流 500KA，安装电解槽 672 台。分为两个系列，每个系列产能为 45 万吨。该项目于 2012

年6月开工建设，2013年8月底开始通电投产，总投资达58亿元。两个系列分为4个电解车间，每个车间安装500KA电解槽168台，配套建设4套净化系统。净化系统排放的污染物浓度为：氟化物＜1.5毫克/标立方，粉尘＜9.5毫克/标立方，排放指标远低于国家标准。

（二）铝加工企业

（1）嘉峪关索通预焙阳极有限公司。2010年，索通预焙阳极项目作为甘肃省重点招商引资项目落户嘉峪关，嘉峪关索通预焙阳极有限公司成立，该公司是索通发展股份有限公司在嘉峪关市合资兴建的控股子公司。公司一期年产25万吨电解铝用预焙阳极项目建成投产。该项目占地约500亩，总投资约11亿元人民币，嘉峪关索通预焙阳有限公司属于国内较大规模的电解铝用预焙阳极生产企业。2014年5月，索通二期年产34万吨预焙阳极项目开工建设，2015年底该项目建成投产。该项目是索通公司与酒钢集团公司共同合作的建设项目，总投资约10.2亿元。项目建设4台76室罐式煅烧炉，8台50001双层混捏锅，2台振动成型机，2台3000千瓦余热发电机，1台72室敞开式环式焙烧炉及烟气净化等系统。生产系统包括卸车系统及原料仓库、煅烧系统车间、生阳极及冷却系统车间、炭块转运站、焙烧车间。辅助生产系统包括余热锅炉、脱硫装置、汽轮发电机、综合仓库、综合修理车间、空压站等。

（2）甘肃广银铝业有限公司。甘肃广银铝业有限公司是广西广银铝业有限公司下属全资子公司。2011年6月，甘肃广银铝业有限公司在嘉峪关投资60亿元，正式签约建设100万吨有色冶金新材料加工项目。一期年产45万吨铝棒项目于2012年3月开工建设，2012年8月建成投产，共有14条生产线。该项目是循环经济项目，利用东兴铝业直供的电解铝液原料，实施电解铝后续工序的铝产品加工及配套项目，生产各种高品质的铝合金棒、锭、板带产品，以及各种建筑型材、工业铝型材和上下游相关配套产品。目前项目二期工程正在规划建设中。

（3）甘肃中威斯铝业有限公司。甘肃中威斯铝业有限公司为中威斯有

色金属（厦门）有限公司独资企业。2013 年 8 月，嘉峪关市与甘肃中威斯铝业有限公司签约总投资 10 亿元的 60 万吨高精铝合金加工项目。项目于 2013 年 10 月进场施工，2014 年底建成投产。中威斯铝业项目采用先进的生产工艺，使用可靠的生产设备，采用国内先进的装机技术和生产线技术，直接利用东兴铝业电解铝液配料生产铝合金圆铸锭，主要生产铝棒、铝铸扎卷、铝锭等铝产品。

（4）甘肃酒钢天成彩铝有限责任公司。甘肃酒钢天成彩铝有限责任公司由酒钢集团东兴铝业有限公司与北京天成宏业控股有限公司合资成立，双方合资兴建酒钢天成彩铝 40 万吨绿色短流程铸轧铝深加工项目，总投资 24.52 亿元，项目以东兴铝业铝液为原料，采用熔融、均热、铸轧、冷轧等工艺，生产铸轧卷、冷轧板、彩铝板等产品。年产铝合金铸轧卷 40 万吨，其中铝合金幕墙板和铝箔坯料用带材 20 万吨、铝合金涂层板带材 20 万吨。项目由酒钢和北京天成宏业控股共同投资，占地 78 万平方米，主要建设铸轧车间、冷轧车间、涂层车间等生产设施，研发中心、机加车间、炉渣脱氧剂生产线等辅助设施以及配套设施。项目于 2016 年 5 月开工建设，2017 年 5 月建成投产。

（5）嘉峪关澄宇金属材料有限责任公司。公司成立于 2010 年 12 月，注册资本 1000 万元，主要从事金属压延、金属结构件及标准件、铝及铝合金制品加工，可再生资源回收利用及加工，采矿设备加工及安装，已形成年产 10 万吨铝材加工生产力。

（6）酒钢牙买加阿尔帕特氧化铝厂。牙买加拥有极为丰富的高品位铝土矿资源，资源总储量约 25 亿吨，居世界第五，且开采难度小、运输便利。阿尔帕特工厂建于 1969 年，具备每年 165 万吨氧化铝的生产能力，资源总储量可满足 30 年开采需求。但近几年受国际原材料市场价格波动影响，阿尔帕特氧化铝厂被迫关闭，大量工人失业。2015 年以来，酒钢集团多次组织专家团队对该项目进行实地考察，对阿尔帕特氧化铝工厂、矿山及生产工艺、经营成本、资源开发等情况进行详细了解，并获得了牙买加政府的大力支持。在此基础上，酒钢集团与俄罗斯铝业联合公司开展多轮商务谈判，最终达成项目合作协议，于 2016 年 7 月从俄罗斯铝业联合公司手中购得该厂，经过中牙职工的不懈努力，2017 年 6 月，已停产 9 年的阿尔帕特氧化铝厂启动复产，10 月开始生产氧化铝产品，目前日产氧化铝达 2000 余吨。

三 嘉峪关市铝产业发展的优势及存在的问题

（一）发展优势

（1）供应充足的电力能源是嘉峪关市铝产业发展的强力支撑。嘉峪关市电网总装机容量 3746 兆瓦，其中酒钢自备电厂装机容量 2950 兆瓦，光伏装机容量 794 兆瓦，两个水电站装机容量 2 兆瓦。具备发展以电解铝为载体、带动能源和铝深加工产业发展的条件。

（2）大型铝业企业的生产技术为铝产能扩张提供了广阔的空间。东兴铝业、广银铝业、中威斯铝业、酒钢天成彩铝等企业属有色金属大型骨干企业，拥有丰富的生产经验和成熟的技术，具备发展延长铝产业链条的各种条件，为铝产能的扩张提供了广阔的市场空间。嘉峪关市应充分利用铝产业结构调整、产业升级和铝产业西移的有利时机，加大投资力度，推动电解铝产业加快发展。

（3）铝行业下游产业快速发展的优势。嘉峪关市铝加工能力短期内将达到 200 万吨左右，具备为铝材加工企业配套的对接能力、可有效承接和消化的铝冶炼能力。

（二）当前存在的主要问题

（1）电解铝行业面临产能过剩的问题。近年来，国内电解铝行业产能扩张缺乏自律，缺乏统一的发展规划，致使铝产业供需数次失衡。2017 年，我国电解铝产能在 4600 万吨以上，产量 3254.8 万吨左右，同比增长 2.1%，增速放缓。主要原因是 2017 年我国清理整顿违规违法电解铝产能，2017～2018 年采暖季，京津冀及周边地区"2 + 26 城"根据《京津冀及周边地区

2017 年大气污染防治工作方案》实行电解铝限产。即便如此，行业总体产能过剩的现状仍未改变，形势依然严峻。

（2）抵御市场风险能力不强。在当前严峻的市场环境中，由于嘉峪关市电解铝企业产品结构单一，缺乏一体化优势，产业间没有形成配套对接，产品附加值较低，技术装备水平也相对较低。消化全国电解铝产能过剩、防范市场风险、抵御危机的能力还不强。

（3）铝业企业资金紧张，融资困难。银行收紧银根，企业融资非常困难，严重制约铝业企业的发展。

（4）运输成本高影响企业的盈利能力。嘉峪关市铝材产品主要销往广东、江西等东南地区，运距较远和运费过高成为影响企业盈利能力的主要因素，特别是 2016 年开始执行《超限运输车辆行驶公路管理规定》以来，铁路运费优惠政策取消，运输成本上涨，严重影响了企业的盈利能力。

四　对嘉峪关市铝产业发展的意见建议

（1）加快铝电联营配套基础设施建设，提高电解铝竞争力和抗风险能力。目前，电力短缺已经严重影响到电解铝工业的发展。因此，一方面应加快电源点的建设速度，另一方面要积极支持铝电联营和电力直供，提高自供电比例，在确保电解铝有稳定可靠的电力供应的同时降低电力成本，提高电解铝的竞争力和抗风险能力，确保本地电解铝产业的可持续发展。

（2）加快铝精深加工产业发展，着力提高铝产品的附加值。加大对铝精深加工企业的招商力度，招引一批高科技含量、高附加值的铝精深加工项目，打造附加值含量高、经济效益好、资源利用度深的完整铝产业链。鼓励现有铝加工企业通过提升科技创新能力，着力提高产品附加值，解决铝精深加工起点低的问题，重点向交通、包装、航空航天、电子等铝精深加工产品方向发展。

（3）加大科技创新投入，强化科研机构和人才队伍建设。积极争取省级层面对嘉峪关铝业的支持，积极与科研机构、高等院校合作，开展新产品、新技术、新工艺的研发工作，帮助提升嘉峪关铝产业企业自主创新能力。推进以企业为主体、"产学研"结合的科技创新体系建设，争取甘肃省在政策、资金等方面的支持。进一步优化人才成长和创业环境，完善和落实铝业企业引进"高、专、尖"人才鼓励政策。

（4）加大协调服务力度，加快推进铝加工重点项目建设。调查显示，多数民营铝企业有投资意向，但因铝行业利润不高、投融资资金不到位、行政审批程序繁杂等原因，德弘矿业年产30万吨铝加工项目、甘肃益工年产20万吨高精度交通用铝板项目、中威斯铝业冶金新材料二期项目迟迟不能在嘉峪关市落地。下一步，应把铝产业项目建设放到推动铝产业发展的突出位置，作为"一号工程""一把手工程"来抓，全力推动铝产业项目建设。

B.7
2017年嘉峪关市商贸流通业
发展情况分析

李国荣　贾军*

摘　要： 本文概括总结了嘉峪关市2017年商贸流通业的发展情况，简要分析了存在的问题和面临的形势机遇，最后详细提出加快商贸流通业发展的对策建议。

关键词： 商贸流通　第三产业　优化升级

近年来，嘉峪关市商贸流通业规模不断扩大，新型业态不断涌现，商业结构趋向合理，消费品市场繁荣活跃，商品销售持续扩大，批发、零售、住宿、餐饮等行业整体实力明显增强，社会消费品零售总额实现较快增长，全市商贸流通保持了繁荣发展的良好态势。

一　2017年商贸流通业发展情况①

（1）国内贸易流通平稳增长。2017年，嘉峪关市社会消费品零售总额65.7亿元，同比增长9.5%，比上年提高0.3个百分点。全市批发业商品销售额105.6亿元，同比增长13.4%；零售业商品销售额64.4亿元，同比增

---

* 李国荣，毕业于天水师范学院中文专业，嘉峪关市委政策研究室（改革办）发展改革科科长；贾军，毕业于甘肃省委党校法学理论专业毕业，嘉峪关市商务局市场体系建设科科长。
① 本节内容中的数据来源于嘉峪关市商务局。

长9.7%；住宿业商品销售额2.19亿元，同比增长18.4%；餐饮业商品销售额13.55亿元，同比增长16%。全市批发、零售、住宿、餐饮行业的整体实力明显增强。

（2）居民消费结构优化。随着居民消费能力的提高，全市消费结构逐渐从数量型向质量型、享受型、健康环保型积极转变，新型消费热点和亮点不断涌现。衣着类商品销售增长速度加快，服装、鞋帽、针纺织品类商品零售额增长6.4%；家居类商品快速增长，其中家具类商品零售额同比增长5.4%，建筑及装潢材料类商品增长6.4%；文化用品和医药类商品消费成为一大亮点，文化办公用品同比增长43.1%，中西药品同比增长2.5%。

（3）国内贸易流通规模扩大。截至2017年12月底，嘉峪关市共有批发零售业私营企业2873户，个体8166户；住宿餐饮业私营企业151户，个体2888户；交通运输、仓储和邮政业私营企业201户，个体64户；居民服务、修理和其他服务业私营企业252户，个体1893户；商务服务业私营企业647户，个体503户。

（4）市场建设稳步推进。按照开拓大市场、发展大流通的要求，不断完善区域流通布局，提升嘉峪关市区域节点城市的功能，加快大型商品交易市场建设，带动产业集群发展。先后建成天诚美居家具建材市场、安远沟电商快递物流园、再生资源集散交易市场、西部春光农产品市场（二期）、文殊镇农资市场等商品交易市场。天空之盛购物广场、天诚悦活超市、名嘉汇购物中心相继建成开业，吸引了一大批知名品牌入驻，初步形成了购物中心、百货店、专卖店、连锁超市、便利店等多种业态共存的零售业发展格局。

（5）电子商务蓬勃发展。深入实施"互联网＋流通"行动计划，大力发展电子商务等新兴服务业，积极培育具有地方特色的电子商务平台，"汇品优选""美嘉优购""都市宝"等一批本地电商平台发展良好。建成了嘉峪关市电商服务中心，开设了嘉峪关特色商品O2O线下体验店。

（6）商贸物流快速发展。全面落实优化物流业发展环境、降低物流业

成本等政策措施，提升物流业发展水平。大友佳顺、西部鸿联、西部天地等企业已逐步成为物流行业的龙头企业，中通、圆通、国通、韵达、顺丰等快递物流企业已在城乡电商快递物流园落户并建立了分拣配送中心。嘉峪关机场航空口岸、铁路物流中心、国际港务区（综合保税区、保税中心）等项目正在稳步推进。

二 嘉峪关市商贸流通业发展存在的主要问题

（1）商贸流通缺乏统筹规划。在商贸流通项目规划布局和建设方面缺乏统一规划，城市商业人气不旺，商业发展动力不足。在城市改造过程中，对商贸流通配套设施考虑不足，导致部分老城中心区商业用地不足，农贸市场等社区商业设施建设缺乏用地支撑。

（2）市场流通体系不完善。尽管目前已拥有一定数量的百货店、综合超市和专卖店等零售网点以及餐饮、休闲网点，但尚未形成较为集中的城市商业核心区，布局集中、功能完善的社区商业中心建设也较为落后。在大宗商品流通方面，尽管已拥有农副产品、家居建材、旧货等多种类型的商品交易市场，但与大宗商品交易相配套的商贸物流设施建设基本处于空白状态，城市商业体系建设还有待完善。

（3）现代流通方式有待提升。现有商业设施以百货店、超市、商品交易市场、农贸市场等为主，商业发展较为传统，购物中心等新型业态发展滞后，现有商品交易多采用传统的面对面现金交易方式，电子结算、统一结算等新型交易模式发展滞后，商业信息化、现代化水平较低。

（4）城市商业特色不突出。嘉峪关是一座工业旅游城市，长城文化、丝路文化等文化底蕴深厚，但在城市发展过程中，文化资源的开发率和利用率不高，体现城市文化特色的商业街区以及旅游商业设施开发不足，对外来人口的吸引力不强，城市商业影响力有限，特色不突出，商业发展对城市产业的带动作用不强。

三 嘉峪关市商贸流通业发展形势分析

（1）发展的环境。嘉峪关市地处西部资源产区中心，区域陆路交通便利，已形成公路、铁路、航空立体交通运输网络格局。旅游资源丰富，方特欢乐世界、世界文化遗产公园即将建成投入使用，将吸引众多的国内外游客前来旅游休闲，带动文化、旅游、商贸融合发展。2017年，嘉峪关市制定了《推动实体零售创新转型的实施意见》《物流业降本增效专项行动实施方案》，为推动全市商贸流通业大发展奠定了坚实的基础。

（2）发展的机遇。嘉峪关市是甘肃西部最大的生产物资集散地、"丝绸之路经济带"黄金段的重要节点城市、甘肃省向西开放的桥头堡、兰州与乌鲁木齐之间重要的区域物流中心。随着嘉峪关国际港务区、嘉峪关航空口岸、铁路物流中心的建成，嘉峪关市及周边的投资发展环境将得到有效改善，嘉峪关市将吸引更多外商前来投资经商，为加快建设全省区域商贸物流中心城市创造更加有利的条件。

（3）面临的挑战。城市缺乏商业布局规划，商业基础设施建设相对滞后，配套设施不合理；周边城市商贸流通发展迅速，地区间竞争日益激烈；大型商贸流通龙头企业少，带动能力不强等，在一定程度上制约了全市商贸流通业的快速发展。

（4）发展形势预测。党的十九大报告指出，我国经济已由高速增长阶段转向高质量发展阶段，正处在转变发展方式、优化经济结构、转换增长动力的攻关期。嘉峪关市已建成市紫轩国际购物中心、雄关商厦、一得乐商城、古镇古街等重大商贸项目，丝绸之路文化博览园、花卉博览园等文化旅游项目开始运营，嘉峪关物流业降本增效和促进实体经济发展的政策得到全面落实。同时继续深化"放、管、服"改革，进一步改善法治化营商环境，消费结构不断优化升级，新兴业态加速发展，嘉峪关—酒泉区域协调发展不断推进，嘉峪关市商贸流通业将呈现稳步发展的态势。

四 促进嘉峪关市商贸流通业发展的对策建议

（一）深化流通体制改革，建立完善的国内贸易流通市场体系

（1）推进国内贸易流通网络一体化。抓住国家推进大流通网络建设和区域市场一体化的有利时机，积极打造区域流通节点城市。推动大型商品交易市场、公益性大型农产品批发市场及农产品产地批发市场建设，构建较为完善的城乡流通网络体系。做好城乡便民市场建设，实现三镇农贸市场全覆盖。完善商业网点功能和布局，提高流通设施利用效率和商业服务便利化水平。

（2）大力发展现代流通方式。深入实施"互联网＋流通"行动计划，引导传统流通企业进行信息化改造升级。加快发展物流配送。开展城市共同配送试点工作，培育一批具有较强服务能力的物流园区和配送中心。大力发展连锁经营。以电子商务、信息化及物流配送为依托，推进城市商业智能化，推进社区商业连锁化。

（3）加强流通基础设施建设。新建改造一批农产品批发市场、农贸市场以及重要商品储备设施、农产品冷链设施。优化社区商业网点、公共服务设施规划布局和业态配置，建设集社区菜市场、便利店、配送站及健康养老等大众化服务于一体的社区综合服务中心。加快推进农村市场体系建设，培育一批集零售、餐饮、配送于一体的多功能乡镇商贸中心。

（二）推进国内贸易流通现代化，提升国内贸易流通创新驱动水平

（1）大力发展电子商务。推动线上线下互动创新发展，建设生活消费品、生产资料、生活服务等各类专业电子商务平台。大力推进电子商务进农村，培育多元化的农村电子商务市场主体，完善农村电子商务配送服务网络。建设市级电子商务服务中心和电商创业孵化基地以及淘宝网"嘉峪关特色主题馆"。

（2）加快消费结构升级。在促进传统消费提质升级的基础上，围绕服务消费、信息消费、绿色消费、品质消费、时尚消费、农村消费等重点领域，以新消费升级引领产业升级；推进商贸企业线上线下融合发展，扩大网络消费；引导餐饮行业转型发展，开展市场化养老服务。

（3）创建国内贸易与对外贸易融合发展平台。加快推进嘉峪关市中小商贸流通企业公共服务平台建设，整合社会服务力量为中小商贸流通企业提供全方位服务；积极组织企业参加中国兰州投资贸易洽谈会、丝绸之路（敦煌）国际文化博览会等，为企业搭建发展平台；全力做好嘉峪关经济技术开发区申报国家级经济开发区相关工作。

（三）提高市场运行保障能力，建设法治化营商环境

（1）完善市场运行调控保障机制。加强市场运行监测分析，提高市场调控和公共信息服务的预见性、有效性；健全突发事件市场应急保供预案，健全基本生活必需品应急供应保障机制；完善商品应急储备体系，健全生猪活体储备机制和冬春蔬菜储备机制；建设应急商品数据库，及时掌握相关应急商品产销和库存情况；建立重要商品追溯体系。

（2）创造公平竞争的市场环境。全面清理和取消妨碍公平竞争、设置行政壁垒、阻碍外地商品和服务及经营者进入本地市场的规定及做法；认真贯彻落实零售商、供应商公平交易行为规范及相关制度，规范零售商与供应商的交易关系；推进商务诚信体系建设，深入开展"诚信兴商宣传月"活动；健全企业经营异常名录、失信企业"黑名单"制度。

（四）加快对外贸易优化升级，培育对外经济新优势

（1）优化对外贸易结构。进一步落实国务院和甘肃省政府出台的一系列稳定外贸增长的政策措施，继续开展"抓大促小育新引强"活动，优化外贸主体、商品结构和市场布局，加强对重点行业出口的业务指导，大力推动装备制造出口，提高传统产品竞争优势，巩固出口市场份额。

（2）发展服务贸易。加大新兴市场开拓力度，大力发展加工贸易，创

新发展服务贸易，加快发展跨境电子商务；组织嘉峪关市特色优势产品通过"嘉峪关号"国际货运班列出口。积极争取国家支持，在嘉峪关市设立海关特殊监管区域；全力支持酒钢公司等企业做好对外投资、开展国际产能对接合作。

（3）打造向西开放战略平台。以开放促改革、促发展、促创新，建设物流大基地，用好外部大市场，做优节会大平台，拓展合作大格局；加强与中西亚、中东欧等沿线国家在资源开发、装备制造、新能源、特色农业等领域的对接合作，扩大贸易往来；利用甘肃省商务厅驻外商务代表处的综合协调作用和自身优势，有针对性地组织嘉峪关市企业参加境外重点知名国际展会，在境外举办特色商品展和贸易洽谈会。

文化旅游篇

Cultural Tourism

B.8

2017年嘉峪关市创建全域
旅游示范区的调研与思考

邓廷涛　刘 芳*

摘　要： 目前，我国旅游业进入了快速发展期，旅游业已成为城乡一体建设、生态环境建设和经济发展的支柱产业。嘉峪关市提出以"创新、协调、绿色、开放、共享"五大发展理念引领全域旅游发展，以"旅游+"发展模式，加快推进景城一体化、产城一体化、城乡一体化的建设步伐，做优旅游城市，做精旅游景点，做美旅游乡村，发展工业旅游，让城市、工厂、景区、公园、乡村、田园各美其美、美美与共。

* 邓廷涛，毕业于西北师范大学政治学理论专业，法学硕士，主要研究方向为基层治理，现在嘉峪关市委政策研究室党建科工作；刘芳，毕业于兰州城市学院旅游管理专业，管理学学士，主要研究方向为基层旅游，现在嘉峪关市旅游局宣传推广中心工作。

关键词： 全域旅游　旅游产业　产业融合

引　言

全域旅游是指在一定区域内，以旅游业为优势产业，对区域内经济社会资源尤其是旅游资源、相关产业、公共服务、生态环境、政策法规、体制机制、文明素质等进行系统化、全方位的优化提升，实现区域资源有机整合、社会共建共享、产业融合发展，以旅游业推动经济社会和谐发展的一种全新区域协调发展模式。①

国家旅游局局长李金早在 2016 年 2 月的全国旅游工作会议上表示，"进入新的发展时期，须转变旅游发展思路，变革旅游发展模式，推动我国旅游从'景点旅游'向'全域旅游'转变"，强调抓住供给侧结构性改革和消费需求升级的历史机遇，推动旅游业创新、协调、绿色、开放、共享发展，促进旅游业转型升级，提质增效，构建新型旅游发展格局。

一　嘉峪关市全域旅游发展现状

（1）旅游资源情况。嘉峪关市以人文旅游资源为主，以自然旅游为辅，从全域来看，布局较为分散，能够有效支撑嘉峪关市全域旅游示范区的发展。从周边看，旅游资源分布相对集中，九大资源富集区分别为：长城资源富集区、讨赖河资源富集区、大东湖资源富集区、草湖湿地资源富集区、黑山资源富集区、酒钢资源富集区、航空资源富集区、新城农业资源富集区和果园－新城墓群资源富集区，形成系列资源富集区，为全域旅游的发展奠定了坚实的基础。嘉峪关市单体旅游资源有 336 项，除人造景区外，目前只有嘉峪关关城、天下第一墩、悬壁长城、东湖、紫轩葡萄酒庄园、讨赖河等少

---

① 张辉、岳燕祥：《全域旅游的理性思考》，《旅游学刊》2016 年第 9 期，第 15～17 页。

数旅游资源得到开发，大量分散旅游资源有待整合开发。从人文旅游资源来看，作为世界文化遗产的"万里长城——嘉峪关"包括长城沿线墩台、烽燧、壕堑等共46处可利用资源，但只有关城、第一墩、悬壁长城得到了开发。从自然旅游资源来看，黑山、戈壁滩、祁连山等可利用资源尚未得到充分开发。从酒钢工业旅游资源来看，目前包括生产指挥控制中心、一高线、中板厂在内的酒钢厂区景点开发层次较浅，涉及资源点不足，应将酒钢职工游乐园、酒钢森林公园、酒钢展览馆、酒钢综合文工团、酒钢乐队等纳入工业旅游项目。从非物质遗产旅游资源来看，绝大部分资源没有转化为旅游产品，不为游客所知。从城市休闲旅游资源来看，讨赖河景观带、嘉峪关大剧院、镜铁路市场、城市博物馆、嘉峪关市群众艺术馆等城市公共资源还没有成为居民与游客共享的城市旅游载体。

（2）旅游接待现状。近年来，嘉峪关市旅游发展迅速，游客接待人数和旅游收入两项指标增长率均保持在20%以上。2017年，嘉峪关市接待旅游人数857万人次，旅游收入57亿元，但近年来，旅游人数增长出现停滞，入境游客人数占比较低，且呈现逐年下滑趋势。2010~2016年嘉峪关市旅游接待情况见图1。

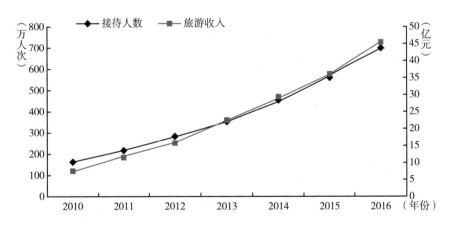

图1　2010~2016年嘉峪关市旅游接待情况

资料来源：《嘉峪关年鉴》（2010~2016），新疆人民出版社、甘肃文化出版社、甘肃人民出版社，2010~2016。

（3）旅游管理体制机制改革创新情况。嘉峪关市深化旅游管理体制改革，市旅游局围绕嘉峪关关城大景区建设规划目标，推进文物系统管办分离、事企分开改革和大景区管理体制改革；撤销隶属文物局管理的嘉峪关文物景区管理委员会，组建成立丝路（长城）文化研究院和大景区管理委员会；成立嘉峪关市旅游产业发展领导小组，积极联通各区文化、农林、交通、水利等相关部门，构建多部门协调推动嘉峪关市旅游发展的新局面；先后在西宁、银川、兰州、乌鲁木齐等周边城市设立了嘉峪关旅游营销中心，加大与周边地区合作的力度，推动区域合作发展。

（4）旅游基础设施和重点景区建设情况。近几年，嘉峪关市持续扩充航线，新增了 16 条城市航线。2017 年，嘉峪关机场旅客吞吐量超过 40 万人次；加快推进智慧旅游、游客集散综合服务中心、自驾车旅游服务区和露营地、户外徒步基地等旅游服务设施的建设，全市有各类宾馆（酒店）216 家、星级农家乐 74 家、家庭宾馆 37 家、星级酒店 17 家，14 家旅行社实现了在线交易；建立微信公众平台，4A 级以上景区官网全部建成并开展互联网销售，实现无线网络全覆盖，部分旅游商品已经实现互联网预定销售。

（5）重点景区建设情况。丝绸之路文化博览园、世界文化遗产公园（花卉博览园）、峪泉古镇古街、长城保护旅游道路、文化旅游产业创意园五大项目建设加快推进，玉龙湾文化生态园、游客集散服务中心、智慧旅游建设、房车露营地、航空博物馆、文化遗产历史"再现工程"等重点项目稳步推进。

（6）旅游产业与其他产业融合发展情况。第一，"旅游＋"新业态蓬勃发展。"旅游＋"文化：大型音舞诗画情景剧《天下雄关》成功登台演出，嘉峪关国际短片电影展、房博会、奇石文化旅游节、丝绸之路（嘉峪关）国际音乐节等节会活动成功举办；"旅游＋"工业：开发了全国首批工业旅游示范点——酒钢公司、紫轩葡萄酒庄园等工业旅游资源；"旅游＋"体育：打造了国际铁人三项赛、国际滑翔节、长城马拉松等赛事节会品牌；"旅游＋"农业：鼓励发展以休闲度假和观光体验农业为主的乡村旅游，在景区至三镇沿线规划建设了旅游示范村镇；"旅游＋"科技：

嘉峪关方特欢乐世界景区建成集文化、科技和旅游于一体的文化创意主题公园,运用高科技手段,将电影特技等时尚娱乐元素与中国传统文化相结合。第二,坚持文化遗产保护第一,严格保护嘉峪关关城及境内长城、黑山岩画、魏晋壁画墓等文化遗产资源的真实性和完整性;尊重科学规律,严格保护文化遗产的原生态地理地貌环境,挖掘整理嘉峪关特色文化的源头根脉,保护传承蕴含在文化遗产中的核心价值、人文精神、民族精神和灵魂脉搏。第三,鼓励扶持旅游商品开发,鼓励支持科研院校和企业开发制作具有嘉峪关特色的文化旅游商品,举办文化旅游商品、旅游纪念品和工艺品创意设计大赛,培育一批特色文化旅游商品专营店,实现文化创意和旅游资源有效嫁接,丰富文化旅游商品,提高经济效益,提升品牌影响力;以夜光杯、风雨雕石艺画为代表的工艺品系列,以嘉峪关烤肉串为名品的非物质文化遗产开发系列,以紫轩葡萄酒、锁阳咖啡为代表的食品养生系列,以祁连山墨玉、嘉峪关石砚为代表的奇石系列,以酒钢不锈钢餐具、海特斯厨具为代表的家居生活品系列受到广泛好评;荣宝轩艺术馆、恒基美居"家"文化园、辉煌艺术馆、嘉峪关书画艺术交流中心等艺术品创作交易平台促进了传统工艺和书画艺术文化交流。

二 嘉峪关市全域旅游发展存在的问题

(1)思想观念不够解放。发展理念还不能完全适应新形势下全域旅游、全民旅游和大众旅游的发展需要,发展机制不灵活,缺乏充分利用产业政策的主动性和创造性。

(2)旅游产品挖掘不够深入。宣传营销景区文化元素的挖掘引申工作尚不到位,再创造、再塑造方面的工作与老牌景区相比仍有较大差距,旅游商品研发能力不够强,商品品种少,地方文化特色不足。

(3)旅游企业发展受客观因素影响较大。受自然气候环境影响,旅游淡旺季区别明显,旅游企业普遍存在"半年闲"的状况。

(4)旅游人才严重缺乏。不仅缺乏旅游策划、旅游服务、旅游商品开

发等高端人才，一线服务人员、专业技能型服务人才同样严重缺乏；专职导游人员数量不多，高级导游及外语特别是小语种导游严重缺乏；旅游人力资源的规模、结构、专业化水平与快速发展的文化旅游产业不匹配，旅游服务能力与水平均有待提高。

三 对全域旅游发展的思考与建议

（1）积极推动旅游改革。本着"旅游+"的发展模式和"景城一体化、产城一体化和城乡一体化"的发展理念，精心编制全域旅游发展总体规划；着手编制以草湖湿地公园、魏晋墓群为代表的东北片区，以方特欢乐世界、南湖生态公园为代表的东南片区两大景区专项规划；筹建由银行、企业、政府三方出资的文化旅游产业投资建设基金，形成多渠道、多元化投融资机制；研究制定旅游商品开发扶持政策，建设旅游纪念品制作展示体验中心，支持重点企业进行特色旅游商品设计和纪念品产业化开发。

（2）加快推进项目建设。重点推进世界文化遗产公园、丝绸之路文化博览园、峪泉古街古镇、文化旅游产业创意园、景区连接旅游公路关城大景区五大项目的建设工作。强力推进戈壁大峡谷地质公园、草湖国家湿地公园、魏晋民俗文化展览馆、黑山岩画博览园、航空博览园等重点项目。积极推进智慧旅游建设，加快游客集散综合服务中心、自驾车旅游服务区和露营地、公共航空飞行营地、户外徒步基地、观礼古镇等项目的建设，促进旅游业全区域、全要素、全产业链发展，加快构建文化、旅游、商业、体育深度融合发展的"四轮驱动"格局。

（3）深入开展宣传推广活动。加快区域联动发展，持续推进河西走廊国际特色旅游目的地与特色旅游板块的联动发展，积极开展交流合作，促进丝绸之路旅游产品一体化开发营销；加强网络宣传营销，着力构建新媒体宣传矩阵，针对客源市场的特点，推出一批设计精美、主题突出、内容翔实、便携多能的宣传精品；加强冬春旅游市场开发，制定冬春季支持政策，建立完善 A 级景区、星级饭店冬春旅游惠民联动机制，修订完善旅游补贴奖励办法，加大引客扶持力度。

（4）大力实施床位工程。结合嘉峪关市旅游发展市场需求，适度引导增加星级饭店、社会宾馆、城市非标准住宿、乡村旅馆等各类宾馆的数量，有效增加宾馆床位数，加快构建以星级饭店为龙头，以社会饭店为主体，以城市非标准住宿、乡村旅馆为补充的旅游住宿体系。加强住宿业标准化建设，促进高端酒店品牌化、度假酒店主题化、经济酒店连锁化、乡村民宿特色化发展。联合旅游、媒体等部门开展"游客最喜爱的旅游精品民宿"评选活动，促进特色旅游住宿业的发展，提升旅游住宿接待能力。

（5）积极培育会展旅游。充分利用嘉峪关市的会展设施优势，积极申办国家大型会议、博览会、体育赛事和文化演艺活动，努力争取举办行业协会、专业团体的大型活动和会议会展、展览、展销等活动，持续办好国际短片电影展、国际房车博览会、国际铁人三项赛、国际滑翔节、长城马拉松五大节会赛事，做好户外旅游发展规划，引导开展户外旅游摄影大赛等户外旅游品牌赛事，积极培育户外旅游采风游等旅游线路，完善旅游线路沿线基础设施，促进嘉峪关市会展旅游和商务旅游发展。

（6）提升旅游服务质量。加快建立权责明确、行为规范、保障有效的旅游市场综合监管工作机制，建立旅游综合执法平台；加大旅游投诉和案件的查处力度，依法规范旅游市场秩序；持续扩大旅游标准覆盖面，积极参与全省旅游星级饭店服务技能大赛、全省旅行社20强、金牌导游（讲解员）等评选活动，全面提升旅游质量发展水平；建立健全文明旅游联席会议工作制度，进一步壮大旅游服务质量社会监督员、旅游志愿者、文明旅游监督员队伍，在全社会形成浓厚的文明旅游氛围；深化导游体制改革，构建导游"进出、监管、保障、奖惩"四位一体的管理体系，加强依法行政培训，深入开展平安景区创建活动，不断提升依法治旅水平。

（7）加强区域旅游合作。加大与酒泉、张掖、东风航天城、额济纳旗等周边地区的合作力度，积极参与"中国河西走廊国际特色旅游目的地"建设。以"七一"冰川探险游、文殊山石窟游、镜铁山矿区游、核军工科技游、东风航天城游为依托，加强河西五市旅游联盟合作。借助敦煌文博会

的集聚带动效应，主动构建区域旅游合作体。

（8）加快乡村旅游发展。大力推进乡村旅游富民工程，探索推广景区带村、能人带户、公司＋农户、合作社＋农户的"双带双加"旅游富民模式，继续鼓励和扶持乡村旅游家庭旅馆、农家乐建设，全面启动特色旅游镇村创建工作，努力打造各具特色的乡村旅游示范村，带动嘉峪关市乡村旅游产业化、特色化、规范化发展。

B.9
2017年嘉峪关市推进交通
基础设施建设情况及建议

李燕生　杜楠*

摘　要： 嘉峪关是丝绸之路与万里长城的唯一交汇点，在国务院
《"十三五"现代综合交通运输体系发展规划》中，嘉峪
关—酒泉被列入全国性综合交通枢纽，嘉峪关交通运输事业
的发展将迎来新的"黄金期"与"关键期"，在全国以及
"一带一路"倡议中的枢纽地位将得到进一步凸显。本文围
绕加快建设全国性综合交通枢纽城市这一命题，从交通运
输现状、交通发展形势与存在的问题、交通运输规划布局等
方面进行论述。

关键词： 交通枢纽　基础设施　规划布局

一　交通运输现状

嘉峪关地处河西走廊中部，因关得名，因企设市，是丝绸之路经济
带和亚欧大陆桥的重要交通节点城市，素有"边陲锁钥""戈壁明珠"之
称。独特的地理交通区位和资源条件奠定了嘉峪关市国家枢纽的战略地
位，也决定了嘉峪关市发展枢纽经济的必然趋势。随着"一带一路"倡

---

* 李燕生，毕业于甘肃政法学院法学专业，现在嘉峪关市委政策研究室工作；杜楠，毕业于重
庆交通大学交通运输专业，现在嘉峪关市交通局公路科工作。

议的深入推进，铁路、公路、机场、管网、物流等得到快速发展，综合性交通枢纽的作用日益凸显，打造全国性综合交通枢纽城市，成为嘉峪关市城市发展战略的重点方向。

（一）综合交通枢纽基础设施初具规模

（1）公路网络基本形成。以嘉峪关市区为中心，以 G30 连霍高速公路为骨架，以国道、省道干线为支架，以县乡道路为脉络的公路网络基本形成。全市公路里程约 1100 公里，公路密度达 37.44%；全市三镇通二级公路，17 个行政村通三级公路，通畅率达 100%，151 个自然村（居民点）通畅率为 100%，在全省率先完成通达通畅任务目标；全市 4A 级以上旅游景区均通二级公路；工业园区（厂区）做到了路网完善、交通便捷。

（2）铁路网络逐步完善。客货运输可直达北京、兰州、连云港、上海、济南、南京、成都、重庆、武汉、广州、乌鲁木齐等全国主要城市。嘉峪关铁路系统及酒钢集团管护铁路近 800 公里。兰新铁路和兰新客专铁路贯通全市，分设嘉峪关站和嘉峪关南站；环城铁路专用线约 145 公里，设有绿化、嘉北、嘉兴、嘉东和中核四〇四通勤车站等铁路客货运输场站；嘉策铁路北经金塔县、内蒙古额济纳旗，终点抵达我国与蒙古国交接处的策克口岸，正线长 458.9 公里，其中甘肃境内 114 公里；嘉镜铁路全长 77.5 公里，为工业企业 I 级专用线。嘉策、嘉镜铁路年货运量 1500 万吨以上，基本形成以嘉峪关为中心的区域铁路运输（辅）枢纽。

（3）民航建设快速发展。嘉峪关机场是国际 B215 航路兰州至乌鲁木齐段少数可降落 D 类机型、唯一可降落 E 类机型的国内重要支线机场和国际主要备降机场，总占地面积近 60 万平方米，飞行区等级为 4D，兼顾 E 类飞机备降，可起降波音 747 以下各类机型。航站楼面积 8300 平方米，已经开通了北京、上海等 14 个大中城市航线，运输能力逐年提升，年起降客货运输机 3000 架（次）以上，旅客年吞吐量达 40 万人次。

（4）公路客货运输场站建设初具规模。全市建成运营汽车客运站 29 个，其中一级 1 个、四级 2 个、乡镇级 4 个、村级停靠站 21 个、汽车货运站1个。以嘉峪关汽车站为中心、以乡镇客运站为节点，集疏便捷、辐射城乡的多层次客货运场站网络已具规模。

（二）综合交通枢纽城市需求初步显现

随着经济社会的快速发展，嘉峪关市已初步形成以工业为主导，以文化旅游、商贸物流为支撑，装备制造、新型农业、光伏发电、煤化工产业等共同发展的格局。工业资源、旅游资源、人文资源和新型产业资源的融合，对综合交通枢纽城市的发展方向和前景提出了更高的交通运输要求。

近年来，嘉峪关市立足区域经济整体优势，着眼"大交通"格局，全市交通运输发展态势良好，交通基础设施不断完善，各种运输方式的运输量逐年增长。"十二五"以来，相继落实了S215线嘉峪关至黑鹰山（甘蒙界）公路、嘉峪关市长城旅游公路、S305线嘉峪关至祁丰旅游公路、S595线嘉峪关至新城公路、嘉峪关至金塔公路、农村公路路网改造等项目；同时积极规划了S06酒嘉绕城高速公路、嘉峪关机场改扩建、嘉策铁路电气化改造、镜铁山至青海木里铁路、嘉峪关至G7京新高速公路连接线、嘉峪关至镜铁山（甘青界）高速公路等项目；嘉峪关机场开通航线12条以上，年客运量呈逐年增长趋势；铁路客运量200万人次以上，公路运输总周转量接近10万吨公里；邮政行业业务收入逐年增长。

二 交通发展形势与存在的问题

（一）未来交通运输的发展形势

（1）公路运输。调查表明，在出行距离为200～400公里的情况下，人们更趋向于选择公路出行。未来，货运将呈现小批量、多批次、高附加值等特点，运输时效性也越来越强。公路运输具备灵活、快捷和门到门服务的优势，因此仍将是货物运输的主要运输方式。

（2）铁路运输。随着西部大开发战略的不断推进、丝绸之路经济带的

建设以及区域经济的不断发展，各地经贸往来愈加频繁，人员长距离往来和货物长距离运输不断增多，对铁路客货运的需求也将不断增加。

（3）航空运输。随着丝绸之路经济带的建设和经济的不断发展，民用航空运输快捷、舒适的优点将分担一部分客流。

（4）水路运输。随着文化旅游业的发展，在今后一个时期内，游客旅游休闲的水路运输需求也将逐渐增加。

（5）邮政运输及管道运输。嘉峪关市作为河西走廊的咽喉重地，是内地通疆的必经之路，西气东输、西油东送等管道设施均从嘉峪关市经过，国家各类邮政运输、管道输送项目的投资建设将为嘉峪关市带来新的机遇。

（二）交通运输发展中存在的问题

（1）交通网络布局不合理，设施技术等级偏低。铁路建设进度缓慢，兰新铁路镜铁山支线与青藏铁路、嘉策铁路与兰新铁路尚未完全贯通，还未在嘉峪关形成铁路十字枢纽；公路通达深度不够，路网密度不高，农村公路发展滞后，城镇之间发展不均衡；国防战备公路网络不够完善；水运基础设施薄弱。

（2）公路建设和养护资金严重不足。虽然公路建设投资规模不断扩大，但地方筹措资金困难，管理水平不高，公路养护建设资金短缺，机械化水平较低，养护管理体制不健全。

（3）客货运输发展相对滞后，运输服务水平低。客运站布局不尽合理，服务体系尚不健全，综合服务功能较弱；未列入城市建设总体规划；运输组织方式和手段落后，组织化、集约化程度低；市场经营主体规模小，实力弱，抗风险能力弱；缺少区域性名牌企业和集团。

三 交通运输规划布局

（一）运输通道布局

（1）兰新运输通道。兰新运输通道包括兰新铁路、兰新客运专线、

G30 高速、G312 线、S305 线、X301 线等。酒泉—嘉峪关是全国性综合交通枢纽[①]，其中连霍高速通道为全国综合运输大通道，该通道是嘉峪关市主要对外通道，是甘肃省主要经济发展轴线——亚欧大陆桥的一条交通运输经济带，也是实现中国—中亚—欧洲新兴产业集聚和传承发展历史文化的带状发展大通道。

（2）北运输通道。北运输通道主要包括嘉策铁路、金嘉公路、S06 酒嘉绕城高速公路、S215 线嘉峪关至黑鹰山公路、中核龙瑞进厂道路等，是嘉峪关市东北方向出口和对外运输通道，主要服务酒泉市肃州区、金塔县、中核龙瑞厂区等。该通道带动了沿线城镇经济发展，连接内蒙古额济纳旗。其中，嘉策铁路向北经金塔县、内蒙古额济纳旗，可以抵达我国与蒙古国交接处的策克口岸，是一条出口国际通道。

（3）南运输通道。南运输通道主要包括嘉镜铁路、镜铁山至木里铁路、S215 线嘉峪关至镜铁山（二指哈拉）公路、Z091 线，是嘉峪关市向南连接青海的主要通道，主要服务企业矿产资源运输、水利水电资源和旅游资源开发。该通道加强了嘉峪关与青海方向的联系，带动了两省（甘肃省、青海省）三地（嘉峪关市、海西州、天峻县）的经济发展。

（二）公路布局规划

（1）高速公路布局规划。嘉峪关市高速公路网规划为"一纵一横一绕"："一横"为连霍高速公路，"一纵"为嘉峪关市境内的南北方向高速公路，"一绕"为酒嘉绕城高速公路。作为"一横"的连（连云港）霍（霍尔果斯）高速公路（G30）对促进酒泉、嘉峪关两地乃至甘肃河西走廊的经济发展和旅游资源的开发有着重要的意义，现有高速公路基本满足未来一段时间交通的需求；作为"一纵"的南北方向高速公路，向北经过嘉峪关边界、内蒙古，与京新高速公路（G7）相接，向南经过嘉峪关边界、青海，与京藏高速公路（G6）在茶卡处相连，在嘉峪关市境内长

[①] 国务院：《"十三五"现代综合交通运输体系发展规划》。

度约 40 公里；作为"一绕"的 S06 酒（酒泉）嘉（嘉峪关）绕城高速，其主要控制点为大草滩、峪泉镇、新城镇、银达镇。该高速公路接入肃航高速公路，将有效加强酒嘉一体化发展，全长约 60 公里，目前已开展项目前期工作。

（2）干线公路网布局规划。根据嘉峪关市公路网的发展现状，适当扩大公路网规模，增加公路网通车里程，提高公路网的密度和通达性。国道312：起点位于国道 312 嘉峪关东安远沟东侧，途经嘉东工业园区、嘉北工业园区，沿西环路途经大草滩火车站北侧，向西接入国道 312 民众路口，与 G30 高速公路黑山湖收费站相连，全长约 41 公里，目前已开工建设；省道215：是甘肃省西部与青海省相连的一条重要交通要道，也是酒钢集团公司镜铁山矿原料运输的通道和"七一"冰川旅游景区的旅游通道。嘉峪关至额济纳旗路段现已全部改建完毕，嘉峪关至二指哈拉公路起点位于民众路口，终点为甘青交界的二指哈拉山口，全线总长约 300 公里，嘉峪关境内约 80 公里；省道 301：嘉峪关段起点设于嘉峪关草湖国家湿地公园东北侧，经新城镇野麻湾、断山口三组东侧至花海农场后进入玉门市境内，嘉峪关境内全长约50 公里。

（3）县道公路路网规划。目前嘉峪关市四条主要县道路网分别是：X301 线嘉峪关至文殊公路、X307 线嘉峪关至野麻湾公路、专用公路 Z091线嘉峪关至西沟矿公路、专用公路 Z118 线嘉峪关至飞机场公路。随着嘉峪关经济社会的快速发展和交通发展的需要，嘉峪关市的交通量快速增长，既有的低等级公路已经不能满足需要，因此，需要提升 X301 线嘉峪关至文殊公路、X307 线嘉峪关至野麻湾公路的等级，在未来几年内将其提级改造为二级公路。同时，将规划新建嘉峪关—黑山石刻公路、悬壁长城景区至G312 线公路，新城镇至草湖国家湿地公园公路、S301 线至草湖公路、嘉峪关市文殊镇环镇公路，以满足未来需求。

（4）镇村公路路网。目前，嘉峪关市农村公路路网基本完善，三镇 17个行政村、151 个自然村全部通沥青（水泥）路，在全省率先完成自然村通沥青（水泥）路建设指标。未来几年，计划通过新建、改建等方式，实施农村公路改造 247 公里，完善嘉峪关市农村路网结构，优化路网布局，服务农村经济的发展。

（三）铁路网布局规划

根据发展需要，在现有兰新铁路、兰新客运专线、嘉策铁路、嘉镜铁路、企业环城铁路的基础上，加强以铁路货运站为中心的物流中心建设；加快嘉策铁路电气化改造，推进城市对外开放和效益最大化；规划建设衔接镜铁山—天峻（木里）铁路，形成兰新铁路、青藏铁路第二条联络线及河西走廊南向铁路通道和嘉峪关十字形铁路枢纽，这一建设对于分流乌鲁木齐—嘉峪关—西宁—兰州区间的客货运力和缓解兰新铁路的压力，提高资源配置和加快河西走廊开发建设具有重要作用。

（四）轨道网规划

随着嘉酒一体化发展战略的实施，嘉峪关市与酒泉市之间的上班通勤、旅游娱乐、探亲访友、商贸往来等活动日益频繁，两市之间的交通联系更加密切，因而对快速安全、便捷高效的交通要求也更加迫切。为了强化两个城市之间的交通对接，将规划建设嘉峪关市与酒泉市之间的轨道交通，即"嘉峪关—酒嘉新区—酒泉"轨道交通，该轨道交通将串联嘉峪关市老城区、南市区、酒泉工业园区和酒泉市中心城区。

（五）机场规划

嘉峪关机场是甘肃乃至西北重要的航空口岸之一，也是欧亚航路的中低空飞行管制区之一，服务范围包括嘉峪关市、酒泉市、张掖市、甘肃矿区、东风航天城五个市区，区域内大企业集聚、旅游资源丰富。随着国家实施西部大开发战略的不断深入和近年来本地区经济社会的快速发展，航空市场的需求越来越大。为此，规划对甘肃嘉峪关机场进行改扩建，机场升级为 4E 级，飞行跑道加长到 3600 米，并推进嘉峪关机场及周边附属服务设施规划建设，提升客货运输能力。

（六）码头规划

以东湖、草湖、迎宾湖、南湖为主，坚持全面、协调、可持续的发展观，开发旅游资源，逐步完善全市旅游客运码头建设。

（七）场站布局规划

（1）客运枢纽布局规划。根据嘉峪关市国民经济发展趋势和对物流发展的需求，按照"综合客运枢纽＋公路客运站＋城乡客运站"的模式建设场站。嘉峪关汽车站：站级标准为一级，占地面积4.5万平方米，日均旅客发送量1.2万人。以跨省跨地市中长途旅客运输为主，兼顾新城镇、文殊镇、峪泉镇的城乡客运服务。综合客运枢纽中心（汽车南站）：站级标准为一级，与嘉峪关汽车站南北呼应，规划日均旅客发送量1万人，已开工建设。嘉东客运站：站级标准为二级，占地面积5万平方米，规划日均旅客发送量1.5万人，以三镇城乡客运服务为主。峪泉镇汽车站：站级标准为三级，位于峪泉镇嘉黄公路路口，占地面积5000平方米，建筑面积250平方米，停车场面积4000平方米。文殊镇汽车站：站级标准为三级，位于文殊镇政府北侧，占地面积1000平方米，建筑面积250平方米，停车场面积300平方米。新城镇汽车站：站级标准为三级，位于新城镇政府门前，占地面积1413平方米，建筑面积180平方米，停车场面积410平方米。此外，规划村级停靠站21个。

（2）货运场站布局规划。嘉峪关综合货场：位于嘉峪关火车站西侧，主要建设综合服务中心、铁路功能区、公铁联运物流区、公路仓储物流区、商品汽车以及国际贸易物流区。区域物流中心：为嘉峪关周边地区工商企业提供全方位、多功能的社会化物流服务，具备信息配载，零担货运，集装箱运输，物资运输，储存，货物集散中转、分拣、包装、配送、维修、联运等功能。机场物流中心：依托嘉峪关机场，结合航空货运发展需求，打造航空物流中心，远期规划占地面积10万平方米，具备仓储、运输、信息、配送等功能。嘉东货运站（城市配送中心）：位于嘉东工业园区，占地面积 10 万平方米，具备仓储理货、运输、信息配载等功能。货运北站：位于嘉北工业园，规划占地面积 7 万平方米，系集货物运输、汽车维修、配件销售、货配、住宿等功能为一体的综合型运输站场。嘉西货运站：位于嘉西工业园（光伏产业园），规划占地面积 8 万平方米，具备仓储、运输、配送、信息服务等功能。

B.10
2017年嘉峪关市关城大景区
建设情况分析及预测

邓廷涛　李敏　董雪娇*

摘　要： 嘉峪关市实现结构转型的关键在于多元发展，多元发展的关键在于文旅融合发展，而大景区项目正是文旅融合发展的龙头项目，是建设全国全域旅游示范区的重要内容，是推动嘉峪关市经济结构转型的迫切需要，也是实现文物保护、文化传承和经济发展共赢的鲜活实践，具有强大的集聚、拉动、辐射作用。

关键词： 大景区　经济转型　五位一体

一　嘉峪关旅游市场的现状及特征

（一）旅游市场的现状

近年来，嘉峪关旅游产业保持稳步快速增长。2016年实现旅游收入45.3亿元，比上年增长25.9%；接待游客人数702万人次，比上年增长22.85%；游客平均停留天数1.5天，客房出租率达46%。2017年，嘉峪关市接待游客人数达到857万人次，实现旅游收入57亿元（见表1）。

---

* 邓廷涛，毕业于西北师范大学政治学理论专业，法学硕士，主要研究方向为基层治理，现在嘉峪关市委政策研究室党建科工作；李敏，毕业于青岛大学中外政治制度专业，法学硕士，主要研究方向为基层旅游，现在嘉峪关市旅游局宣传推广中心工作；董雪娇，毕业于陇南师范高等专科学校旅游管理专业，管理学学士，主要研究方向为基层旅游，现在嘉峪关市旅游局工作。

表1　2010～2017年嘉峪关市旅游发展情况

单位：万人次，%，亿元

年份	接待游客人数	增长率	旅游收入	增长率
2010	166.72	44.22	7.62	53.28
2011	220.37	32.18	12.14	59.32
2012	281.43	27.71	16.19	33.36
2013	357.41	27.00	22.57	39.41
2014	450.48	26.04	29.00	28.49
2015	571.44	26.85	35.98	24.07
2016	702.00	22.85	45.30	25.90
2017	857.00	22.08	57.00	25.83

资料来源：根据嘉峪关市国民经济与社会发展统计公报统计整理。

（二）主要客源市场的特征

在国内旅游客源市场中，嘉峪关市接待的游客以省内及周边游客为主；在省外游客中，以北京、上海、广东、广西、福建、河南、新疆、内蒙古等地的游客为主，这些地区的游客占省外游客总数的90%。除出差兼旅游、会议兼旅游、组团旅游等出游方式外，采用自费旅游、家庭旅游、自助旅游、半自助旅游、自驾车旅游等形式出游的游客增长迅速，出游方式日益多元化。嘉峪关市游客的旅游目的多以观光、休闲度假、商务及会议为主。近年来，以游学、探险、体育健身、文化交流考察为目的的游客日渐增多，旅游目的也呈现多元化趋势。游客除了对旅游产品本身的高质量要求以外，对旅游服务、旅游体验及参与性、趣味性、知识性等也提出了更高的要求。在入境旅游的客源市场中，嘉峪关市接待的游客主要集中在日、韩、英、美、德、法等国和中国港、澳、台地区，这部分游客占境外游客总数的80%左右，主要原因在于这些地区和国家经济发展水平普遍较高，旅游客源稳定并呈增长趋势。港、澳、台地区游客以旅游观光、休闲度假为主要目的，其次为商务活动、会议、修学和文化交流，还有相当规模的学生旅游、青年旅游、家庭旅游、银发旅游市场以及其他专项旅游市场。此外，东南亚旅游市场人数不断增加。东南亚游客有浓厚的中国文化情结，经济状况良好，有较强的旅华欲望和消费能力，是构成东南亚旅华市

场的中坚力量,这一游客群体来华目的以文化观光为主,以商务旅游为目的的游客增长迅速,散客市场崛起,势头强劲。大部分韩国游客来嘉峪关旅游的主要目的是遗产地观光和文化寻访,商务旅行也占了很大一部分,其后依次是公务出差和参加会议,中老年人群是出游主体。

二　关城大景区项目情况分析

（一）嘉峪关丝绸之路文化博览园项目

该项目是嘉峪关市与深圳华强方特文化科技集团股份有限公司继合作建成嘉峪关方特欢乐世界项目后,积极响应国家"一带一路"倡议,联合甘肃广播电视网络股份有限公司共同投资建设的又一重大文化产业项目。项目位于关城大景区五大文化旅游项目规划范围内,总投资预算额28亿元,占地面积932.1亩,项目内容建设立足"精品丝路、绚丽甘肃"主题,以丝路文化、长城文化、华夏历史文化、边塞古城文化、民俗文化等为创意基础,由园外集散区、停车场区、主题体验区3大板块构成。其中主题体验区分为丝路文化区、历史文化区、民间传说区、民俗风情区和动感项目区5个展区,综合运用激光多媒体、立体特效、微缩实景、真人秀等表现手法,精心打造"七彩王国""魅力戏曲""长城故事""九州神韵""女娲补天""梁祝""神州塔""牛郎织女""丝路传奇""敦煌瑰宝""极地快车""悬挂过山车""节庆广场"等十多个大型主题近200个室外单体项目和景观项目,该项目2015年8月25日开工建设,计划于2018年4月28日建成开园。项目建成后,将与嘉峪关关城、丝绸之路花卉博览园、方特欢乐世界形成"四轮驱动"之势,产生旅游"洼地"聚集效应,实现文化旅游产业量的突破和质的提升,促进区域旅游目的地城市建设。

（二）峪泉古街项目

2017年9月,陕西白鹿仓投资控股集团与嘉峪关市政府合作兴建峪泉古街，该项目占地400亩，总投资10亿元，是集旅游观光、美食娱乐、文化演艺、民俗风情、亲子体验为一体的大型综合性旅游景区，建成后将成为丝路沿线一张靓丽的旅游名片。该项目分为两个部分，第一部分是嘉峪关峪泉古街项目，位于嘉峪关关城以东、遗产公园以北，沿双拥路两侧布置，规划总面积83.6万平方米，其中建设用地面积28.96万平方米，建筑面积13万平方米，建筑容积率0.45。按规划设计，在古街项目中建造30栋明清风格古建筑，并预留50亩拆迁农民安置用地。第二部分为峪泉古镇项目，建设用地面积54.64万平方米，建筑面积42万平方米，建筑容积率0.77，是集文化、旅游、观光、购物、餐饮、住宿、休闲、娱乐等功能为一体的商业文化古街古镇。业态区划为文化展示、美食餐饮、特色购物、酒店民宿、主题广场和配套服务，景区由沙雕土雕群、丝路风情街、博物馆群、亲自互动体验区、作坊区、精品客栈、明清古街、大剧院、航空体验区、雪山温泉大酒店等多个板块构成。

（三）文化旅游产业创意园项目

规划总面积为54.67万平方米，总投资约23亿元，主要建设文化产业服务区、创意企业孵化区、文化产业教育基地、配套公寓及学校、幼儿园、大型停车场、游乐场及商住建筑、露天音乐广场、艺术家工作室、国画院、音乐厅、艺术酒店、园区办公楼及景观绿化工程等。

（四）世界文化遗产公园（花博园）

花博园规划总面积为109.1万平方米，预计投资12亿元。项目以花朵造型勾勒总体平面，在设计方案中坚持"以人为本"的原则，充分考虑科学性、知识性及观赏性，打造以植物科普教育、居民游赏休闲为主，兼顾景观植物新优品种引进、驯化、推广和专业研究的区域性种植园。该项目重点突出本土性原则，优先选择耐寒、耐瘠薄、防风固沙的多年生草花和特色观花小灌木大面积种植，打造"花的海洋"，充分突出三季有花、四季有景的绿化效果。项目多选用本地适生植物，植被覆盖强、花繁多、花期长，且观

赏性、适应性强，适宜本地气候，有利于节约养护成本。在景观设计上，注重悠久历史文化与城市风貌、城市发展相统一。该项目的建成投入使用必将为嘉峪关市的旅游文化资源注入新的活力。

（五）旅游连接公路项目

嘉峪关市长城旅游公路全长 21.592 千米，主线起点位于嘉峪关悬壁长城北侧北杨家庄十字路口，沿线有 X307 线布设，于 K1 + 200 处转向南侧沿长城布设路线，在 K4 + 030 处下穿西环路后，沿山坡坡脚布线，进小山沟后于 K7 + 300 ~ K8 + 700 段，与西环路并行，向南至 G312 线设置平面交叉 1 处，在 K9 + 930 处下穿兰新铁路，后于 K12 + 328 处跨过镜铁山铁路专线，新建路基 300 米后再上跨 G30 高速公路，以低填路基为主，铺设至终点，到达讨赖河地质公园游客中心。支线一至嘉峪关孔雀苑，里程长 3.550 千米；支线二至嘉峪关关城，里程长 0.81 千米，终点连接嘉峪关关城规划停车场。

三 景区建设存在的主要问题

（1）资源相对分散。嘉峪关大景区旅游资源等级相对较高，吸引力强，但各景区之间分布相对分散，整合不够，在交通上缺乏有效串联，未能形成旅游线路，导致游客在游览各景区（点）时缺少便利的换乘选择。

（2）旅游资源开发程度浅。嘉峪关长城文化旅游景区旅游开发相对成熟，但缺乏富有参与性、娱乐性、体验性的项目。其余旅游资源基本处于半开发状态，景区产品单一，产品体系不完善，设施提供不足，资源挖掘深度不够，未能形成成熟景区，吸引力不足，游客较少。

（3）大景区基础服务设施有待完善。嘉峪关市内交通较为便利，但相关景区的基础设施和旅游配套设施相对落后，旅游标识系统不完善，服务设施不够齐全，接待能力不足；部分景区交通不便，可达性较差，出游方式基本以自驾或乘坐出租车为主，出游成本高，严重制约了嘉峪关大景区旅游发展。

（4）整体旅游发展环境亟待优化。根据《2014 年度甘肃省游客满意度调查报告》，嘉峪关市游客满意度在全省排名第九，位次明显靠后，满意度得分6.74，低于全省平均满意度7.02。总体来看，游客对住宿满意度较高，对旅游购物、餐饮、交通、景区开发满意度相对较高，但对旅游娱乐、旅游大环境满意度一般，对旅行社和导游满意度较低，这些问题都亟待解决。

四　大景区建设与发展预测

（一）大景区发展理念

打造五位一体旅游目的地。旅游目的地不再是食、住、行、游、购、娱基础要素的简单堆砌，而是在满足基本需求的基础上，更加关注游客对文化内涵、空间感受、生态体验、环境质量、业态丰富等多层面综合性需求，通过五位一体的特色化打造，构筑景城一体化的嘉峪关旅游发展新格局。

（1）生态为基底。依托嘉峪关自然历史资源，开展围绕长城戈壁主题的各类休闲、养生、体验等活动，打造特色主题旅游。

（2）文化为点睛。提炼以长城文化和丝路文化等为核心的特色文化元素，注重细节打造，形成嘉峪关大景区的文化点睛之笔。

（3）业态做支撑。通过商业内核设计，融合特色项目，导入休闲、度假、体验等业态，丰富产品体系，提升产业价值，为嘉峪关大景区发展提供经济支撑。

（4）空间构特色。发挥戈壁、关城、雪山的空间特色，利用广阔的戈壁和绿洲开展各类游乐休闲活动，打造别具一格的旅游景区。

（5）环境筑风情。依托嘉峪关市的戈壁与绿洲自然环境资源，打造与都市形成强烈反差的旅游环境，吸引周边地区人群。

（二）大景区发展定位

嘉峪关市对大景区的发展定位是：世界长城文化遗产旅游综合目的地，

长城文化产业多元型龙头景区。以丰富的旅游资源为基础，以新"丝绸之路"经济带建设和高铁时代西部旅游大发展为契机，以长城文化和丝路文化为内涵，以世界文化遗产、国家5A级旅游景区——嘉峪关关城为核心，对长城沿线丰富的自然资源和厚重的文化资源进行有效整合，将嘉峪关大景区打造成集长城文化观光、边关古镇风情体验、自然资源体验性户外参与、民宿休闲度假为一体的世界长城文化遗产旅游综合目的地，建设长城文化产业多元型龙头景区。

（三）大景区发展模式

在嘉峪关大景区建设过程中，应突破传统景区景点建设的藩篱，使旅游休闲体验覆盖全区。通过全域化、景城一体化的旅游环境营造旅游业态布局，将嘉峪关市建设成一个无边界的旅游休闲目的地，打造新型旅游发展空间格局。在嘉峪关大景区开发建设时，要充分考虑景区对嘉峪关城市品牌形象及产业就业的支撑作用，积极推进旅游公共信息服务体系建设，完善旅游服务功能，优化旅游休憩环境，全面建设优质的旅游目的地，达到两者相互促进、景城融为一体。

（四）大景区发展战略

文化引领、精品带动、景城一体化、区域联动，形成嘉峪关大景区大旅游产业模式。

（1）文化引领。要保护好长城世界文化遗产，依托嘉峪关独特的长城文化、丝路文化、军事文化、关城文化等文化优势，促进文化旅游产品和衍生品的深度开发，全面提升景区文化品位，打造一批精品文化旅游项目。

（2）精品带动。以关城景区为核心，以精品旅游项目建设为重点，通过有吸引力的旅游新产品全面提升大景区旅游吸引力及容量，构建丰富的长城文化旅游产品体系。

（3）景城一体化。嘉峪关大景区与嘉峪关旅游城市共同开发，将嘉峪关大景区建设作为嘉峪关打造国际知名旅游目的地的重要途径，促进景区与城市一体化发展。

（4）区域联动。提高区域交通能力，打造差异化旅游产品，突出旅游产品特色，促进嘉峪关大景区与莫高窟、月牙泉、张掖丹霞、酒泉卫星发射中心、祁连山等周边旅游景区的联动发展，共同打造丝绸之路精品旅游线路，开拓国内外旅游市场。

（5）大旅游产业模式。为满足游客不断增长的多样化、多层次旅游需求，不断延伸旅游产业链，形成具有高度产业关联性和多重综合效益的旅游业发展模式。相比而言，它比传统旅游产业的内涵更为广泛和全面，是旅游产业化发展进入成熟阶段的一种必然模式。在实践中，要以嘉峪关关城景区为核心，促进旅游新产品新业态开发，提高大景区的接待能力，加强"吃、住、娱、购"等方面的建设，拓展延伸产业链条，构建多元产业模式，借力核心景区带动区域发展，形成内外联动、内外兼修的高品质旅游目的地。

（五）大景区发展目标

（1）经济目标。预计到2020年，嘉峪关大景区游客接待量突破300万人次，年均增长16%以上，旅游总收入达到25亿元，年均增长22%以上。到2025年，嘉峪关大景区游客接待量突破580万人次，年均增长12%以上，旅游总收入达到55亿元，年均增长15%以上。

（2）社会目标。通过大景区建设保护长城世界文化遗产，促进嘉峪关历史文化的传承，促进新型城镇化及美丽乡村建设，促进当地社会经济发展及农民增收，带动就业达到5000人。

（3）生态目标。通过大景区建设保护关、城、河流、戈壁和绿洲，形成独特的戈壁绿洲生态景观系统，营造良好的生态宜居、宜业、宜游环境，促进嘉峪关市生态园林城市的建设。

全面小康篇

A Well-off Society

B.11
2017年嘉峪关市戈壁农业发展
情况分析及预测

李国荣　高永明*

摘　要： 本文结合甘肃省关于发展戈壁农业的政策规划，分析了戈壁农业产业的优势意义、产业现状以及存在的问题，提出嘉峪关市戈壁农业发展的思路、对策和建议。

关键词： 戈壁农业　现代农业　乡村旅游

"戈壁"是沙漠地区一种特殊的荒漠地貌。干旱地区物理风化作用强烈，尤其是在风力的作用下，岩石风化碎裂形成的粉沙粒被吹蚀到沙漠边缘，而

---

* 李国荣，毕业于天水师范学院中文专业，嘉峪关市委政策研究室（改革办）发展改革科科长；高永明，毕业于西北师范大学数学与应用数学专业，嘉峪关市人民政府镜铁区干部。

较粗的砾石留在了原处，从而由沙漠腹地向外形成了岩漠、砾漠、沙漠逐步过渡的荒漠地貌。在砾漠区，基本没有土壤发育，石块遍地，草木难以生长，很难进行农业耕种，被称为"戈壁"或"戈壁滩"，蒙古语意为"难生草木的土地"。《现代汉语词典》对戈壁的定义是"地面几乎被沙、砾石所覆盖，植物稀少的荒漠地带"；而荒漠则是"由于干旱、水土流失和人类活动等原因造成的不适于耕作、植被稀疏的地区"。戈壁、荒漠具有光照时间长、有效积温高、自然隔绝强等特点，有利于动植物能量蓄积，不利于病虫害传播。

一 发展戈壁农业的政策理论基础

（一）戈壁农业的基本概念与特点

1984年，钱学森提出沙产业理论构想，即在沙漠戈壁建设非耕地农业生产基地，运用无土栽培、基质生产和改变光热条件等先进的生产方式发展现代农业。自20世纪初以来，我国农业科技工作者借鉴以色列等国发展荒漠现代农业的成功经验，逐步推广使用非耕地设施农业，并带动部分国有农场、种植大户开始了相关生产实践，为发展戈壁农业奠定了科学的理论和实践基础。从目前的技术发展条件和生产实践来看，戈壁农业主要是指以高效日光温室为主要载体，在不宜耕作或闲置的土地上通过利用或改变光热条件，采用有机基质栽培等技术，形成集种植、养殖于一体的新型农业发展业态。戈壁农业主要有以下特点。

（1）摆脱水土资源限制。在戈壁荒漠地区进行农业生产，缺水、缺土是影响其发展最大的瓶颈。千百年来，河西走廊地区的种植业主要集中在祁连山冰雪融水灌溉区，这里有适宜耕作的土壤和充沛的水源，为开展农业生产提供了良好的条件，因此，河西地区的农业生产主要是"逐水而作"的绿洲农业生产方式。新农业生产技术的引进和推广，使人们可以借助戈壁农业这一生产方式，解决在绿洲以外的戈壁滩、盐碱地、荒漠地等不适宜开展农业活动的土地上进行农业生产的问题，突破在不宜耕作的土地上进行耕作

活动缺少土壤的瓶颈。同时，戈壁农业主要以日光温室、栽培用有机基质为载体，并采用室内喷灌、表面滴灌和膜下滴灌等技术，大幅减少了灌溉用水和农药、化肥的使用，大幅度提高土地资源、水资源和光热资源的利用率，摆脱了传统生产方式对水和土的依赖。

（2）投入产出较高。戈壁农业基本都在日光温室等室内生产，种植农作物的主要载体是经过发酵、腐熟和消毒技术处理过的有机基质，通过调节温度、湿度、光照等小环境，完全可以实现周年四季循环生产，农产品的单位产出量大大提高。同时，由于戈壁农业远离传统的主要农业产区，且在相对封闭的环境中生产，可以隔绝或有效减少一些通常经由土壤、空气传播的病害，产品基本符合绿色农业、有机农业的要求，所以市场销售价格高于一般的大田和温室农产品，实现了农业附加值的大幅提升。

（3）引领发展能力较强。戈壁农业主要目标是在戈壁荒漠等非耕地上开展更为集约高效的生产，采用精准化、精细化的生产和管理，对集成化、智能化的技术要求较高，基本摆脱了传统农业以大规模种植、大型农机具使用为主的生产方式的束缚，促进了现代设施农业生产技术和方式的推广应用。戈壁农业生产要素配套非常丰富，需要建设高效日光温室、处理制作有机基质、建立节水灌溉系统和光热调节系统，配套开展土地整理、基础设施建设和育苗育种、产品输出、食品加工等，可以有效带动相关产业快速发展。同时，戈壁农业对生产技术、技能和经营管理要求较高，需要大量有技术、懂市场、会管理、善经营的专业化生产人员，戈壁农业的实践为现代化设施农业发展培养了更多的市场主体和专业人员。

（二）发展戈壁现代农业的意义[①]

2017年，甘肃省提出，要充分利用1亿多亩戈壁、1.8亿亩沙地、480万亩盐碱地，发挥不用流转征迁、建设成本低、光热资源丰富、远离污染的优势，大力发展戈壁现代农业。作为一个具有"点石成金"效应的崭新产

---

① 张俊宗：《探索戈壁农业发展的新途径》，中国甘肃网，2017年9月18日。

业门类，戈壁农业必将推动甘肃乃至其他荒漠地区农业生产方式的革命性改变，其意义不容小视。

（1）推动农业发展方式实现转型。在甘肃河西走廊地区广袤的土地上，原本已有先进高效的绿洲农业，是甘肃省重要的"粮仓"和全国商品粮生产基地。在戈壁等非耕地上开展现代设施农业生产，将有效突破土地资源的硬约束，大大提高土地的单位生产能力和农业发展水平，实现农业生产方式的革命性改变。

（2）促进参与丝绸之路经济带建设。"一带一路"倡议的提出，可以有效助力甘肃省破解不沿边、不沿海的区位困境，除工业、商贸等产业参与其中外，甘肃的农业也应借助这一战略机遇加快发展。甘肃省可以充分发挥区位优势和生产技术优势，在河西走廊一带建立面向丝绸之路经济带沿线国家地区的农产品生产加工基地，为其参与丝绸之路经济带建设提供生产要素基础，打造市场话语基础，进一步强化新的发展动能，为应对经济下行压力提供有力支撑。

（3）增强河西走廊生态安全屏障功能。河西走廊区域内，绿洲较少，而戈壁荒滩面积较大，拥有1亿多亩戈壁、1.8亿亩沙地和480万亩盐碱地，在传统意义上被认为是不适合人类居住和不适宜开展农业生产的地区。但依照绿色农业发展理念，积极推广和发展戈壁农业，既能有效突破水土资源的约束和高强度、粗放式的发展模式，又能以戈壁日光温室等"硬设施"、绿色植物的"软植被"覆盖荒漠戈壁，有力改善地区生态环境，进一步增强河西走廊地区的生态屏障功能。

（三）甘肃省关于发展戈壁农业的政策规划

2007年，国家将甘肃省列为全国循环经济试点，为戈壁农业发展奠定了政策基础。近年来，甘肃省确定在全省构筑四大生态屏障，鼓励在生态脆弱区与重点开发区建立"飞地经济"。2017年6月，省长唐仁健指出，非耕地设施农业戈壁农业是全省农业生产方式的革命性创举，具有资源节约、环境优好、产出高效等明显优势，要精心培育、做大做强。

2017 年 8 月 15 日，甘肃省政府办公厅印发的《关于河西戈壁农业发展的意见》明确指出："要按照坚持科技支撑、生态优先，坚持适度规模、整体推进，坚持市场导向、突出效益，坚持政府扶持、多元投入的基本原则，到 2022 年初步建成基础设施完备、设施装备先进、科技支撑水平高、综合生产能力强、生态环境优好、产品特色鲜明的河西戈壁农业产业带，把河西地区打造成西北乃至中亚、西亚、南亚地区富有竞争力的'菜篮子'产品生产供应基地，实现农业生产方式的革命性变革。"甘肃省戈壁农业迎来了发展的黄金时期。

二 甘肃省及嘉峪关市戈壁农业的发展现状

目前，河西五市已发展戈壁农业 4.99 万亩，其中酒泉市 2.79 万亩、张掖市 1.5 万亩、武威市 0.5 万亩、金昌市 0.1 万亩、嘉峪关市 0.1 万亩。

嘉峪关市位于河西走廊中部，东经 98°49′~98°31′，北纬 39°37′~39°58′，平均海拔 1640 米，下辖雄关区、长城区、镜铁区和峪泉、文殊、新城三镇 17 个村、117 个村民小组。全市总面积约 3000 平方公里，常住人口 30 万人，其中农业人口 2.03 万人，除酒钢宏丰公司葡萄园、黑山湖农场及花海农场外，全市仅有耕地面积 10 万亩。嘉峪关市农业属城郊型农业，目前已形成洋葱、西甜瓜、马铃薯、制种、设施蔬菜、经济林果等优势产业，经济作物播种面积 4.33 万亩，属农业发达地区。近年来，嘉峪关市实施土地开发整理 1000 亩、推广高效农田节水技术应用 7 万亩。围绕非耕地产业开发，先后规划建设野麻湾高新农业示范园、嘉峪关恒翔农业示范中心、嘉峪关市现代农业生态示范园 3 个园区，总面积 1200 亩；建成戈壁现代高效日光温室 300 座，总面积 600 亩；标准化养殖小区 14 个；苗木及经济林 600 亩；实现年产值 3000 万元，进一步提升了嘉峪关市农产品生产的供应能力，有效增加了农民收入，走出了一条非耕地设施农业的发展之路。

2017 年以来，嘉峪关市加快培育农业农村发展新动能，积极探索农业农村发展新模式，全力打造"一村一品"升级版，大力促进农民增收和农村发展。充分利用产业优势、区位优势、生态优势，以政府引导、企业参与、农户受益、市场化运作为原则，依托讨赖河冲击戈壁区，大力发展非耕地设施农业。在已建成的丰源、恒翔、新鑫农业示范园的基础上，依照进行农业科技规范化育苗、高效设施农业生产示范、花卉苗木生产繁育、特色林果基地建设，发展农产品加工业，以及推进农业旅游休闲发展的思路，规划建设嘉峪关戈壁现代农业示范园"一区六园"项目，计划建设大棚1148座，其中单体保温大棚1083座、连体科技大棚65座，建成后可实现年产值2.5亿元，税收预计在4000万元以上，解决2000余人的就业，人均增收3万元以上。目前，已有丰源特色林果生产园、东塘光伏农业综合园、鲁农设施农业园、晨翔阳光农业生产园、万合春现代农业生产及加工园、百汇浓绿休闲园6家大型企业入驻建设，完成投资4500万元。

三 嘉峪关市发展戈壁农业的优势与意义

（1）自然气候优势得天独厚。嘉峪关市位于河西走廊中部，属温带大陆性荒漠气候，冬冷夏热，雨水稀少，阳光充足，年均气温为6.7℃～7.7℃，年日照3000多小时，自然降水量年平均85.3毫米，蒸发量2149毫米，全年平均无霜期130天，光热资源丰富，拥有发展日光温室产业的自然优势。其中，南市区北大河沿岸、宏丰种植基地、新城镇野麻湾等地有大量的戈壁荒滩资源，可开发利用面积达1万亩，且地势平坦、交通方便，具备发展戈壁农业的资源优势。

（2）缓解水土资源短缺矛盾。嘉峪关市耕地资源、水资源严重短缺，人均占有耕地面积少，自然降水量小、蒸发量大，农产品自给率偏低。通过发展戈壁设施农业，在不占用现有耕地、不增加用水量的情况下，可以将园艺产品生产转移到戈壁荒滩，从而有效解决嘉峪关市水土资源短缺的矛盾，对促进地方结构调整，提升农产品生产供给能力具有重大意义。

（3）促进乡村旅游提质升级。嘉峪关市是一个工业旅游城市，城市人

口多，农业人口少，人均可支配收入相对较高。农村紧邻城市，具备发展旅游农业、观光农业、城郊农业的优势。戈壁农业以高效日光温室、连栋温室、钢架大棚生产及休闲观光农业为主导，是现代农业发展中的新业态，必将带动农产品储藏加工和休闲旅游农业的快速发展，促进第一、第二、第三产业融合发展。

（4）优化农村生产生活环境。大力发展现代循环农业，利用新型日光温室示范、栽培基质配方、育苗基质配方、水肥一体化、病虫无害化绿色防控、智能化自动控制等新技术，建立以畜禽粪便、农作物秸秆等为原料的有机栽培基质标准化加工厂，实现尾菜等农牧业废弃物及畜禽粪便无害化处理，不仅可满足戈壁农业对育苗基质和栽培基质的需求，并且使农村大量存在的农废资源得到循环利用，减少污染，改善农村生态环境。同时，戈壁农业用基质代替土壤，减少了农药、化肥使用量，可大幅降低农药、化肥对水资源和土地资源的污染。

四　嘉峪关市发展戈壁农业面临的问题

（1）农业产业化程度不高。嘉峪关市农村面积小、耕地少，农业发展基础相对薄弱，耕作传统、管理粗放，与高标准、高质量的现代农业生产不相适应。农业生产仍以小规模农户经营为主，新型农业经营主体数量少、规模小，农业产业化程度不高，农产品的销售、加工均比较薄弱，科技含量较低，缺乏品牌带动，在一定程度上影响了农业生产和农业经济的发展。

（2）农业科技服务支撑不足。农业专业技术人才队伍基础较为薄弱，生产、经营人员理念滞后，缺乏长远规划。人才交流平台建设亟待加强。目前既存在"用工荒"问题，也存在闲散农民找不到工作的问题，农业人才技能培训的针对性不足，戈壁农业等新型产业人才储备不足。

（3）农业园区发展质量不高。农业园区基础设施建设、生产条件的改善以及日常生产运行均需要大量资金投入，这对于园区和企业来说都是极大的挑战。园区的同质竞争问题比较突出，园区业主单位的发展定位及规划设计较为雷同，出现生产相对集中、共性发展的现象，影响园区和戈壁农业的健康持续发展。

五　嘉峪关市戈壁农业的发展思路与目标

（1）发展思路。以拓展戈壁荒滩综合利用为目标，发挥区位优势和资源优势，发挥现代农业技术与装备和产业化龙头企业的示范带动作用，建设规模化现代设施日光温室产业基地，精心打造集约化现代农业产业集群，促进特色农产品在生产、加工、示范、休闲等领域相互融合以及全产业链开发，使其成为富民增收的新业态。

（2）发展目标。经过5年的发展，到2022年，全市发展戈壁农业1万亩，建设现代日光温室2500座，智能连栋温室9.3万平方米，配套蔬菜水果储藏、包装、加工及采摘观光、休闲餐饮等附属设施，年产优质高效园艺作物产品2万吨，花卉300万株，实现年产值3亿元。

（3）发展规划。根据全市农业生产的特点、城市居民对农产品的需求以及旅游休闲产业的发展需要，以南市区讨赖河南岸、酒钢（集团）公司种植基地、野麻湾村及嘉东工业园区为重点，规划规模化戈壁设施农业园区3个。在产业布局上，以优质果蔬、花卉生产为主，以发展农产品储藏加工业、观光休闲业为辅，每个产业园依据各自优势进行功能定位，科学设计产业结构，实现农产品有效供给与休闲农业旅游观光协同发展，促进第一、第二、第三产业发展融合。

六　嘉峪关市发展戈壁农业的对策建议

（1）加强组织领导，建立协调推进机制。成立以市委分管农业副书记为组长，以市政府分管农业副市长为副组长，以市发改委、财政、农林、国土、规划、水务、科技等部门负责人为成员的嘉峪关市戈壁农业建设工作协调领导小组，负责园区建设的组织领导和协调推进工作，落实甘肃省布置的

计划任务，制定地方配套政策。建立健全戈壁农业建设评价考核体系，加强督查考核，确保发展目标如期实现。

（2）多方整合资源，加大资金投入力度。建立支持戈壁农业发展投入机制，将戈壁农业发展扶持资金纳入市级财政预算，采取定向补助、先建后补、以奖代补等方式给予扶持。积极争取国家和省级扶持，加大相关支农资金的整合力度，创新资金投入方式，形成以财政投入为导向、以信贷投入为依托、以各类新型经营主体投入为主、社会各类资本参与的多元化投融资新机制，确保戈壁农业发展。

（3）严格用水管理，强化生态保护意识。坚持走生态优先、绿色发展道路，全面贯彻落实国家有关法律法规，依法保护戈壁生态环境，依法依规利用水资源。在控制用水总量指标的前提下，通过农田高效节水、完善输配水措施、加强调蓄设施建设及农业水价综合改革等措施为戈壁农业发展创造条件。采取严格的环保措施，加强生态环境的建设与保护，依法开展区域发展规划、专项规划以及建设项目环境影响评价，最大限度地减少对生态环境的影响。

（4）健全产业体系建设，夯实戈壁农业的发展基础。引导鼓励龙头企业和专业合作社开展绿色有机食品认证，注册农产品商标和地理标志认证，加大区域公共品牌的培育和宣传力度，树立良好的品牌形象，打造戈壁农业品牌。建立健全农产品营销网络，加大农产品运销设施和设备建设力度，以"互联网＋"等信息技术为依托，积极引导龙头企业采取电商直销、代理连锁、配送经营等营销方式，大力开拓国内外市场，扩大销售，搞活流通。

（5）激发发展热情，探索多种经营模式。戈壁农业是一次深刻的农业生产方式变革，要把农民收入是否提高和农民劳动强度是否下降作为重要衡量标准，广泛动员干部群众，突破固有思想观念，走进非耕地圈舍去养殖，到非耕地设施大棚去种植，充分调动农民的积极性。积极探索和培育戈壁农业的经营模式，引入生态休闲农庄、循环农业、立体农业、有机农业、田园综合体等新型农业经营模式，大力发展龙头企业、种植大户、合作社等多种经营主体，激发农民发展戈壁农业的热情。

B.12
2017年嘉峪关市农村改革情况分析及预测

邓廷涛 陈雪敏*

摘 要： 农业是安天下、稳民心的战略性产业。现阶段，我国农业的主要
矛盾由总量不足的矛盾转变为结构性矛盾，突出表现为阶段性供
过于求和供给不足并存，矛盾的主要方面在供给侧。因此，推进
农业供给侧改革，促进农村改革发展，是破解农业发展难题的必
然选择，也是促进农业持续稳定发展和农业现代化的根本要求。

关键词： 农业改革 供给侧改革 发展新动能

2017年，嘉峪关市认真贯彻落实党的十八大和十八届三中、四中、五
中、六中全会精神，深入学习贯彻习近平总书记系列重要讲话精神特别是视
察甘肃时"八个着力"重要指示精神，全面深化农业农村改革，进一步促
进农民增收，农村发展。

一 主要做法及成效

（一）优化结构，促进产业结构更趋合理

注重优化农业产业结构，巩固"一村一品"发展格局，强化养殖、林

---

* 邓廷涛，毕业于西北师范大学政治学理论专业，法学硕士，主要研究方向为基层治理，现在
嘉峪关市委政策研究室党建科工作；陈雪敏，毕业于天水师范学院生物科学与化学学院，理
学学士，现在嘉峪关市委农村工作办公室工作。

果、设施农业等产业的主导地位，加大食用菌、特色种植及养殖业的培育力度，积极推广农作物标准化生产技术，提高蔬菜、甜叶菊、林果等高效作物的种植面积，其中蔬菜种植面积33955.5亩，洋葱种植面积9300亩，蔬菜制种及其他制种种植面积13908.23亩，蔬菜产量达到7054.21吨，2017年，嘉峪关市第一产业生产总值0.92亿元。稳步推进规模化养殖，按照"适度集中、人畜分离、产居分开"的原则，继续引导农民从传统化荒滩散养到现代化集中圈养，推动畜禽养殖规模化、规范化。2017年，出栏肉猪36644头，出售和自宰的肉用羊30696只，存栏肉猪31844头（其中育种母猪4511头），存栏绵羊63950只。有序开展畜禽养殖防疫工作，积极宣传动物疫病防控知识，全年动物防疫免疫率达100%。加大农产品检测工作力度，支持和引导农民专业发展，加快发展农副产品加工业。

（二）项目带动，扩大园区示范效应

大力实施"城市带动、工业带动、旅游商贸带动、特色优势产业和龙头骨干企业带动"发展战略，使企业和农户在产业化经营中获得更大收益。围绕蔬菜花卉、健康养殖、生态循环农业等，以良种引进、生物技术、信息技术和节水技术等先进适用高新技术为突破口，大力发展设施农业和戈壁农业，全面推广高效栽培技术，提升农业科技含量。2017年，新建标准日光温室105座，实施土地开发整理1000亩，推广高效农田节水技术应用7万亩。引导和推动产业集中入园、企业集聚入区，以文殊镇恒翔现代农业示范中心、新城镇野麻湾农业发展示范园区为代表的"企业+基地+合作社+农户"产业化项目顺利推进。2017年，发展市级以上龙头企业11个，全市专业合作经济组织达到265个，其中国家级示范社5个，省级示范社8个，有力带动了农业集约化发展。

（三）抢抓机遇，着力打造乡村旅游特色小镇

围绕"生态美、富足美、生活美、文化美、文明美"的美丽乡村建设核心要素，建设农业文化旅游"三位一体"，生产、生活、生态"三生同

步"，第一、第二、第三产业"三产融合"的特色村镇。拓展非农产业发展途径和功能，利用区位优势，丰富乡村旅游业态和产品，打造各类主题乡村旅游精品线路，探索整村整组发展乡村旅游的模式，使资源更加集约、分工更加精细。积极扶持乡村旅馆、民宿客栈、星级农家乐、乡村养老等旅游富民产业，充分发挥乡村各类物质与非物质资源富集的优势，利用"旅游＋""生态＋"的模式，推进"一村一品"专业化生产，培育农业观光、生态采摘、苗木花卉、酿酒葡萄、戈壁枸杞、畜牧养殖等特色优势产业，推进农业观光、生态采摘、休闲服务等产业新业态不断发展。成立乡村旅游发展协会，加强自我管理，提升服务水平，推动农家乐和农家旅馆向专业化、精细化发展。2017年，累计新建乡村旅馆和民俗客栈43家，星级农家乐74家，星级农家旅馆37家，使大量农村人口和富余劳动力实现了就地转移。

（四）政策扶持，加快基础设施建设步伐

加快公共基础设施向农村延伸，统筹推进城乡交通、能源、生态、水利、农田等公共设施建设，初步形成了城乡一体的基础设施网络。每年实施高标准农田建设、村级财政"一事一议财政奖补"项目，高效节水灌溉改造即将全部覆盖，农村给排水、污水处理、供气、供暖等问题逐步得到解决，实现了城乡基础设施共建共享。整合项目资金，加大投入力度，实现全市农村自来水、电视、电话、网络等全覆盖，道路、公共交通通村到组；为所有行政村安装太阳能路灯，配备垃圾清运处理设施，在居住相对集中的村庄落实污水处理项目。结合美丽乡村建设，实施居民点硬化、美化、亮化、净化、绿化工程，按城市标准建设农村社区服务中心，各镇设立惠农服务大厅，搭建集办公、便民服务、议事学习、文体活动于一体的综合服务平台，实现了"一站式"便民服务。深入实施文化惠民工程，加强文化设施和文化队伍建设，镇村组文化室、乡村舞台、"农家书屋"、文化体育广场配套率均达到100%。

（五）保障民生，推进社会事业繁荣发展

将农村居民整体纳入城乡统一的公共服务体系，持续改善农民生产生活条

件,使城乡居民同等享有"学有所教、劳有所得、病有所医、老有所养、住有所居"的公共服务。坚持教育优先原则,集中实施学前教育推进、校舍安全改造等教育惠民工程,城乡办学条件得到明显改善。完善城乡社会保障体系,扩大社会保障覆盖范围,实现城乡居民基本养老保险和农村新型合作医疗全覆盖。落实"阳光低保"政策,全面完成 D 级危房改造任务,改善了困难群众的居住条件。完善社会救助制度,落实残老优抚政策,积极推进残疾人康复救助和助残养老工作。全面推进卫生事业,切实提高基本医疗服务保障能力,加快镇、村医疗基础设施建设,推进人口与计划生育工作,巩固优质服务成果。积极开展形式多样的文化体育活动,丰富群众文化生活,用先进文化促进各项事业繁荣发展。引进和建设农村秸秆生物质气项目,有效利用秸秆、杂草转化为燃气、木炭,改变生活方式,改善村组环境卫生。持续开展"全域全城无垃圾创建"工作,加大农村环境卫生综合整治力度,完善运行机制,进一步提升农村环境卫生和村容村貌管理水平,推动"美丽乡村"建设迈上新台阶。

(六)维护稳定,着力营造平安和谐的社会环境

把稳定作为第一责任,建立健全矛盾纠纷预警防范、突发事件应急联动和安全生产常态监管机制,提高防灾减灾、卫生防疫、重大事故的应急和处置能力。利用派出监察室、律师进社区等惠农法律服务政策,做好矛盾纠纷排查调处工作,切实解决关系群众切身利益的热点、难点问题。妥善处置群体性事件,努力构建"镇村组多级联动、公安司法协同参与"的综治信访维稳工作新格局。扎实推进武装双拥工作,积极开展全民国防教育活动,组织适龄青年、基干民兵参加政治学习。对农机作业、交通安全、高铁防护、管道保护等重点领域和关键部位进行专项整治,加强安全生产检查,排除各类隐患。推进社会治安综合治理,加强禁毒教育、反邪教宣传和警示教育,打击各类违法犯罪行为,努力构建良好的社会环境,有力促进了"平安嘉峪关"建设。

(七)深化改革,推动农业经济快速发展

基本完成农村土地承包经营权确权登记颁证工作,完成土地确权登记

5860户，占农户总数的99.3%。全市土地确权颁证实测面积101576.05亩，其中承包地块面积68351.46亩，占实测面积的67.29%，地块36974块；开荒地面积28265.66亩，占实测面积的27.83%，地块9902块；集体地面积4958.93亩，占实测面积的4.88%，地块1679块。农村土地承包经营权颁证率达到98.31%。[①] 建立农村产权交易中心，通过农村产权交易中心完成一宗土地流转交易，涉及农户86户，农村承包耕地519.67亩。鼓励土地承包农户进入嘉峪关市产权交易中心进行承包地流转，盘活农村土地，提高农村资源资产市场化配置效率，进一步规范了农村土地流转行为，增强了农村发展的活力。启动农业设施确权登记颁证工作，确定嘉峪关金地国土规划勘测有限责任公司为中标单位，承担嘉峪关市农业设施确权登记颁证项目的具体实施，明确了工作内容、工作依据、进度安排及工作方式方法等内容。目前已经完成峪泉镇和新城镇安远沟村34个养殖场、42座种植大棚的建设用地测量工作。

二 存在的问题

近年来，嘉峪关市农村各项事业健康有序发展，农村面貌焕然一新，农民素质不断提高，优势产业快速发展，城乡一体化建设取得了显著的成绩。但面对经济下行压力持续加大、农产品价格持续低迷的严峻形势，农村发展还存在一些薄弱环节。

一是嘉峪关市农村面积小、耕地少，耕作传统、管理粗放，与高标准、高质量的现代农业生产不相适应，农产品缺乏深加工增值环节，没有形成品牌产品，抵御市场风险能力较弱。规模养殖整体发展不足，没有形成一批具有市场竞争优势的养殖基地。种植养殖合作社只注重个体发展，导致同质化问题突出，受市场供需、价格等因素影响大。缺乏有效的对接机制来实现市场牵龙头、龙头带基地、基地连农户的构思。

[①] 《嘉峪关年鉴》（2017），甘肃人民出版社，2017，第299页。

二是乡村旅游虽是农村发展重点之一，但缺乏规划，发展无序，特色不足，开发模式雷同，不能形成整体规模。市场重复开发现象严重，低层次建设多，特色开发少，服务也存在单一性。且受自然气候条件和农事季节的影响，淡旺季反差明显，往往是旺季车水马龙，淡季门庭冷落。乡村建设水平较低，安全生产、环境卫生综合整治工作难度大。

三是市财政虽然加大了对农村基础设施建设的投入，但是离新型城镇化建设的要求还有一定距离，尤其是排污系统、供暖系统、供气系统还不够完善，需要投入更多的资金和市政建设部门的统一规划。

四是目前仍有部分农户未在农村土地确权登记颁证工作中签订合同，直接影响确权工作的最终完成，产权权属不清晰、交易品种单一、交易参与度不高，给今后承包地管理、土地流转乃至三轮延包工作带来极大的影响。

三　未来发展方向

（1）加大政策扶持力度。"三农"发展离不开相应的政策支持，在农业生产项目建设中，发展资金短缺、资产没有盘活等问题严重制约了农业生产现代化进程。应出台相应的扶持政策和优惠政策，强化新农村建设各责任单位的责任感和使命感，调动全社会支持农业发展的积极性和主动性。

（2）加大资金投入力度。财政、金融等部门要加大扶持力度，争取专项资金投入，通过多种渠道争取和筹集农业发展建设资金，引导和支持实施乡村振兴战略，重点进行交通、电力、供暖等基础设施配套建设。引导金融机构设立形式多样、灵活有效的涉农服务网点，开辟"三农"融资绿色通道。加大招商引资力度，拓宽融资渠道，争取利用银行贷款、引入外资等方式支持农业农村发展。

（3）加大人才培养力度。建立健全农业专业技术和实用人才培养与激励机制，规范劳务输出，为农民外出务工提供及时、准确的就业信息。加大力度实现培训内容与农民需求相衔接，重点加大种植业、林业、植物检疫、病虫害防治、畜牧养殖等方面技术人才的培训力度，提高农民解决科学配方、施肥、日常管护等技术难题的能力，着力培养有文化、懂技术、会经营、能创业的新型农民。

（4）加快推动农村"三变"改革。准确把握中央精神，积极引导土地经营权规范有序流转，发展多种形式的适度规模经营，鼓励将土地折股量化、确权到户，经营所得收益按股分配，引导农民以承包地入股，组建土地股份合作组织，通过自营或委托经营的方式发展农业规模经营。

（5）积极发展戈壁农业。以优质果蔬和花卉生产为主，辅以农产品储藏加工、观光休闲产业的发展，建设镜铁区非耕地循环农业示范园和酒钢宏丰非耕地设施农业园区。注重提升农产品品质，以绿色、有机、生态为主题，建设雄关农业田园综合体，打造戈壁农业品牌。

（6）大力发展乡村旅游。规范乡村旅游运营，按照"政府引导、市场运作、农户参与"的方式，加强对乡村旅游的运营管理和标准化服务建设。完善服务设施，丰富服务内容，创新服务机制，提高服务效率和服务水平，最大限度地吸引广大农户参与乡村旅游产业发展。持续推动现有农家乐和农家旅馆整体向专业化、精细化方向发展，提高农民人均纯收入中第二、第三产业的比重。把文化和旅游相结合，提升产业价值，促进小农产业不断壮大。建立乡村旅游协会等团体组织，把农村居民吸引到全市全域旅游大发展的链条上来，让他们发展创业、实现增收。

（7）推进农村电商发展。进一步完善电子商务体系建设，加快推进现代农业示范中心、"千村美丽"示范村、"一村一品"等项目建设，构建完整的农产品供应链。深化与嘉峪关市丰源农业科技示范园的合作，购置农产品冷藏车辆，构建完善的冷链物流，实现优质特色农产品的网上交易及农产品网络零售。加快实施农产品质量安全保障行动，通过开展农产品电子商务，全面强化农产品质量安全监管，进一步提高农产品质量安全水平，切实保障食品安全和消费安全。

B.13
2017嘉峪关市峪泉镇关城文旅
特色小镇建设情况与展望

魏泉 周晓丽*

摘　要： 为了全面推进和落实国家"一带一路"倡议和甘肃华夏文明传
承创新区建设，按照国家新型城镇化、美丽乡村建设、特色小
镇培育发展的总体要求，以峪泉镇创建全国建制镇示范为契
机，依托深厚历史文化底蕴的世界文化遗产嘉峪关关城，规划
建设峪泉镇关城文旅特色小镇。关城文旅特色小镇建设将重点
突出文化历史优势，加强传统文化保护，加大对嘉峪关长城、丝
绸之路历史文化资源的保护和挖掘力度，将关城大景区、世界文
化遗产公园与小城镇建设同一版图、同一规划、同步推进，承接
历史文化，融合自然景观，打造以关城为核心的文化地标。

关键词： 特色小镇　文化旅游　产业形态

根据《甘肃省住房和城乡建设厅关于做好第二批全国特色小镇推荐工
作的通知》（甘建村〔2017〕236号）文件精神，为贯彻落实嘉峪关市委、
市政府关于特色小镇创建的要求，峪泉镇加快特色小镇建设步伐，推动经济
转型升级和城乡统筹发展，组织专案团队对创建特色小镇的工作基础、特色
亮点、意见建议等进行了专题调研。调研情况报告如下。

---

* 魏泉，毕业于兰州大学会计学专业，现在嘉峪关市委政策研究室工作；周晓丽，毕业于中国
传媒大学新闻学院新闻学专业，嘉峪关市雄关区峪泉镇党委委员、副镇长。

一 嘉峪关市峪泉镇基本情况

嘉峪关市峪泉镇是全国重点建制镇。峪泉镇位于闻名中外的天下第一雄关——嘉峪关脚下，全镇辖嘉峪关村、黄草营村和断山口村 3 个行政村，共有 18 个村民小组，共 927 户、3040 人，耕地面积 6033 亩，属典型的城郊型乡镇。交通便利，区位优势明显。2016 年末，全镇经济社会发展总产值为 4.82 亿元，其中农业总产值 0.7 亿元，同比增长 6.7%；乡镇企业总产值 4.12 亿元，同比增长 7.5%；农民人均纯收入达到 17186 元，同比增长 12.1%。峪泉镇内有关城文化旅游景区、长城第一墩、悬壁长城、黑山石刻等名胜古迹和自然风景区，西北最大的蓝孔雀养殖场——中华孔雀苑也坐落在镇区，旅游资源十分丰富。近年来，峪泉镇紧紧围绕"打造旅游名镇、经济强镇、文明兴镇"三大目标，依托世界文化遗产——嘉峪关关城文化旅游景区，走出一条产城融合的文化旅游特色小镇发展之路。先后获得"甘肃省明星乡镇""甘肃省文明乡镇""'绚丽甘肃'2013 十佳旅游景区和十大魅力乡镇"等荣誉称号。

二 关城文旅特色小镇的定位

为了全面推进和落实国家"一带一路"倡议，以及甘肃华夏文明传承创新区建设，按照国家新型城镇化、美丽乡村建设、特色小镇培育发展的总体要求，以峪泉镇创建全国建制镇示范为契机，依托拥有深厚历史文化底蕴的世界文化遗产嘉峪关关城，嘉峪关市积极规划建设峪泉镇关城文旅特色小镇。关城文旅特色小镇位于嘉峪关市雄关区峪泉镇，嘉峪关市中心城区西侧，规划范围向北至玉门关路，向南至阳关路，向东至绿化站，向西至关城长城遗址，总规划面积约 5 平方公里。共投资 120 亿元用于特色小镇项目实施，采取 PPP 模式，配套建设丝绸之路文化博览园、世界文化遗产公园（花博园）、旅游连接公路、文化旅游创意产业园等重点项目。

三 嘉峪关市峪泉镇关城文旅特色小镇规划情况

特色小镇的定位是："丝路驿站·雄关小镇"。打造中国第一个以丝路文化、长城文化交汇，东西方文化交融，集文化体验、旅游度假、国际文化交流、文旅产业创新、休闲娱乐、旅游集散服务等于一体的特色文化旅游小镇，打造丝绸之路黄金段国际旅游目的地。

在规划设计方面，围绕打造峪泉镇关城文旅特色小镇的重点工作，委托中建院、泛华集团城市研究院等院所编制完成了《嘉峪关市关城文旅特色小镇系统策划》《嘉峪关峪泉镇关城文旅特色小镇建设项目可行性研究报告》《嘉峪关峪泉古街古镇设计方案》《嘉峪关世界遗产公园（花博园）规划设计方案》《嘉峪关世界文化遗产保护与展示工程核心区详细规划》《嘉峪关峪泉镇城乡一体化规划暨总体规划（2015－2030）》等。

四 关城文旅特色小镇的特色

（一）特色鲜明的产业形态

大力发展乡村旅游和休闲农业，将小镇打造成为旅游名镇。峪泉镇辖有关城文化旅游景区（5A级）、西北最大的蓝孔雀观光园、悬壁滑雪场和温泉度假村，以及正在规划建设的黑山岩画旅游景区。围绕峪泉镇关城文旅特色小镇，由华强集团计划投资28亿元的丝绸之路文化博览园，已投入资金15亿元，计划于2018年4月28日正式开园；计划投资12亿元的世界文化遗产公园（花博园），已投入资金3.78亿元，预计将于2018年5月全面建成；计划投资1.29亿元旅游连接公路，已投入资金1.2亿元，于2017年7月全面建成；计划投资33亿元的关城文旅古街古镇已开工建设，争取于2018年年底建成；计划投资23亿元的文化旅游创意产业园已完成规划等工作，争取2018年开工，2019年建成。成功申报黄草营村为省级旅游示范村，正在进行峪泉镇全国建制镇示范创建和美丽乡村建设，鼓励农户自主创办有规模、有特色、有文化、有内涵的农家旅馆和农家乐。重点发展奇石加工、旅游纪念品加工、文化创意产品设计等产业，如葡萄美酒夜光杯、奇石工艺画、玉石加工、特色蓝孔雀系列产品。峪泉镇现有旅游纪念品加工及销售商店 25 家、奇石加工及销售商店共 64 家，切实提高了小镇居民收入。

（二）和谐宜居的美丽环境

以全国建制镇示范为契机，在发展过程中，通过对建设用地的集约利用提高利用率，积极开展生态环境治理、综合环境整治和美丽乡村建设等项目，并取得了显著成效。峪泉镇基础设施建设、镇区风貌有了较大提升，项目成效显著。公共绿地面积达 62000 平方米，人均公共绿地 20 平方米，镇区绿化覆盖率 35.83%，小型公园、分散绿地分布在步行 5 分钟内可到达的位置。在房屋风貌设计和管控上，按照"历史真实性、风貌完整性、生活延续性"要求，注重保留村落原有建筑风格。全镇面貌焕然一新，生态特色鲜明，人居环境良好。

（三）彰显特色的传统文化

峪泉镇拥有众多的民间艺术，如锅盔、剪纸、闹社火、狮子舞、磨刀节、跑驴等品类丰富的文化遗产。近年来，峪泉镇突出文化历史优势，加强传统文化保护，加大对嘉峪关长城、丝绸之路历史文化资源的保护和挖掘力度，将关城大景区、世界文化遗产公园与小城镇建设同一版图、同一规划、同步推进，承接历史文化，融合自然景观，打造以嘉峪关关城为核心的文化地标。通过甘肃省和嘉峪关市举办承办的甘肃文博会、敦煌行丝绸之路国际旅游节、嘉峪关国际电影短片节、嘉峪关国际房车博览会、国际铁人三项赛、嘉峪关摄影展、嘉峪关奇石文化旅游节等文化体育节庆活动，不断提升嘉峪关市峪泉镇关城文旅特色小镇的知名度和美誉度。

（四）便捷完善的设施服务

近年来，峪泉镇关城文旅特色小镇始终坚持把加强基础设施建设作为创优

发展环境、推动经济发展的重要途径，群众生产生活条件得到明显改善。城市道路等公共设施向小镇延伸，互联互通，峪泉镇距中心城区仅有4公里，公交车、镇村道路、自来水、供电、通信100%覆盖，电视联网、电话普及率达100%；镇区教育、医疗卫生、商业金融、文化娱乐、低保、医疗、养老等民生得到不断改善；实现了农村文化馆建设全覆盖；有村级小学1个，幼儿园1个，实现了适龄儿童100%入学；有镇卫生院1个。全方位打造宜居宜游新型城镇。

（五）充满活力的体制机制

峪泉镇关城文旅特色小镇以长城文化、丝路文化、边塞文化、宗教文化为内容，实现文化与旅游融合、文化与科技融合、产业发展与城市发展融合，推动文化创意、文化旅游、智慧科技、博览会展、配套服务业等创新发展，打造多元融合的产业业态，使特色小镇实现产城融合、创新驱动、内生增长和可持续发展的良好态势。充分利用国家和甘肃省推进乡镇规划建设、国土、环保等领域的发展契机，进一步深化乡镇行政体制改革，加强乡镇社会管理和公共服务职能，以"多规合一"① 改革打造区域经济增长极。增强对周边镇区、村庄的集聚和辐射能力。

五 发展目标及政策措施

（一）到2020年总体发展目标及年度目标

1.总体目标

峪泉镇关城文旅特色小镇培育项目坚持高起点规划、高质量建设、高效能管理，走布局合理、功能完善、环境友好、社会和谐、充分体现以人为本的理念的新型城镇化建设道路，深化城镇和景区联动，整体推进。预计到

---

① "多规合一"是指国民经济和社会发展规划、城乡规划、土地利用规划、生态环境保护规划等多个规划融合到一个区域上，实现一个市县一本规划、一张蓝图，解决现有各类规划自成体系、内容冲突、缺乏衔接等问题。

2020 年，峪泉镇将达到产业结构明显优化、城乡面貌明显改观、生态环境明显改善、社会事业明显进步、人民生活水平明显提高的水平，打造中国第一个以丝路长城文化交汇、东西方文化交融的特色小镇，将成为集文化体验、旅游度假、国际文化交流、文旅产业创新、休闲娱乐、旅游集散服务于一体的丝绸之路黄金段国际旅游目的地。

2. 年度目标

（1）工作启动阶段：2017 年 1 月 ~ 2017 年 6 月。制定实施方案，明确工作任务；多方筹措资金，强化保障能力。

（2）项目实施阶段：2017 年 6 月 ~ 2018 年 12 月。制定年度工作方案，组织项目建设；整合资源，形成合力；加强督查指导，提高建设水平。

（3）项目巩固阶段：2019 年 1 月 ~ 2019 年 12 月。进一步加快推进产业发展配套设施项目建设，为加快工业产业化发展夯实基础；加大招商引资力度，着力引导农村居民转变生产经营方式，巩固建设成果。

（4）项目提升阶段：2020 年 1 月 ~ 2020 年 12 月。进一步建立健全各项制度建设，对提炼好的经验做法进行系统总结，适时进行推广，为推进经济结构转型升级，加快嘉峪关市域经济发展，促进新型城镇化建设做出积极贡献。

（二）近期工作安排

依据建设计划，为峪泉镇关城文旅特色小镇制定各年度工作方案，并明确项目建设计划。全面开展镇村基础设施、公共服务设施和社会事业项目建设，积极推进产业发展配套设施项目建设，为峪泉镇特色小镇项目的建设奠定坚实的基础。在推进峪泉镇文旅小镇进入国家和甘肃省 PPP 项目库的同时，积极推进规划、设计、招投标、建设等工作。按照先易后难、滚动开发的原则，打包成熟项目、基础设施项目和产业发展项目先行启动招投标。其余文化旅游项目、配套服务项目等按照成熟一个、启动一个的方式进行推进。

"十三五"期间，嘉峪关市将以创建国家级峪泉镇关城文旅特色小镇为契机，认真学习借鉴其他地区先进小城镇建设的经验，继续巩固扩大城镇建

设成果，把峪泉镇关城文旅特色小镇建设成为区域内乃至西部地区以文化旅游开发为主导的特色小镇。

六 关城文旅特色小镇建设存在的问题

（1）理解认识有待加强，统筹推进力度不够。在建设政策支持上还处于起步阶段，尚未出台建设特色旅游小镇的纲领性文件，没有对特色小镇发展进行顶层设计，在规划引领、项目建设和资金保障上的倾斜还不够。

（2）管理保护措施有待完善。文化挖掘和资源保护的工作机制有待健全。从峪泉镇关城文旅特色小镇建设的现状来看，针对旅游小镇文化挖掘和保护的统筹力度不足，部门联动工作机制亟待健全，这都制约了文化挖掘和保护工作的开展。管理思路也有待深入研究。目前，在旅游小镇的开发保护方面尚未找到合适的有效管理思路，管理效果不明显。

（3）开发性保护滞后。旅游小镇的开发保护需要资金的大量投入。目前，峪泉镇旅游小镇的专项建设资金投入力度不够，也缺少一整套完善的吸引民间资金、社会资金和外地客商投资的倾斜优惠政策，致使旅游小镇设施不完善、服务不配套。要实现旅游小镇的快速发展，必须建立和形成政府、企业、社会及招商引资多元化的资金投入机制。

七 关城文旅特色小镇建设的建议

（1）强调规划引领。坚持高起点规划、高标准建设、高强度投入和高效能管理，以规划统筹各种要素。在规划时，要树立超前意识，突出本土特色，挖掘当地文化内涵和资源，合理定位总体建筑风格，巧妙利用地形地貌，规划建设具有主题特色的街区、广场和集市，丰富特色餐饮、精品住宿、旅游商品和旅游文化活动，打造体现地域文化标识的旅游产品，提高游客的参与性和互动性。

（2）理顺管理机制。各级领导干部应统一思想，提高认识，明确在特色小镇建设中的职责和具体分工。组建领导班子，明确分工和任务目标，并制定项目建设的时间节点，将建设目标完成情况纳入年终考核并兑现奖惩。

（3）加强宣传保护意识。借助广播电视、报刊网络等媒体，加大旅游小镇建设工作的宣传力度，形成良好的社会氛围。

（4）拓宽融资渠道。一是加大财政资金基础设施投入。将旅游小镇建设工作资金列入年度财政预算，建立旅游小镇开发保护的专项资金，做到持续稳定投入资金，加大基础设施建设力度，避免过度开发。二是积极引入社会资源。充分调动各方社会力量参与小镇的规划建设，使市场主体和当地居民成为特色旅游小镇开发建设的生力军。三是探索产业基金、PPP 等融资路径，通过多种渠道解决旅游小镇建设的资金问题。

B.14
2017年嘉峪关市城乡一体化建设情况分析及预测

邓廷涛　肖琳*

摘　要： 目前，嘉峪关市城乡一体化建设取得了重要进展，已基本具备构建城乡经济社会发展一体化发展新格局的条件。但也要清醒地看到，还有许多制约嘉峪关市城乡一体化发展的问题值得探讨。本文在分析嘉峪关市城乡一体化发展现状的基础上，重点探讨了存在的主要问题，并在此基础上提出了进一步深化城乡一体化的建议。

关键词： 城乡一体化　"三变"改革　绿色发展

2017年，嘉峪关市以创新、协调、绿色、开放、共享的发展理念统领"三农"工作，以推进农业供给侧结构性改革为主线，以农民增收为核心，以全域旅游为突破口，以保障民生为根本，狠抓落实，全面做好稳增长、促改革、调结构、惠民生等各项工作，城乡一体化建设工作取得了新进展。

一　发展现状

1. 农村经济发展向好，农民收入持续增长

嘉峪关市现有市级以上农业龙头企业11个，全市专业合作经济组织

---

* 邓廷涛，毕业于西北师范大学政治学理论专业，法学硕士，主要研究方向为基层治理，现在嘉峪关市委政策研究室党建科工作；肖琳，毕业于甘肃政法学院管理学院工商管理专业，主要研究方向为基层治理，嘉峪关市委农村工作办公室发展规划科干部。

265个（其中国家级示范社5个、省级示范社8个），有力带动了农业集约化发展。依托关城文化遗产保护工程、方特欢乐世界、丝绸之路文化博览园、中华孔雀苑、观礼古镇、紫轩葡萄酒庄园等重大文化旅游项目的实施，带动城乡融合发展，旅游基础设施建设得到进一步加强，服务能力得到进一步提高，乡村旅游业发展迅速。目前，全市已建成星级农家乐74家，星级农家旅馆37家，农民家庭经营性收入大幅提升，非农产业收入比重超过51%。引导城市主导产业与农村资源相结合，不断提升工业反哺农业的能力，农村富余劳动力逐步实现就地转移，有效拓宽了农民的收入渠道，农民财产性和转移性收入不断提高。全面落实强农惠农政策，推进农业管理体制改革，组建了农业发展集团，成立了市农业信用担保中心，为资源变资产、资金变股金、农民变股东"三变"改革打下了良好的基础。2017年，农村居民人均可支配收入为17700元，同比增长7.5%；农业增加值4.64亿元，同比增长5.5%。

2. 农业现代化水平不断提高，城乡发展更具活力

坚持用工业理念发展农业，按照"企业＋合作社＋农户"的模式，建设完成了正大新农村现代农业合作示范项目、恒翔现代农业示范园和野麻湾农业发展示范园项目，有效带动了农业集约化发展，加快了现代化进程。大力发展设施农业和高效农业，培育壮大酿酒葡萄、洋葱种植、畜牧养殖、高效制种、花卉育苗等特色优势产业，新建日光温室295座，新建改建养殖小区26个。加大农业科技创新力度，推广农业新品种38个、新技术16项，争取农机补贴1106万元、机具819台。大力推广测土配方施肥技术，加强农产品质量安全监测，农业机械装备水平不断提高。巩固扩大退耕还林成果，完成了草湖国家湿地公园人工造林作业的设计工作，生态环境建设和资源保护工作得到了进一步加强。

3. 基础设施更加完善，农村面貌明显改善

统筹推进农村交通、生态、水利等基础设施的建设，为所有行政村实施了道路硬化及清洁用水工程，安装了太阳能路灯，配备了垃圾清运处理设施，在居住相对集中的村庄实施了污水处理项目，实现了城乡基础设施共建

共享。持续加大农田水利、造林绿化、乡村道路、信息工程、安全饮水、动力电保障、清洁能源、危房改造、防震减灾等项目的建设力度，农村居民生存发展的基本条件不断改善。扎实推进甘肃省"千村美丽"示范村建设任务，积极开展创建生态村镇活动，加大农村环境连片整治力度，为各村配备了垃圾收集清运设施，农村生产生活垃圾处理率达到100%。以农村环境整洁为突破口，开展了创建"优美庭院"、助力"美丽乡村"的工作，积极实施清洁家园、清洁田园、清洁水源和改厕、改灶、改圈工程，集中治理畜禽乱跑、柴草乱放、废旧农膜乱堆、尾菜乱弃和乱搭乱建等突出问题，从根本上改善了农村人居环境。建立农村公共服务运行维护机制，实现农村环境维护制度化、长效化。峪泉镇成为甘肃省两个"国家级建制镇示范试点镇"之一，已建成省级"千村美丽"示范村6个，三镇全部被评为省级生态镇，峪泉镇和文殊镇被授予"国家级生态镇"称号。

4. 农村综合改革深化，公共事业不断完善

制定出台了全面深化农村改革、发展乡村旅游、电子商务的意见，农村集体土地确权登记工作全面完成，为盘活土地资源要素市场创造了有利条件。积极引导农民加快土地流转，实现节约耕地、高效利用，三镇土地流转率35.8%。积极发展农村金融合作，扩大农业信贷担保，扩大政策性农业保险范围，将农民家庭财产和标准日光温室纳入参保范围，农业生产风险防范体系逐步建立。开展农村社区化管理，调整功能设置。村级组织办公经费提高到每年4万元，村党组织书记、村委会主任报酬提高到每月2300元，农村基层党组织队伍建设得到进一步加强。巩固和深化城乡户籍制度改革成果，强化农村公共服务，农村社会事业取得了新进步。社会养老、城乡低保、基本医疗保险补助标准等均高于全省平均水平，城乡低保标准为617元，农村五保供养标准为9024元。推动城乡就业、社保、教育、医疗等保障服务实现均等化。资源变资产、资金变股金、农民变股东的"三变"改革已具备优势条件。坚持优先发展教育，推进校舍安全改造工程，使城乡教育资源更加均衡。加大城乡文化设施建设力度，镇村组文化室、农家书屋、文化体育广场配套率达到100%。实现了农村中心敬老院、儿童福利院、社会福利院三院联建，建成

了残疾人康复托养中心。

5.精准帮扶深入推进，工作成效显著

嘉峪关市把在甘肃省率先全面建成小康社会作为帮扶目标，把提高村民收入水平作为帮扶关键，重点围绕城乡一体化建设，全力抓好精准帮扶工作。嘉峪关市委选派17名优秀科级干部到村担任第一书记兼驻村帮扶工作队队长，帮扶工作队针对农村"产业层次低、产业规模小、农民思想保守、老龄化现象严重、劳动力严重匮乏"等不利因素进行分析，按照"进村抓产业，入户帮增收"的要求，结合各村实际，在基础设施建设、关爱弱势群体、发展特色农业等6个方面制订了切实可行的帮扶计划，帮助基层群众在致富增收方面出新思路、想新办法，加快促进农业结构调整转型。自工作开展以来，驻村干部进村入户2万余人次，宣传惠农政策120余场次，开展各类活动80余次，基层党组织的战斗堡垒作用发挥明显，富民增收产业培育势头增强，特色种养业和农产品加工业、乡村旅游、劳务经济等多元增收的格局初步建立。

二 问题分析

嘉峪关市城乡一体化建设在取得成绩的同时，也存在一些影响和制约统筹城乡发展的问题，如不及时做出调整，必将影响城乡一体化发展进程。

（1）农村生力军锐减，"空心化"问题显现。嘉峪关市农村种植业尤其是粮食生产仍然停留在小规模经营水平上，劳动力无法充分就业。随着工业化和城镇化进程加快，50%以上的农村人口在城市购置了房产并短期或长期在市区居住，农村宅基地闲置率逐年提高。大量素质相对较高、能力相对较强的青壮年外出打工就业，青壮年劳力不断流出农业领域，致使农村生力军锐减，农业兼业化、农民老龄化、农村空心化的现象日趋明显。

（2）农业产业化程度低，农民增收致富进程缓慢。嘉峪关市耕地面积少，后备耕地资源短缺，实施土地整理项目后，使用农业机械和自动化设备进行大面积耕作的能力相对比较弱。现有的农产品加工企业普遍存在层次

121

低、规模小、初加工多、带动力弱的问题，没有完全发掘出增值潜力。农民专业合作社与企业的联结比较松散，市场竞争力弱，普遍存在"重创建、轻管理"的现象。三镇农技专业人员呈现年龄老化、知识单一、技术断层等问题，农技服务推广力量薄弱，农民技能培训针对性不够强。

（3）基础设施相对落后，农业基础比较薄弱。农村基础设施建设在标准、质量等方面都落后于城市，城乡基础设施建设不平衡。由于近年来农村电网投入不足，出现供电设施落后、设备陈旧老化、供电可靠性不足、供电质量较差等问题，特别是随着灌溉用水量和灌溉面积数量的增加，农民灌溉用电负担日益加重，造成水电供需矛盾突出。越来越多的农民在城市购房生活，对改善农业生产条件方面投入不足，尤其是对发展设施农业缺乏信心，积极性不高，致使嘉峪关市农业基础相对薄弱。

（4）农村居民权益保障措施不够健全，基本公共服务有待加强。嘉峪关市农村劳动力多为季节性进城务工，工作不固定、流动性强、工作时限短，导致农民工的权益难以得到有效保障。农村老龄化程度日益加深，而现行新型农村社会养老保险与城镇居民社会养老保险制度的缴费、收益标准不统一，农村老年人生活保障问题进一步凸显。

（5）改善农村人居环境任务艰巨，实现集中居住困难重重。近年来，嘉峪关市农村劳动力持续向城市流动，从农村流向城市的资金数量大大超过从城市流向农村的资金数量，生产要素呈现持续流向城市的趋势。三镇呈现"大分散、小聚居"的分布特点，自然村组都比较小，布局分散，建设集中居住区需要配套建设基础设施，财政投入存在困难。农民"等靠要"的意识相对较重，主体作用、积极性发挥不足。农村实施环境整治工程后，配套资金不足，运行机制不够顺畅。

三　思考与建议

今后一个时期，嘉峪关市推进城乡一体化，要坚持以党的十八大、十九大精神和甘肃省第十三次党代会精神为指导，以农村"三变"改革为载体，补齐小康短板，实施乡村振兴战略，推动"六大一新"（大文化、大旅游、大市政、大环保、大健康、大交通和新业态）重点项目和生态文明小康村建设，推进第一、第二、第三产业深度融合发展，促进农业增效、农民增收、生态增值，力争在全省率先建成全面小康社会。

（1）完善规划体系，推进城乡统筹发展。从区域发展全局的角度统筹考虑城乡空间布局，形成功能分工明确又相互融合的城乡空间结构体系。按照嘉峪关市三镇"一心三点"的城镇发展战略（做大中心城区，做优城镇峪泉，做强城镇新城、文殊），完善城市规划，编制三镇建设性详规，坚持群落式布局、节点式推进、特色化发展的模式，形成三镇密集区和三条城镇带，实现"优势互补、布局合理、连接畅通、特色鲜明"的城镇化建设新格局，全面推进城乡产业、基础设施、公共服务、社会保障和生态建设一体化。

（2）破解机制障碍，推进农村"三变"改革。制定完善农村集体产权制度改革以及农村土地所有权、承包权、经营权"三权分置"的实施意见，积极稳妥地推进"资源变资产、资金变股金、农民变股东"的"三变"改革。建立健全农村产权交易服务体系，探索农村集体经营性建设用地入市和土地征收制度改革，加快推进经营权有序流转进程，推动宅基地的流转和有偿退出机制，不断优化土地资源配置，激活农村各类要素潜力，盘活沉睡资产，增加农民的财产性收入。建立集体经营性建设用地产权流转和增值收益分配制度，探索村镇集体经济组织以自行开发、联营、入股等方式运营集体租赁住房。开展农村集体资产股份权能改革试点工作。[①]

（3）拓宽增收渠道，提高农民收入水平。进一步优化农村产业结构，在以农作物种植、畜牧养殖、劳务输出为主的农村产业结构的基础上，发展农产品加工、休闲农业、农村服务业等劳动密集型产业项目。推进"一

---

① 石胜勇：《关于运用法治思维和法治方式推进农村"三变"改革的几点思考》，载吴大华主编《贵州蓝皮书：贵州法治发展报告（2017）》，社会科学文献出版社，2017，第143~148页。

镇一业""一村一品"的特色定位,挖掘乡村手工艺品增值潜力,培育农村土特产品牌,鼓励农民发展富有乡村特色的民俗客栈、乡村旅馆、农家乐等,增加农民家庭经营性收入。强化科技部门同农业产业化龙头企业、科技示范园区、示范基地和示范户的协作联系,制定完善基层农业技术推广机构和人员的激励政策,组织开展"科农携手"行动,引导农业科技人员深入生产一线,进村入户开展科技服务,加快推进农业科技普及和科技成果转化应用。

(4)完善基础设施,实现公共服务共建共享。持续改造农村交通基础设施,抓好城乡道路交通建设项目,优化城乡公交线路和运营班次,逐步使公交车覆盖所有行政村,提升城乡公共交通服务水平。逐步规划落实市区供暖、供气、排污等管道设施延伸到近郊农村的措施,对距离市区相对较远的村组,根据区位、产业等基本情况,分步解决供暖、供气、排污等基础设施的建设问题。完善农村公共服务体系,不断健全与农村经济发展水平相适应、与其他保障措施相配套的城乡统一社会保障制度。加快推进"智慧雄关"建设,不断提高农村管理数字化水平。统筹实施重点文化惠民项目,推进基层综合性文化服务中心做到全覆盖,提高农村社区办事效率,布局建设更多农村生活超市,丰富农民文化生活,构建方便快捷的公共服务体系。

(5)发展规模经营,打造戈壁农业品牌。大力发展设施农业和戈壁生态农业,以优质果蔬、花卉生产为主,以发展农产品储藏加工、观光休闲等产业为辅,建设镜铁区非耕地循环农业示范园和酒钢宏丰非耕地设施农业园区,规划逐步建设成为农业文化旅游"三位一体",生产、生活、生态同步改善,第一、第二、第三产业深度融合的雄关农业田园综合体。加快新品种的引进培育,建立良种繁育体系,筛选出适宜本地种植的农产品新品种。注重提升产品品质,打造绿色、有机、生态的戈壁农业产品品牌。鼓励日光温室大棚换代提升,加大对换代提升日光温室的补助扶持力度,提高日光温室的产出效益,解决农业基础设施建设老化的问题。加强农民合作社规范化建设,培育区域性综合性农民合作组织,形成生产、供销、信用"三位一体"的运作模式。

（6）发展民俗旅游，繁荣文化旅游产业。围绕产业转型，抓住创建国家全域旅游示范区的有利时机，争创国家特色景观旅游示范名镇名村，充分发挥乡村物质与非物质资源集中的独特优势，举办农村社火、农村集市、文殊庙会、新城西瓜节等民俗文化活动，培育一批知名度较高的休闲农业、乡村旅游知名品牌，不断满足游客"求新、求异、求乐、求知"的需求，开发文化游、生态游、观光游、体验游、度假游等不同特色的旅游品牌，拓展晚会、演艺等文化产品，研发旅游纪念品，着力培育全域、全季、全业旅游新业态，形成文化、旅游、商业、体育"四轮驱动"融合发展格局，使农村居民吃旅游饭、打旅游牌、赚旅游钱。大力推进专业旅游村的发展，鼓励农村集体经济组织以各类资产资源入股，组建乡村旅游合作社，与社会资本联办乡村旅游企业。探索完善休闲农业和乡村旅游行业标准，鼓励发展星级农家乐和家庭旅馆。

（7）推动绿色发展，建设生态文明小康村。实施"生态立市"战略，把生态文明小康村建设与促进生态经济发展、环境卫生整治、培育生态人文的战略目标结合起来，积极发挥经济的带动作用，在现有农业资源基础上，立足区域优势，大力推动文化旅游产业、特色富民产业、绿色高效农业的发展。按照"因地制宜、由点到面、逐步推进"的原则，对符合条件的农村危旧房屋进行分类改造。健全完善政府购买公共服务体制机制，以旅游村的标准加强农村环境卫生整治，在美丽乡村建设中，加强对太阳能等新型能源的推广应用，进一步加大政府对农村绿化的投入，以城市绿化和全域旅游的标准，加强农村绿化改造，提高全市森林覆盖率。加快淘汰落后产能和技术，大力发展循环经济，积极推进节能型工业、节水型农业和清洁型生产，严格执行生态安全责任制，推进大气、水、土壤污染防治"三大行动"。

（8）加强基层党组织建设，推动民主法治进程。严格落实基层党建工作责任制，创新农村基层党组织设置形式，将党组织建在合作社，推行"支部＋"新模式。加强对农村基层干部的日常管理和监督考核，加大力度

查处侵害群众利益的不正之风和腐败问题。加强民主法制建设，推进"法律七进"① 活动，强化民主法治宣传教育，提升群众民主法治意识。落实"四议两公开"制度，组织居民、村民积极参加村级组织村委和支委"两委"换届选举，保障群众的知情权、参与权、表达权和监督权，稳步提高基层民主参选率。利用市、区、镇（社区）三级综治中心，建设矛盾纠纷多元化解网络，引导群众依法合理表达诉求。深入开展文明村镇、"五星级文明户"的创建，加强农民群体社会公德、职业道德、家庭美德、个人品德的教育，提升农民的综合素质。

---

① "法律七进"指法律进机关，法律进乡村，法律进社区，法律进学校，法律进企业，法律进单位，法律进寺院。

B.15
2017年嘉峪关市城乡产业融合发展
情况分析及预测

吕伟杰 温礼号*

摘 要： 在经济新常态下，城乡产业融合发展对促进农业农村转型发展、彻底改变城乡二元结构、加速农村第一、第二、第三产业融合发展具有十分重要的意义。本文从嘉峪关市城乡统筹发展实际出发，研究城乡产业融合发展现状，分析并总结了城乡产业融合发展的成功举措与存在的问题，为今后推进城乡产业融合、解决产业融合发展瓶颈问题提供了新的发展思路和途径。

关键词： 融合发展 休闲农业 乡村旅游

近年来，嘉峪关市以新发展理念为引领，紧扣率先全面建成小康社会，率先基本实现现代化"两个率先"奋斗目标，坚持问题导向，补齐小康短板，围绕实现城乡产业互补发展和深度融合发展，着力深化农业农村体制改革，积极优化农村产业结构，大力推进农业产业化园区建设，培育发展农村旅游和休闲产业，有力推动了全面实现小康社会的建设。

---

* 吕伟杰，毕业于西北师范大学公共管理专业，公共管理学硕士，现在嘉峪关市委政策研究室党建科工作；温礼号，嘉峪关市农林局农林科科长。

一 城乡产业融合发展现状

2017 年，通过特色产业培育及城乡产业融合发展，农村第一产业与第二、第三产业收入比重达到 35：65，实现了第一、第二、第三产业的有效融合，农村产业结构更趋优化，农业农村经济呈现良好的发展势头。

（1）特色优势产业凸显。2017 年，全市农作物种植面积为 6.97 万亩，其中粮食面积 1.92 万亩，占播种面积的 27.5%；在经济作物 5.05 万亩，占播种面积的 72.5%。经济作物中洋葱种植面积 0.93 万亩，高效制种种植面积 1.57 万亩，甜叶菊种植面积 1.33 万亩，西甜瓜种植面积 0.2 万亩，精细蔬菜种植面积 0.9 万亩，其他种植面积 1.2 万亩。建成市现代农业生态示范园、野麻湾高新农业示范园、文殊镇恒翔农业示范中心、河口村日光温室示范基地、兴农果蔬示范基地等园区和基地共 11 个，面积 0.3 万亩，新规划戈壁农业示范园区 1 万亩。建立以酿酒葡萄、新西兰红梨、枸杞为主的经济林产业基地 2.6 万亩。建成祁牧乳业、正大原种猪等大型养殖企业 2 个，规模养殖场（小区）82 个，初步形成精细蔬菜、优良畜禽、优质林果、花卉与蔬菜制种、戈壁设施农业五大支柱产业和洋葱、反季节果蔬、西甜瓜、胡萝卜和啤酒花五大优势农产品品牌。2017 年，全市农业增加值达到 4.64 亿元，较上年增长 5.5%。

（2）农业产业化组织初具规模。2017 年，全市农产品加工企业 21 个，具有一定生产规模、与农业优势产业关联度大、辐射带动力强的市级以上龙头企业 11 个。全市专业合作经济组织 265 个，其中国家级示范社 5 个，省级示范社 8 个，市级示范社 30 个。合作社参与农户成员 4755 户，占总农户数的 76.6%。森态枸杞、永顺豆类、团结菜业、科农食用菌、兴农果蔬等专业合作社成为带领农民致富和发展规模化生产的新生力量，生产面积超过 5.6 万亩。

（3）城乡互补发展，产业深度融合。通过产业带动，城乡互补发展，外出务工经济及乡村旅游产业得到蓬勃发展，农民城乡就业人数达到 7000

余人，年工资性收入达到1.58亿元。发展乡村旅游示范点、采摘基地和家庭旅馆等130多家。2017年，全市休闲农业、乡村旅游点接待消费者67.27万人次，经营收入3312.4万元，以田园综合体为主的乡村旅游新业态初步形成。

二　主要措施

（一）着力优化农业产业结构，夯实产业基础

2017年，围绕供给侧结构性改革和全面建成小康社会的目标，嘉峪关市着力优化农业产业结构，全力推进现代农业发展，夯实城乡产业融合发展的基础。大力推广洋葱提质增效和推广垄作栽培技术，稳定和提高洋葱产量，优质洋葱生产面积0.93万亩，产量6万吨；采用"企业+合作社+农户"的模式，大力发展以精细蔬菜、高效制种、西甜瓜、甜叶菊等为主的特色订单产业，发展优质西甜瓜种植面积0.2万亩，蔬菜、葵花、花卉等高效制种种植面积1.57万亩，甜叶菊种植面积1.33万亩。加强优质蔬菜生产基地创建和特色林果基地建设，推进新一轮退耕还林工程，发展以枸杞、新西兰红梨为主的经济林果种植面积2.6万亩；充分利用戈壁荒滩，积极落实"菜篮子"日光温室、钢架大棚和标准化养殖小区补助政策，推进市现代农业生态示范园、文殊镇恒翔农业示范园等戈壁农业建设，大力发展以日光温室、钢架大棚、连栋温室为主的高效现代设施农业，累计建设日光温室达到2663座，共3098亩，高效产业占农业产业的65%以上，第一产业结构更趋优化，产业基础进一步夯实。

（二）加强农民技能培训和劳动力输转，促进城乡融合发展

充分利用城市雄厚的工业基础，坚持"以城带乡、城乡产业互补"的发展思路，将农民技能培训纳入农民教育培训发展规划，由多部门协作，整合部门培训资源，建立政府引导、市场配置、专业化培训、企业化运作的培

训体系，根据企业需求和农民意愿，积极开展农民技能培训。为企业培训了大批急需的电工、钳工、锅炉工、天车工、焊工等，使大批农民转向工业企业，成为城市产业工人。同时，加大农民在家政、商贸旅游、驾驶等方面的服务技能培训，引导农民进城务工，从事客运、出租、商贸旅游服务等行业。2008～2016年，通过阳光工程、扶贫攻坚工程、农民工培训工程等，开展电工、钳工、锅炉工等技能培训4640人次。农民进城务工既解决了企业用工难的问题，又促进了农村劳动力的有效转移；既推动了农村务工经济的发展，又加快了城乡一体化的进程。2017年第三季度，全市农民人均可支配收入达到12945.4元，同比增长7.5%，其中工资性收入为7907.7元，同比增长36.9%，占人均可支配收入的61%，成为农村居民收入的主要支柱，有效支撑了农民收入的持续增长。

（三）加强休闲农业建设，促进城乡旅游产业深度融合

嘉峪关市按照"建设文化旅游大市"的目标，借助国家旅游城市的资源优势，着力培育全域、全季、全业旅游产业，打造丝绸之路沿线重要国际旅游目的地和休闲消费型城市。积极鼓励引导农户、农民合作组织等新型经营主体加强乡村旅游和休闲农业产业开发。一是以戈壁荒滩为资源，大力发展以日光温室反季节特色种植为主的戈壁农业，建成野麻湾高新农业示范园、市现代农业生态示范园、文殊镇恒翔农业示范中心和文殊镇兴农果蔬示范基地等一批设施农业园区和基地，新建现代高效日光温室500多座，开展了油桃、杏、葡萄、草莓、火龙果、人参果、无花果、木瓜等十多种反季节优质果品及反季节优质蔬菜生产试验，填补了嘉峪关市油桃、杏、李、葡萄的反季节栽培空白。深冬季节桃花、杏花开放，初春4月，鲜果上市，一年四季果蔬不断，吸引市民前来采摘观光。二是以景区、林区、郊区为重点，充分利用农村林草地、田园风光、农家宅院等资源，大力发展乡村休闲旅游产业，建成中华孔雀苑、亚龙湾等大型休闲农业综合体2个，发展农家乐、休闲山庄、家庭旅馆等132家。2017年，全市乡村旅游从业人员的人数达到700余人，占全市旅游从业人数的8%，初步形成以农业观光采摘、农家

乐、家庭旅馆等为主体的乡村旅游和休闲农业产业发展格局，促进城市旅游资源向农村延伸，实现城乡产业深度融合，进一步拓宽了农民的增收渠道。

（四）加强农村电子商务发展，促进物流向乡村延伸

为推动农产品线上销售，加强农村电子商务建设，积极开展"农业＋互联网"宣传活动，对全市符合电子商务营销的 15 家优势农产品企业在甘肃农产品电子商务平台进行宣传推荐，推荐产品有新城洋葱、泥沟胡萝卜、野麻湾西瓜、"院岳"牌脱水蔬菜、香菇、脱水豆类、梅花鹿鹿产品等 20 余种农产品，提高了嘉峪关市农产品的知名度，其中西瓜、红提葡萄等部分产品通过网络与客商进行联系销售。积极组织农村专业合作社、种养殖大户、涉农企业利用全国农产品商务信息公共服务平台进行销售，5 家种养大户、3 家农村经纪人、3 家涉农企业和 2 家农民专业合作社成为平台供货会员，并与新城镇野麻湾村、文殊镇冯家沟村、金凤凰养殖基地、甘肃烽火网络有限公司举办了系列农产品采摘活动。通过 qq 群、微信、微博等新媒体手段，发布种植、养殖信息，鼓励农户提供休闲采摘服务，实现时令果蔬、鲜活农产品直达餐桌，农户以优于市场价格促销水果、蔬菜、羊肉、土鸡等农副产品，出现了供不应求的情况。组织规模以上的连锁超市、农产品批发商、餐饮企业等注册成为全国农产品商务信息公共服务平台采购会员，在采购大厅中选择需要的农产品，通过采购对接系统进行采购。

三　存在的问题

（1）农村基础设施相对落后，城乡发展不平衡。近年来，嘉峪关市对农村居民点进行整治，但一些镇村绿化建设滞后，缺乏垃圾污水处理等基础设施，农村基础设施建设在标准和质量等方面都远远落后于城市，城乡基础设施建设不平衡。

（2）现代农业发展投资力度不大，农业新业态发展乏力。近年来，嘉

峪关市在城乡一体化建设居民点整治方面投入大量资金，但现代农业基础设施建设投入整体不足，一些乡村旅游示范点的园区道路和绿化等配套设施缺乏，无法满足现代高效农业发展的需要。

（3）农业产业规模小，品牌效应不强。除洋葱外，野麻湾西瓜、泥沟胡萝卜、"院岳"牌脱水四季豆、"兴烨"牌啤酒花等农产品种植面积较小、产业化程度低，农产品品牌效应不强。

（4）乡村旅游缺乏总体规划，发展无序。嘉峪关市乡村旅游和农业休闲产业尚处在初级发展阶段，依赖已有的园区和农家资源，在外观装饰设计、消防通道、生活污水的排放、停车位等基础设施上缺乏统一规划，低层次建设多，特色开发少，尤其是缺少文化内涵，未能形成整体规模，服务单一，追求短期效益，缺乏长远发展规划。

四　下一步工作的意见及建议

（1）完善规划体系，推进城乡统筹发展。在城市总体规划和土地利用总体规划的框架下，坚持群落式布局、节点式推进、特色化发展的模式，实现"城乡优势互补、镇域布局合理、信息物流畅通、区域特色鲜明"的城镇化建设新格局，全面推进城乡产业、基础设施、公共服务、社会保障、生态建设一体化。

（2）强化城乡资源互补，加大乡村旅游建设力度。结合嘉峪关市的区位优势，借助丰富的旅游和历史文化资源，紧紧围绕产城一体化、景城一体化、城乡一体化"三个一体化"和"美丽乡村"建设要求，将乡村旅游纳入嘉峪关市全域旅游发展总体规划。规划以关城景区、黑山岩画为代表的西北片区，以草湖国家湿地公园、魏晋墓群为代表的东北片区和以方特欢乐世界、南湖生态公园为代表的东南片区3大景区，把峪泉镇打造为以关城景区带动的长城丝路旅游示范镇，把新城镇打造为以紫轩葡萄酒庄园、草湖国家湿地公园为核心的科技文化旅游圈，把文殊镇打造为以华强文化科技产业基地为核心的南市区休闲度假旅游圈，构建城乡一体的全区域、全要素、全产业链体系，促进城乡旅游产业深度融合。

（3）加大农业和农村基础设施投入力度，推进现代农业和乡村旅游产业协同发展。结合新型城镇化和美丽乡村建设，利用新农村建设、水利设施建设、交通道路建设、农村环境治理、美丽乡村建设等项目的建设，促进政府相关公共服务向乡村延伸，推进乡村旅游和现代农业园区基础设施建设，改善现代农业和乡村旅游发展的硬件条件。[①] 同时，吸引社会资金和民间资本以租赁、承包、联营、股份合作等多种形式投资乡村旅游和现代农业项目，促进城乡产业融合发展。

---

① 嘉峪关市人民政府办公室：《关于支持返乡下乡人员创业创新　促进农村一二三产业融合发展的实施意见》（嘉政办发〔2017〕151 号）。

文明城市篇

Civilized City

B.16
2017年嘉峪关市全国文明城市创建
工作情况及建议

吕伟杰　周思思*

摘　要：　全国文明城市是反映城市整体文明水平的综合性荣誉称号，
　　　　　是一个城市最有价值的无形资产和最重要的城市品牌。1995
　　　　　年，嘉峪关市正式提出了创建全国文明城市的口号。2017年
　　　　　11月，嘉峪关市荣膺第五届"全国文明城市"称号。22年
　　　　　来，嘉峪关市以培育和践行社会主义核心价值观为城市创建
　　　　　工作的灵魂主线，始终坚持打好持久战、搞好接力赛，投入
　　　　　大量人力、物力和财力，使得城市基础设施不断完善，城市
　　　　　管理不断加强，市民生活环境不断改善，市民文明素质和城

* 吕伟杰，毕业于西北师范大学公共管理专业，公共管理学硕士，现在嘉峪关市委政策研究室
党建科工作；周思思，毕业于中共甘肃省委党校政治学专业，现在嘉峪关市精神文明建设工
作委员会办公室创建科工作。

市文明程度不断提升，创建工作取得了显著的阶段性成效。但我们也要看到，文明城市建设仍面临不少问题和压力。本文针对 2017 年创建全国文明城市所做的各项工作进行了全面总结，针对存在的问题提出了具有可行性的对策建议，以期推进全国文明城市建设工作更加科学、规范，长效开展。

关键词： 全国文明城市　思想道德建设　核心价值观

全国文明城市是对一个城市政治、经济、文化、社会、生态文明建设和党的建设全方位的考核，测评指标全面而具体。创建全国文明城市实质上是在更高层次、更高水平上推动城市经济社会的协调发展，提升市民幸福指数，进一步树立城市良好形象，增强城市综合竞争力的重要途径，也是推动城市精细化管理提档升级的必然选择，是一项民心工程。2017 年是全国第五届全国文明城市（2015～2017 年）的总评表彰年，也是嘉峪关市创建工作的冲刺和决胜之年。嘉峪关市委、市政府高度重视创建工作，把创建全国文明城市列入全市重点工作之一，按照"创建为民、创建惠民、创建利民"的理念，强化领导力量，细化目标责任，创新思路方法，突出问题导向，注重创建实效，形成了党委领导、政府主导、文明委协调、部门配合、全民参与、全面创建的工作格局。在全市共同努力下，城市基础设施建设、精细化管理水平、市容市貌、市民文明素质和创建参与积极性大幅提升，在第五届全国文明城市测评中，嘉峪关市从 166 个参评城市中脱颖而出，成功摘取第五届全国文明城市桂冠，为嘉峪关市创建全国文明城市翻开了具有里程碑意义的一页。2017 年 9 月 1～12 日，全国文明城市网上测评资料提交工作结束，网站共收到规范文件 162 份，说明报告 382 份，实景图片 969 张；9 月18～19 日，全国文明城市国家测评组对嘉峪关市进行了实地测评和问卷调查，第五届全国文明城市测评工作正式收官；11 月 14 日，中央文明办公布第五届全国文明城市名单，嘉峪关市成功荣获"全国文明城市"称号。

一　2017年文明城市创建工作的主要做法

（一）强化组织领导，全面提升创建实效

2017年以来，嘉峪关市不断强化领导力量，健全组织机构，完善工作机制，为成功创建文明城市提供了重要保证。

（1）加强领导力量。成立以市委书记、市长为总指挥的创建全国文明城市工作指挥部，市委常委、宣传部部长任指挥部办公室主任，办公室下设综合协调、信息综合、新闻宣传、创建检查四个工作组，负责文明城市创建工作的规划部署、组织协调、专题推进、督促检查和考核评定工作。市委常委会、市政府常务会多次专题研究部署精神文明建设和创建工作，先后召开全市动员部署、百日攻坚、督查联席、迎检部署等重要会议，定期召开指挥部工作会议、指挥部办公室例会、联席会议等，研究部署阶段性工作，确保创建工作有序推进。

（2）增强机构力量。以全国文明城市创建为统领，先后成立了全域全城无垃圾创建工作领导小组、7个市委专项督查组、10个"百日攻坚"重点任务专项督办组、1个联合执法组、27个市级督查组，围绕城乡环境、市场环境、背街小巷及校园周边环境、门头牌匾、旅游景区景点环境等方面开展专项整治，狠抓群众关注的环境卫生、公共秩序、窗口服务等突出问题，围绕创建重点、难点问题进行专项督查督办。

（3）强化工作机制。出台《2017年创建全国文明城市工作实施方案》，将测评体系的188条测评标准进行分解，与全市98家重点单位签定创建目标责任书。完善并落实会议研究、责任清单、工作销号、调研考察、督查问责、考核评价等制度，使精神文明建设和创建工作做到主体明晰化、目标责任具体化、检查督办常态化和市民监督经常化，把日常化、网格化、精细化管理的理念渗透到精神文明建设和文明城市创建的每个环节，构建了"层层有人抓、事事有人管、项项有指标、限时必达标"的创建保障机制。

（二）突出重点工作，不断提升市民文明素质和城市文明程度

坚持把培育和践行社会主义核心价值观作为创建全国文明城市的灵魂主线，以"做文明有礼的雄关人"为主题，深入实施"4567"工程，在市民精神文明建设方面推行思想教育、文化浸润、道德培养和模范引领活动，积极营建崇文知礼、明德向善、诚实守信的文明社会风尚。

（1）大力拓展"四项宣传"：核心价值观、公益广告、创建文明城市及文明雄关。依托《嘉峪关日报》等传统与新兴媒体开设专题、专栏、专版15个，进行常态化宣传。依托道路沿线及楼体、公共交通工具、小区、办事大厅等室内、室外公共场所扩大宣传覆盖面。实施核心价值观楼体美化亮化工程，设置社会主义核心价值观大型宣传牌，依托东湖生态旅游景区、雄关广场和大唐美食街打造核心价值观主题公园、主题广场、诚信一条街，有效推动了核心价值观、公益广告、创建文明城市、文明雄关"四项宣传"与城市景观相融合，符合市民欣赏习惯，做到随处可见、融入风景。

（2）落实文明旅游、文明餐桌、文明交通、文明礼仪、文明素质提升"五项行动"。整理形成嘉峪关文明"20条"、《致游客朋友们的一封信》《文明旅游出行指南》、文明餐桌宣传画等宣传资料22万余份，在全市全面设置遵德守礼提示牌，在各餐饮店普及文明餐桌，设置"光盘行动"提示桌牌。积极开展文明旅游宣传引导工作专项督查、行业文明礼仪培训、"不文明行为随手拍"、网络文明传播、"平安雄关·谦恭礼让"文明交通劝导行动以及"诚信文明餐饮店""诚信文明服务之星"评选表彰等主题活动，引导市民自觉践行文明行为，摒弃不文明行为。

（3）开展"人信人守""我们的节日""志愿服务""德润雄关""移风易俗""诚信建设"六项活动。将核心价值观融入市民公约、行业规范、学生守则和村规民约，深化核心价值观进社区、入楼栋等主题实践活动，稳步推动"人信人守"。依托清明、端午、中秋、春节等传统节日，深入开拓展以"我们的节日"为主题的民俗活动和特色活动。全面落实《嘉峪关市志愿者登记注册管理办法》等6项制度，加大志愿者培训和金牌志愿服务项目培育力

度，加强志愿服务阵地建设，组织开展卫生保健、生活帮扶等志愿服务活动，举办志愿服务主题征文宣讲、文艺志愿者送戏"进校园、进农村、进社区"等活动，使志愿服务活动制度化、常态化。广泛开展"道德模范""身边好人"评选及学习宣传活动，评选表彰第四届"嘉峪关市道德模范"11名、第三届"雄关好人"27名，评选推荐"身边好人"42人，市民张国平、郭争儒荣获第五届"甘肃省道德模范"称号；举办"道德模范"与"身边好人"现场交流，基层巡演、巡讲、巡展等活动，打造一批"道德长廊"和"道德一条街"，在全社会营造了崇德向善、见贤思齐的浓厚氛围。以家庭为单元，持续开展"传家风、承家训、兴家邦"活动，打造团结村六组、石桥村二组、文殊村四组、团结村村委会观摩点，召开农村移风易俗专题推进会，助推城乡移风易俗。深入开展以"共筑诚信·德润雄关"为主题的诚信建设实践活动，打造大唐美食街北门诚信"红黑榜"宣传墙，定期召开诚信"红黑榜"新闻发布会，共公布118家"红榜"企业和52家"黑榜"企业（法人）及414名失信被执行人，营造了诚实守信的社会环境。

（4）深化文明行业、文明单位、文明村镇、文明社区、文明校园、文明网站、文明家庭"七大创建"工作。制定嘉峪关市文明单位等7个管理办法和创建工作动态管理办法，广泛开展各级文明行业、文明单位、文明村镇、文明社区、文明校园、文明网站、文明家庭"七大创建"活动，全市群众性精神文明创建活动掀起了新一轮热潮。目前，嘉峪关市共有国家级文明单位7个，文明村镇3个，文明社区2个，文明校园1个，文明家庭1户；省级文明单位53个，文明社区8个，文明村4个，文明家庭1户；市级文明行业7个，文明单位131个，文明社区11个，文明村8个，文明校园10个，文明网站8个，文明家庭20户，五星级文明户929户。

（5）加强和改进未成年人思想道德建设。以"金种子"工程为抓手，以文明校园创建为载体，在全市未成年人中启动"八礼四仪"① 教育实践活

---

① "八礼"主要指为仪表之礼、仪式之礼、言谈之礼、待人之礼、行走之礼、观赏之礼、游览之礼、餐饮之礼。"四仪"主要是在学生7岁、10岁、14岁、18岁时，学校要为其组织入学仪式、成长仪式、青春仪式、成人仪式，以此教育引导未成年人强化文明礼仪素养。

动，组织广大未成年人在重要时间节点开展"网上祭英烈""学习和争做美德少年""童心向党"歌咏比赛等主题活动，评选出第四届市级美德少年15名，第七届优秀童谣作品28首，扎实推动城乡学校、少年宫建设和规范管理，举办"嘉峪关市少年宫成果展演"，做好文明养成的"娃娃工程"。

（三）坚持问题导向，始终注重整改实效

2017年，嘉峪关市坚持问题导向，全方位、开创性地开展重点问题整改工作，将《全国文明城市测评体系》实地考察任务落细、落实。

（1）常态巡查找问题。指挥部办公室形成常态化巡查督查机制，对全市实测点进行巡查督查。委托第三方测评机构对创建工作先后开展测评，深入发现问题。

（2）紧盯问题抓整改。针对查找出的问题，进行登记建档、跟踪落实和对账销号。成立7个市委专项督查组、10个"百日攻坚"重点任务专项督办组、1个联合执法组、27个市级督查组，分别针对常态督查问题实行进驻责任单位督办落实并深入跟踪督查整改。截至目前，所有问题已基本整改完毕。

（3）多种形式促整改。先后组织召开督查工作、创建工作现场观摩、农村创建全国文明城市工作推进等重要会议，确保市民反映问题的渠道畅通，及时处理存在的问题。

（4）整治环境抓整改。启动全域全城无垃圾创建工作，围绕环境卫生治理，全力开展城乡环境、市场环境、背街小巷及校园周边环境、门头牌匾、景区景点环境、交通环境的综合整治工作，推进"美丽雄关·万人清洁"全民爱国卫生行动，开展"六整治一行动"，推动环境卫生整治常态化。全市累计出动人员16万余人次，清理卫生死角8100余处，清运垃圾72万余吨；拆除、改造门头牌匾6000余块；清理占道经营行为9300余起；清除"牛皮癣"小广告30多万张；查处交通违法违规行为12.8万起，增设交通标识线13.4万余处，划定停车位1.4万余个，劝导不文明行为2.6万余次。

（四）全民参与，依靠群众抓创建

坚持群众创建主体地位，广泛发动群众、组织群众，形成上下联动、政企配合、社会参与的良好局面。

（1）突出群众参与。最大限度调动群众的积极性，搭建群众便于参与、乐于参与的平台，开展"我为创建文明城市献一策"等活动，成立志愿服务团队245支。

（2）突出地企联动。发挥好企业在创建工作中的重要作用，加强与酒钢集团公司、中核四〇四有限公司等驻嘉峪关单位的沟通衔接，积极组织企业员工参与各类文明创建活动，引导企业积极履行社会责任。

（3）突出军民融合。发挥嘉峪关军分区和驻嘉部队在平安建设、生态建设、志愿服务等工作中的特殊作用，让广大官兵积极参与创城实践，共美城市环境、共治市容市貌、共护社会稳定。

（4）突出氛围营造。印发《创建全国文明城市市民应知应会》《创文明城、做文明人——致市民的一封信》《致家长的一封信》等宣传资料30余万份。依托社区网格员先后开展3轮以"嘉峪关市文明城市创建模拟调查问卷""嘉峪关市未成年人思想道德建设模拟调查问卷"为内容的文明城市创建问卷调查，进行大范围创建宣传，切实提高了市民群众对创建工作的知晓率和支持率。

二 文明城市创建过程中存在的主要问题

（1）创建机构不稳定。目前，嘉峪关市创建全国文明城市工作指挥部办公室及各工作组为临时机构，除市文明办职工为固定人员外，其余均为各单位临时抽调人员，存在"创建结束，人员撤离"的现象。次年再次抽调补充工作人员，又存在人员更换、对工作不熟悉等问题，导致各专项工作开展没有延续性，影响工作效率。

（2）客观和历史遗留问题存在较多。在创建过程中，由于客观条件和历史遗留因素，一些涉及实地测评的点位无法达到文明城市的标准要求。例如：部分居民小区无物业管理，虽然社区承担了大量物业工作，但由于缺乏专业管理人员、设施、制度等保障，无物业小区的环境卫生、治安存在很大的管理漏洞；由于历史原因，企业"三供一业"未完全移交到位，受企业人、财、物权属关系影响，企业物业管理相对滞后，没有发挥应有的作用，给创建及后续建设工作增加了难度；城市废品缺乏集中有效管理，城市废品收购点多、散、乱，管理难度大，影响市容环境。城市地下管廊建设、公共场所无障碍设施、公交车分担率、垃圾分类处理未能达到国家测评标准要求，智慧城市建设进展缓慢。

（3）城市精细化管理水平和能力有待进一步提高。文明城市之间的竞争体现在城市管理和服务的细节上。在创建过程中，由于精细化管理服务和监管、执法等工作长效机制未能有效跟进，部分已经整改的问题反弹现象较为严重，存在整治—反弹—再整治—再反弹的不良循环。例如：城乡卫生死角和脏乱差区域依然存在；"门前三包"责任落实不力，占道经营、乱堆乱放、乱贴乱挂等问题反复出现；城市道路及居民小区"牛皮癣"小广告问题未得到有效根治；部分市场、景区及人流密集地夜间及休息日、节假日环境卫生管理不到位，巡查和垃圾清理不及时；道路交通常态管理薄弱，车辆乱停乱放、高峰期道路拥堵、车辆斑马线不礼让行人、非机动车逆行、闯红灯等问题依然存在；部分出租车违章、不主动出具发票等现象随处可见。

（4）市民文明素质有待进一步提高。虽然嘉峪关市文明城市宣传持续深入，文明劝导工作集中开展，群众性精神文明创建活动丰富，但仍未能达到文明素质提升全覆盖的效果，部分市民主动参与创建的积极性不够，文明素质仍需进一步提高。例如：一些市民公共道德素质有待提高，在公共场所大声喧哗、随地吐痰、随手乱丢杂物的现象屡见不鲜；一些市民法治意识淡薄，无照经营、乱搭乱建、损坏公物等事件屡禁不止；一些市民交通安全意识淡薄，机动车不礼让行人，非机动车、行人闯红灯、逆向行驶、横穿马路不走斑马线等现象时有发生。

三 嘉峪关市全面建设全国文明城市工作的对策建议

创建全国文明城市是一个长期的实践过程，只有起点，没有终点。创建不易，巩固和提升更难。党的十九大报告中提出，要培育和践行社会主义核心价值观、加强思想道德建设、推动社会主义精神文明和物质文明协调发展。2017年全国创建文明城市工作经验交流会议提出，"要建设崇德向善、文化厚重、和谐宜居的文明城市"①，这为当前和今后一个阶段的精神文明建设和全国文明城市建设工作指明了方向。当前，嘉峪关市已跻身全国文明城市行列，为了进一步巩固和提升创建工作成果，建立健全长效机制，更好地推动全国文明城市建设工作科学化、规范化、制度化，成为新常态，尽快实现由"创建全国文明城市"向"建设全国文明城市"的整体跃升，根据工作实际和存在问题，提出以下对策建议。

（一）常设机构，常态管理，长效巩固文明城市创建成果

全国文明城市建设工作不是一朝一夕、一蹴而就的，而是一项长期的、系统的、"功在当代、利在千秋"的工程。② 因此，不仅要适时开展专项整治行动，集中突破重点、难点问题，而且应创建常设机构推动常态化管理，形成长效机制，打好文明城市建设持久战。

（1）成立正式机构。建议正式设立创建文明城市工作指挥部机构（包括下设办公室及工作组），配备专职工作人员、办公场地和办公设施，增加专项工作经费，推动文明城市创建工作延续性、日常化开展。

（2）长效管理。研究制定出台《嘉峪关市全面深化创建全国文明城市

---

① 刘奇葆：《建设崇德向善、文化厚重、和谐宜居的文明城市——中共中央政治局委员、中央书记处书记、中宣部部长、中央文明委副主任刘奇葆在全国创建文明城市工作经验交流会上的讲话摘要》，《甘肃精神文明建设》2017年第3期。
② 张丽欣：《创建全国文明城市：城市发展进步的助推器》，《学理论》2014年第19期，第33~36页。

工作实施方案》《关于巩固提升全国文明城市创建成果的实施方案》等，进一步延续并实行定期会议、责任清单、工作销号、调研考察、督查问责、考核评价等制度，持续开展文明创建宣传、文明劝导、"六整治一行动"、不文明行为曝光等工作，推动文明城市建设和管理工作逐步走上科学化、规范化和长效化轨道，不搞突击迎检、"一阵风"工程。

（二）精细管理，奖惩并举，切实提升城市文明程度

习近平总书记指出，城市管理应该像绣花针一样精细。要总结多年创建经验，探索出更多城市精细化管理切实可行的新办法。

（1）立法保障。要在国家、省法律法规和行业规范的指导下，针对城市管理中的热点、难点问题，建立完善符合市情的城市管理法规条例，以立法约束不文明行为。建议市人大启动立法程序，明确对宠物狗失管、占道经营、乱扔乱倒垃圾、行人非机动车乱闯红灯和不礼让斑马线等行为制定处罚条例；围绕停车场建设管理滞后、无物业居民小区环境卫生差、城郊卫生脏乱差等问题，研究制定管理办法，从制度上为行政执法提供可靠的依据。

（2）奖惩保障。实行城市精细化管理"一把手"负责制，把城市精细化管理责任履行和绩效情况列为各级各部门以及领导班子、领导干部年度目标绩效考核的重要内容；建立城市精细化管理奖惩办法，以目标考评结果为依据，对取得突出成绩的部门、单位和个人予以奖励；对城市管理精细化工作不达标的部门和单位限期整改，并通过简报和新闻媒体向社会公布。坚持严格执法与文明执法有机结合，加强对宠物狗失管，行人、非机动车乱闯红灯，机动车不礼让斑马线等不文明、违反法规条例等行为的管理。

（3）监督保障。以创建指挥部办公室检查组、市级督查组等为主体，开展明察暗访、定期检查、问卷调查、多轮次督查等形式的监督。加强报纸、电视台等新闻媒体和市民群众的舆论监督，对交通秩序、违章建筑、环境卫生、社会治安等方面存在的不文明、不道德行为进行重点曝光报道；对城市管理不到位、进展缓慢、问题突出的单位加大曝光力度。

（4）创新保障。在推进城市精细化管理过程中，探索"政府主导、社

会参与、市场运作"模式，积极稳妥地推进市政公用事业改革，全面开放市政公用设施管理维护市场，进一步把小区物业、园林绿化养护、环境卫生保洁等专业管理工作推向市场，支持和鼓励外来资本、民间资本以多种形式参与其中，形成统一管理、多家经营、有序竞争的局面。例如：针对部分小区无物业问题，建议房管部门科学整合现有资源，通过招投标引入具有资质的物业公司，实行专业化管理；建议环卫部门加快职能转变，由过去既是行政管理者又是市场参与者转变为政府环卫监管者，通过向市场购买服务，引入专业化清扫保洁公司，加强环卫清扫保洁；加快智慧城市、城市地下管廊、公共场所无障碍设施的建设；优化、延伸、增设公交路线，加大公交车投入量，增加公交分担率。加大力度引导垃圾分类投放，推动垃圾分类、无害化处理。

（三）持续宣传，加强教育，全面提升市民文明素质

创建文明城市，提升市民文明素质是关键，而提升市民文明素质是一个长期的过程，需要从一点一滴教育开始。

（1）持续营造"做文明有礼的雄关人"的良好氛围。运用传统和新兴媒体媒介，加强"图说我们的价值观""讲文明树新风"公益广告、嘉峪关文明"20条"、先进典型、创建成果的宣传推广力度，多频次、常态化宣传，让文明信息随处可见，家喻户晓。

（2）大力践行社会主义核心价值观。通过强化教育引导和制度保障，发挥社会主义核心价值观对市民教育、精神文明创建、精神文化产品创作生产传播的引领作用，推动社会主义核心价值观"人知人晓""人信人守""人行人动"。继续推动核心价值观、公益广告、创建文明城市宣传的景城融合，打造富有嘉峪关地方特色的街景文化。

（3）加强思想道德建设。深化中国特色社会主义和中国梦宣传教育，依托图书馆、博物馆等场馆加强爱国主义、集体主义、中国特色社会主义教育，弘扬和传承"嘉峪关精神""铁山精神"。深入实施公民道德建设工程，依托社区市民学校、道德讲堂等，推进社会公德、职业道德、家庭美德、个

人品德建设，建议在各中小学开设文明教育课程，从孩子开始培养文明礼仪。深化精神文明建设各项重点工作，扩大市民参与范围，提升文明素质。

（4）以专项活动培育市民文明意识。嘉峪关文明"20 条"已发布推广，建议通过专项活动分阶段、分步骤重点推进，每年落实三到四项，从而逐步提升市民文明素质。例如：通过长期坚持"门前三包"文明劝导、文明交通劝导行动，使市民逐步养成不乱扔垃圾、不乱停乱放、不乱穿马路、不闯红灯的文明习惯；继续开展"不文明行为随手拍""不文明行为曝光"活动，动员全体市民积极曝光身边的不文明行为并给予适当奖励。

（四）做强品牌，引申内涵，着力建设城市文明

创立工作品牌的过程，就是文明城市建设成果和特色实实在在的体现。

（1）做强品牌。要继续做大做强"做文明有礼的雄关人"主题实践活动、"4567"工程等，开展"七大创建"和"礼让斑马线""乘坐公交车时排队上下车""不乱扔杂物""公共场所禁止吸烟""文明游园从我做起""我眼中的文明雄关""小手拉大手文明一家人""全民公益志愿服务"八大主题活动，打造更多喊得响、叫得亮的文明城市创建工作品牌。

（2）大力借鉴先进经验。"他山之石，可以攻玉"。在开展创建工作的同时，需要不断学习和借鉴全国各文明城市的先进理念和创建经验，发挥文明创建的辐射示范作用，创新思路，大胆运用，逐步形成富有嘉峪关特色且卓有成效的建设之路。

B.17
2017年嘉峪关市第三产业及
国际港务区工作情况及建议

李燕生　李耀山*

摘　要： 2017 年，嘉峪关市狠抓项目建设，积极规划和推进国际港务区建设，建成了天诚广场、金翼电商快递物流园、天诚美居家具文化产业园等重大项目，正在加快推进春光农产品批发市场、金港汽车文化产业园、嘉丰源大厦等项目的建设，第三产业增加值连续四年保持全省第一。

关键词： 结构调整　国际港务区　三产建设

近年来，嘉峪关市积极适应经济发展新常态，以项目建设为抓手，积极推进国际港务区等第三产业的发展，狠抓各项工作落实，使第三产业保持了持续稳定健康的发展势头。

一　第三产业主要经济指标和重点项目建设完成情况

（一）主要经济指标完成情况

认真贯彻落实市委、市政府关于做大第三产业和发展大交通、大物流的

* 李燕生，毕业于甘肃政法学院法学专业，现在嘉峪关市委政策研究室工作；李耀山，毕业于西北农林科技大学林学院，林业高级工程师，嘉峪关国际港务区管理委员会副主任。

发展思路，与相关各部门一道，通力合作、齐抓共管，促进全市第三产业稳步健康发展，对拉动经济增长、提高就业水平、增强地方经济实力发挥了重要作用。2016年，全市第三产业固定资产投资91.29亿元，同比增长31.71%，实现增加值88.65亿元，同比增长13.4%，连续四年增速位居全省首位；三次产业结构由2015年的2.2∶57.1∶40.7调整为2.9∶39.3∶57.8，第三产业已成为推动转型发展的强劲动力。2017年，嘉峪关市第三产业实现增加值95.91亿元，同比增长4%，三次产业结构调整为2.2∶51.2∶46.6，产业结构和发展效益进一步优化。

（二）重点项目建设完成情况

坚持推进项目建设，把项目建设作为转方式、调结构、促发展的重要举措。

1. 天空之城城市综合体项目

该项目投资6.5亿元，占地面积2.17万平方米，总建筑面积15万平方米，集购物、餐饮、休闲、娱乐、观光、住宿、办公等功能于一体，旨在打造全业态、全覆盖、全方位的城市综合体。项目建成高17层、建筑面积7600平方米的星级酒店，高17层、建筑面积7800平方米的写字楼，高15层、建筑面积8700平方米的市总工会办公楼，高5层、建筑面积5.8万平方米的商业裙楼，地下2层共3万平方米的停车场和超市。该项目已于2016年12月投入运营，成为嘉峪关市的地标工程。

2. 恒基美居文化产业园项目

该项目投资3.3亿元，占地面积2万平方米，总建筑面积3.7万平方米，主体建筑4层，部分建筑2~3层，地下1层，建成古典家具文化体验馆、现代家具文化体验馆、现代厨房文化体验馆、灯具文化体验馆、水晶超市及美食街等分区，旨在打造多业态、复合型、互动式、个性鲜明的产业聚集区。

3. 新河西商贸城改扩建项目

该项目投资7000万元，建筑面积3.34万平方米，建成集家居建材、酒店公寓、餐饮娱乐、办公商务为一体的综合楼群。

4. 工程机械交易市场项目

该项目投资 4500 万元，占地面积 7.55 万平方米，总建筑面积 1.7 万平方米，建成综合办公楼 1 栋，汽车 4S 店 2 个，商铺楼 2 栋。

5. 西北物流汽配城项目

该项目投资 1.6 亿元，占地面积 15.9 万平方米，建设汽车专营区、汽配交易区、汽车维修区、汽车用品交易区、汽车装潢美容保养区、物流配送区、大型仓储区和机电五金交易区等分区。目前已建成 1~5 号商铺楼、2 号商业楼、办公楼、综合楼及汽车维修区，招商 168 家，其中汽车配件 164 家，汽车 4S 店 4 家。

6. 安远沟建材综合交易市场项目

该项目投资 1.5 亿元，占地面积 11.8 万平方米。建成以钢材、木材、五金交化、电动工具机械、水暖器材、工程材料、机械租赁等为主体，集物流、物业、餐饮、吊装于一体的大型综合交易市场。

7. 金翼电商快递物流园

截至目前，该项目投资 3000 万元，占地面积 2.6 万平方米，建成城乡电商分拣中心、物流配送中心和综合性仓储分拣中心，已成功招商顺丰、中通、圆通、德邦等多家快递公司入驻。依托嘉峪关市被列入全国性交通物流枢纽的优势，建设嘉峪关电商物流园，建成向东辐射张掖、向西辐射哈密的电商快递物流集散中心。

8. 天诚美居家具文化产业园项目

该项目投资 9.5 亿元，占地面积 12 万平方米，总建筑面积 19 万平方米。建设集家居建材销售、建筑装饰设计以及家居文化博物馆为一体的综合性家居建材产业园，旨在打造兰州以西、乌鲁木齐以东最大的集品牌建材、精品家具、特色餐饮、休闲娱乐、旅游文化等多业态为一体的综合商业城。目前正在进行工程内外部装修，建成后将成为嘉峪关市的地标工程。

9. 春光农产品批发市场项目

该项目计划投资 2.5 亿元，占地面积 28.3 万平方米，拟建设 16 栋交易商铺楼，6 个蔬菜交易大棚，2 个恒温保鲜库，配套建设监控中心、结算中心、检测中心等。截至目前已投入资金1亿元，建成商铺4栋，彩钢棚4个，恒温保鲜库1个。

10. 金港汽车文化产业园项目

该项目已投入资金2000万元，占地面积10.9万平方米，拟建设汽车4S店、汽车会展中心、二手车交易市场、商务酒店、地下车库、汽车装饰超市等。目前已建成品牌汽车4S店一个。

11. 大宇酒店项目

该项目投资3000万元，建筑面积0.24万平方米，建成集餐饮、办公、商业门店于一体的6层综合楼1栋。

12. 嘉丰源大厦项目

该项目计划总投资3.6亿元，由嘉峪关国泰大酒店有限公司开发，总建筑面积6.96万平方米，设计建设酒店、公寓式综合楼及附属设施，含2栋18层高的建筑及5层高的附属商业裙楼，其中1栋为酒店，另1栋为公寓式综合楼，裙楼用于商业设施。截至目前已投入资金8000万元，现已完成主体建筑，正在进行室内外装修。

13. 雄关供销大厦改扩建工程项目

该项目目前已投入资金2.9亿元，由新世界房地产开发有限公司开发建设，总建筑面积约4.88万平方米，其中地下3层，负2、负3层为车库，负1层为超市；地上21层，1~5层为商业楼，6层以上为酒店、写字楼，建筑主体已于2016年封顶，目前正在进行消防、风管、设备安装，给水、排水管道空管安装及墙体砌筑等工作。

（三）嘉峪关国际港务区项目推进情况

为了充分发挥嘉峪关市的区位、交通、产业和资源优势，嘉峪关市委、市政府抢抓建设丝绸之路经济带倡议的机遇，积极规划和建设嘉峪关国际港务区，旨在通过现代物流园区建设推动嘉峪关乃至甘肃省的经济社会转型升级发展。嘉峪关国际港务区由丝路嘉峪关空港物流园、丝路嘉北酒钢多式物流示范园、丝路嘉峪关铁路物流园、丝路嘉东物流园、丝路嘉峪关高铁新

嘉峪关蓝皮书

城、丝路嘉峪关大草滩铁路编组站（远期项目）、丝路嘉峪关保税物流中心、丝路嘉峪关信息港三港（空港、陆港、信息港）两城（空港新城、高铁新城）八大板块构成。总占地面积约11平方公里。目前丝路嘉东物流园预计将在2019年建成；丝路嘉峪关铁路物流园正在积极推进；丝路嘉北酒钢多式物流示范园已完成总体规划设计，即将开工建设；丝路嘉峪关空港物流园已通过专家评审，可研、详规及项目PPP实施方案编制和财政承受能力评价等工作将陆续开展；国际港务区总体规划方案调整修编已经完成，近期提交市上有关会议评审，并报省发改委备案。

二　主要做法和措施

始终把项目建设作为重点工作来抓，切实加强组织领导，完善工作机制，注重招商引资，着力协调服务，强化监督指导，全力推进第三产业项目建设。

（1）加强组织领导。完善项目建设工作机制，对中心力量进行优化组合，成立项目推进小组4个，实行一把手负责，分管领导抓具体，科室负责人抓项目，责任落实到人的目标管理责任制，明确工作责任，完善绩效考核，严格落实奖惩制度，力促第三产业项目建设稳步推进。

（2）强化跟踪服务。加强协调服务，强化督促指导，注重与项目单位的沟通联系，做到经常深入现场开展指导服务，及时了解项目建设和企业发展中遇到的问题和困难，并积极解决。协调有关部门做好项目审批、规划审批、土地手续办理、金融信贷和基础设施配套等方面的工作，全力保障项目建设按节点推进，确保项目建设顺利进行，确保项目按期完成并投入运营。加大项目建设督促检查力度，通过现场督促、约谈督促、下发限期开发建设通知书等措施，力促项目开工建设。积极向市领导汇报，积极与有关部门沟通，并通过人大代表建议督促等途径推进项目区基础设施配套落实工作，目前丝路嘉东物流园以气供暖的管道已铺设到各企业接口，部分道路已硬化。

（3）注重招商引资。坚持把招商引资作为促进第三产业发展的重要抓手，不断创新招商引资方式，拓宽招商引资渠道，加大招商引资力度，实行

150

以商招商、网上招商、节会招商、规划招商、精准招商、环境招商等策略，诚招市内外客商开发建设嘉峪关市第三产业。同时严格论证、精心筛选第三产业项目，建立招商项目信息库，对重点项目进行精心策划包装，编印三产中心《项目宣传推介手册》，积极向外宣传推介，并派出干部职工到物流发达地区考察招商，力求招商引资实现新的重大突破。

（4）抓好三产统计。调整和充实第三产业统计力量，完善第三产业统计工作体系，建立第三产业统计调查制度。加强与发改委、统计部门和涉及第三产业部门单位的联系协调，督促有关部门和企业及时上报统计数据，力求应统尽统，确保第三产业统计数据科学准确，为嘉峪关市委、市政府进行科学决策提供可靠依据。

（5）做好安全维稳。加强宣传教育，使项目业主充分认识到做好安全生产工作的重要性，牢固树立安全发展意识。加强项目和企业执行安全生产法律法规的监督检查，全面落实安全生产责任制，切实保障人身及财产安全。积极主动做好信访工作，针对项目建设领域群体性、突发性事件多的特点，建立项目建设社会稳定风险评估机制，健全预警和应急机制，坚持预防在先、动态跟踪，及时掌握情况，积极预防和排查化解因劳资纠纷等可能引发的群体上访事件，协调解决拖欠农民工工资、项目工程款，商铺产权等矛盾和纠纷，确保社会和谐稳定。

三 下一步工作思路和目标任务

（一）工作思路

近年来，我国第三产业进入了较快发展时期，2016 年第三产业增加值占 GDP 比重达 51.6%[①]，成为国民经济支柱，指出了实现高质量发展的新

[①] 中华人民共和国国家统计局：《中华人民共和国 2016 年国民经济和社会发展统计公报》，2017 年 2 月 28 日。

方向。今后的工作中，嘉峪关市将认真学习贯彻党的十九大精神，更加自觉地推动第三产业发展提质增效，按照"围绕一个目标""坚持两手齐抓""紧盯三大任务""做到四个着力""做到七个加强"① 的发展思路进一步转变思想观念，改进工作作风，厉行责任担当，开拓奋进创新，切实做好服务企业、服务项目、服务群众等各项工作，切实抓好国际港务区建设和联系项目建设，加快全国性交通物流枢纽城市建设，为全市实现"两个率先"（在全省率先实现转型跨越发展、率先全面建成小康社会的奋斗目标）奠定更加坚实的产业和物质基础。

（二）2018年工作任务

一是重点建设嘉峪关国际港务区。完成丝路嘉峪关空港物流园项目所有前期工作并开工建设，积极开展丝路嘉峪关铁路物流园建设前期工作，加快推进丝路嘉东物流园建设，有效协调丝路酒钢多式物流示范园建设，并提前规划丝路嘉峪关高铁新城。

二是继续抓好原三产中心牵头的项目建设。重点抓好嘉丰源大厦、雄关供销大厦改扩建工程、金翼电商快递物流园、春光农产品批发市场、金港汽车文化产业园、紫轩国际大厦、西部天地物流配送中心和恒基物流仓储配套中心等项目的建设，推动现代物流等第三产业持续稳定健康发展。

---

① "围绕一个目标"即围绕建设全国性交通物流枢纽城市这一目标；"坚持两手齐"即坚持业务工作和党建工作两手齐抓；"紧盯三大任务"即紧盯嘉峪关国际港务区建设、紧盯国际港务区和其他联系项目固定资产投资、紧盯全市物流统计和国际港务区物流统计；"做到四个着力"即着力项目谋划、着力项目招商、着力项目推进、着力项目管理；"做到七个加强"即加强党的政治、思想、组织、作风、纪律、廉政和制度建设。

B.18
2017年嘉峪关市统一市场监管改革情况分析及建议

王皙浙　杨嘉*

摘　要：　作为全省"三局合一"机构改革唯一的试点市，嘉峪关市以敢
当"排头兵"和"试验田"的勇气，率先将涉及市场监督管
理领域的市工商局、质监局、食药监局机构和职责整合，于
2015 年 1 月组建了市场监督管理局，完成了"精简机关、充实
基层、强化职责、提升效能"的改革任务，构建起覆盖生产、
流通、消费全过程的监管体系。经过三年的实践，市场监督管
理局通过采取一系列措施，实现了从"物理整合"到"化学融
合"的巨变，取得了"1 + 1 + 1 > 3"的明显成效。

关键词：　实验田　市场监管　整合资源

嘉峪关市被甘肃省委、省政府确定为统一市场监管和综合执法改革试点
市以来，以建立统一、高效、协调的市场监管和综合执法体制为主线，聚焦
体制机制求突破，统一机构设置促对接，优化服务理念强保障，强化监督执
法提效能，着力解决职能交叉和监管真空导致的多头分管、职责不清等问
题，于 2015 年 1 月整合组建了市场监督管理局，建立起一体化、全覆盖、
专业化、高效率的监管执法体系，形成真正意义上的全链条、无缝隙的大市

---

* 王皙浙，毕业于甘肃政法学院汉语言文学专业，现在嘉峪关市委政策研究室工作；杨嘉，毕
业于中共甘肃省委党校经济管理专业，现在嘉峪关市市场监督管理局办公室工作。

场执法监管局面。

在市场监管领域实施了"三局合一"改革，组建了市场监督管理局，将原工商局、质监局、食药监局的 21 个内设机构整合为 13 个，精简 38%；直属、所属、派出机构由 20 个减少为 9 个，精简 55%；行政编制由 105 名减少为 95 名，精简 10%；事业编制由 96 名减少为 42 名，精简 56%。在综合执法领域实施了职能"15＋X"改革，将市容市貌、环境卫生、城乡规划、园林绿化等 15 个部门、64 项执法职责进行整合，组建了综合执法局，内设 5 个科室，下设 3 个副县级事业单位、2 个科级事业单位，从各部门划转编制 85 名。经过两年多的探索和实践，嘉峪关市在统一市场监督和综合执法改革方面突破了基层力量薄弱、能力有限的掣肘，部门职能交叉领域和模糊地带自然消除，监管职能定位逐步明晰，行政执法资源更加优化，服务效能稳步提升，"大市场、大监管、大服务"的市场监管和"事前预防、事中服务、事后处罚"的综合执法格局初步形成。

一 深化市场监管体制机制改革采取的措施

1. 整合机构设置，优化职能作用

按照优化机构设置、提高行政效能总体要求，遵循"归并相近职能、理顺交叉职能、加强专业职能"和"多撤少建"的原则①，依据充分沟通、考察调研、谋划方案在先，确定意见、核定编制、组织实施在后的"三先三后"方法推进改革，成立了改革试点工作领导小组，制定了改革工作实施方案，明确了改革目标、方向、路径和具体任务及完成时限。编制了市场监管机构和综合执法机构的"三定"方案，优化资源配置，严控人员编制，理顺执法监管部门与行业主管部门的关系，整合行政执法机关内部执法资源，对专业性较强、暂时不宜纳入综合执法领域的执法事项逐步整合，实现

---

① 邰鹏峰、李江萍：《市场监管体制改革若干思考》，《开放导报》2015 年第 2 期，第 29～31 页。

一个部门一支队伍执法，建立了职责清晰、权责一致、运转协调的工作体系。

2. 突出整章建制，完善运行机制

坚持于法周延和于事简便的原则，突出务实管用、全面覆盖、持久长效三个重点，嘉峪关市对市场监管领域和综合执法领域的各项制度进行了"废、改、立"一系列操作，建立了管人有制度、执法有标准、干事有规矩、用权有制约的制度体系。在市场监管领域，废止制度80项、整合修改制度60项、新建制度30项；在综合执法领域，从规范执法、勤务管理、基础保障、队伍建设、联动机制、案件会商六个方面制定了符合综合执法实际，简便易行、操作性强的制度58项。

3. 坚持大胆创新，规范依法行政

市场监管方面，建立"大市场、大监管、一条龙"的新模式，打破过去多头分散、分段监管的体制机制障碍，消除了监管中存在的盲点和空白地带。食品安全监管达到了农产品从批发到餐桌、食品从生产到消费的全程监管；产品质量监管建立了从源头到终端、从工厂到消费的统一检测监管链条；市场主体信用信息监管推行"双公示""双随机""双告知"机制，建立以抽查为重点的监督检查制度，为"宽进"后的"严管"提供了重要平台。执法人员入网定格、包片入组、协同监管，建立了属地监管责任制和"网格化"管理模式。在综合执法方面，不断探索和建立健全综合执法重大事项协调制度、信息沟通联系制度以及部门之间的配合协作制度，建立了环卫局、园林局、房管局、规划局、国土局联动机制，以及由主管副市长任总召集人的《综合执法联席会议制度》，制度创新推动综合法执效率显著提升，各类行政违法案件明显下降。

4. 强化能力建设，打造过硬队伍

紧抓"一条主线"，推动"三个转变"，即以能力建设为主线，根据干部职工的工作性质、整体素质因材施教，按照缺什么补什么的原则，通过"干中学、学中干""走出去、请进来""一对一、一帮一"的形式，采取典型案例交流、以案代训、以查代训、传帮带等方法，将行政执法方面的法律法规、执法程序、执法技能等融入日常培训学习中，引导执法人员从

"学会"向"会学"转变、从单纯学习法律知识向提高依法行政能力转变、从提高素质向素质与能力共同提升转变,打造一支素质高、能力强的执法监管队伍。

二 深化市场监管体制机制改革取得的成效

1.机构设置统一,职能整合到位

整合前,经营户从事食品生产或流通的证照办理程序是:先到工商部门办理名称预先登记,然后到食药监、质监部门办理相应的食品生产加工许可证、食品流通许可证,待领取许可证后,再到工商部门办理营业执照。需要跑三个部门,每个部门都要履行完整的办事流程和审批程序。整合后,按照"精简、统一、效能"的目标要求,合并重复机构,归并交叉职能,兼并相近业务,对内设机构、派出机构进行整合,内设机构由原三局22个减少为13个,直属机构由5个减少为1个,派出机构由9个减少为5个,所属事业单位由6个减少为4个。三个部门的事情,现在一个部门就可办理,一个窗口就可办结,行政审批效能大幅提高。

2.清权建制统一,管理运行到位

梳理管理范畴,统一工作标准,对原三局共计150项管理制度、办法和规范性文件进行全面清理,废止80项制度,修订60项制度,新建属地化网格监管、食品监管"两堵三看十六查"①、信息数据定期分析报告、市场监管与调解工作对接等30项制度,建立了管人有制度、执法有标准、监管有

---

① "两堵"就是严把食品原辅料进厂关和食品出厂关。(1)堵源头:一查证照资质;二查食品原辅料、添加剂、食品相关产品的供货商资质;三查检验报告;四查保质期。(2)堵出厂:一查食品出厂检验报告;二查食品检验室是否运转正常,做到批批检验,检验设备是否进行了检定;三查食品标签、生产日期是否规范;四查电子追溯平台数据录入。"三看"就是查看食品生产加工的过程控制。(1)看食品配料记录。一查是否存在非法添加;二查是否添加过期、变质原辅料等。(2)看生产设备、车间、人员和记录等,主要看环境卫生、交叉污染、人员健康、过程记录。一查设备是否检定、运转是否正常;二查厂区、车间、设备的环境卫生是否及时清洁、卫生;三查人员是否有健康证、有没有"五病"人员等;四查关键点控制记录是否齐全、是否规范。(3)看食品库房。一查原辅料库;二查成品库房。"十六查"就是"两堵三看"的具体内容。

依据、干事有规矩、用权有制约的制度体系，理顺了体制机制，做到许可、审批和执法、监管等流程都有章可循，形成了职责清晰、运转协调的内部管理和工作运行格局。

3. 行政审批统一，效能提升到位

"三合一"后，市场监督管理局清理确认的各种行政职权约 1209 项，眼下正将"职责权限"具体划分到内设机构和直属机构，进一步明确责任事项，并制定追责情形，确保权责一致、高效畅通运转体制机制。根据行政审批和商事制度改革要求，大力推行简政放权，放大商事制度改革效应，优化审批工作流程，将食品生产流通、药品医疗器械、特种设备使用许可、组织机构代码、营业执照等"十证一照"业务进行合并，实行"一站式"办理。有效解决了分头受理、材料重复提交等问题，极大地方便了群众办事。例如，给一个企业办理加工熟食执照，以前办理时间需要 15~20 个工作日，现在压缩至 5 个工作日以内。并先后推行"三证合一""五证合一"登记制度，登记注册的便利化进一步提升了准入登记效能，方便了市场主体创新创业。

4. 监管模式统一，秩序维护到位

建立"大市场、大监管、一条龙"的新模式，市场监督管理局将 70% 以上的力量用于加强基层监管执法和检验检测上，全面推行"属地化、网格化、痕迹化"监管。整合前，三个部门的检查工作是分散、分段进行的，出现了一些无人管理的盲点、灰色地带及空白点；整合后，一个巡查组两名执法人员通过一次巡查就可完成原三个局的多次检查任务，并可覆盖生产、流通、消费全过程，一些监管盲区、真空地带在整合后也自然消失。在食品安全监管方面，除初级农产品外，均达到了农产品从批发到餐桌、食品从生产到消费的全程监管；在产（商）品质量监管方面，把过去产品、商品分属两个部门的分段监管整合为产（商）品从源头到终端、从工厂到消费的统一检测、统一监管链条；在特种设备监管方面，建立层级式网络化监管模式，目前负责数量居全省第二的近万台（件）特种设备的监管力量由原来 5 人增加到 120 人，全部设备的检查频次由两年一次猛增到一年两次，有效减

少了事故隐患；在企业信用信息监管方面，建立市场主体信用信息公示、年报公示、行政处罚公示系统，构建"一处违法、处处受限"的信用约束机制，增加失信成本，为"宽进"后的"严管"提供了重要平台，方便社会公众查询，有力促进了社会诚信体系建设。

5. 执法办案统一，依法行政到位

整合后，首先统一原三局执法文书。在"三局合一"改革过程中，随着工商、质监、食药监管职能的划转到位，出现了三套执法文书并存的局面，给基层执法人员的工作带来不便，市场监督管理局结合工作实际，按照合法、便捷、统一、高效的原则，完成了执法文书的统一工作。其次，统一服装和标识标志，做到着装统一、整齐规范，市场监督管理局向市政府法制办报送《嘉峪关市市场监督管理局关于制定市场监管执法人员制式服装标准的请示》，设计制定了符合改革后实际工作需要的服装样式、标志及配备标准。市政府第97次常务会议研究决定，"原则同意市市场监督管理局提出的服装及标志标识方案，由市政府法制办将统一服装、标志标识后的文本向省政府法制办报备"。目前，嘉峪关市市场监管局徽章核心图形由红盾、国徽、长城、向日葵等元素构成。国徽象征国家利益至上，代表嘉峪关市市场监督管理局依照国家法律法规行使职权；红盾寓意守护市场经济健康有序发展；长城寓意坚韧不拔、为全体市民构筑牢固的消费防线；周边饰以向日葵图案，代表机构改革后的市场监督管理事业欣欣向荣，寓意依法行政工作在阳光下公平、公正、廉洁运行。整个徽章样式庄重大方，色调、配件简洁醒目，体现了新组建市场监督管理局依法行政、干净干事的特点；在臂章、领花和纽扣设计元素中，盾牌由符号化的剑兰叶围绕，则寓意廉洁奉公、忠于职守、严格执法。臂章中间有 MSA 英文识别，为市场监督管理局"Market Supervision Administration"的英文首字母缩写。对各部门审核审批程序进行规范统一。确定了基层办案部门录入、审核、审批人员的权限，统一了基层执法程序，修正了因执法程序差异而导致的执法不一问题，确保执法办案程序的规范化。与此同时，统一申请更换办理了市场监督管理局执法主体资格证和执法人员执法资格证，确保执法主体合法有效。统一配备执法办案装备。一方面，市场监管范围迅速扩大，执法领域迅速拓宽，执法任务更加繁重；另一方面，目前使用的执法办案设备陈旧落后，已不适应当前的工作需要，为客观反映执法办案全过程，防止执法人员违规办案，统一为具有行政执法办案职能的部门配备电脑40台，执法办案记录仪60台，使执法办案处于公平、公正、阳光的监管范畴，公开行政行为，真正实现全过程依法行政监管。通过规范案件核审流程、自由裁量权标准，实现了纸质和电子文书的一致、网上网下办案的协同，大大提升了执法办案效率，实现了行政执法由分散执法、单打独斗向集中优势、重拳出击转变。市场监管重心下移，执法资源更加集中，执法效能进一步提高。执法程序标准趋于同一，职责落实更加到位，踢皮球的少了，推诿扯皮的少了，解决了重复监管、多头执法的问题，市场秩序明显改善。

6. 投诉举报统一，权益保护到位

整合投诉举报网站，建立统一、高效、便捷的消费者投诉举报受理平台，最大限度地节约执法资源，实现流程、文书、任务分派的集中统一和就近调处、归口反馈，解决了多部门分散受理效率不高的问题，维权效能明显提升。

7. 检验检测统一，技术支撑到位

将原质监、食药监系统的4个检验检测机构撤并重组，组建新的食品药品与医疗器械、产品质量计量与特种设备两个检验检测中心，通过整合专业资源，加强技术力量，实现执法监管与检验检测信息共享和技术联动。形成了"上溯来源、下查去向"的双向追溯机制，为行政执法提供了强有力的技术支撑。

8. 服务监管统一，举措创新到位

按照"寓监管于服务"的思路，不断创新工作举措，将"工商秘书"制度拓展为"三联秘书"制度，对省市惠民实事、重点项目和各类企业实施"一对一""点对点"支持，为市场主体提供了更加便捷、高效的服务，通过精准服务实现了高效监管。

三 深化市场监管体制机制改革的启示

在试点改革中，我们明确改革方向，坚持问题导向，从体制机制创新入手，进行总体布局，将试点改革纳入全市整体改革发展规划，做到了在管理中创新，在创新中改革，在改革中深化，打开了统一市场监管的良好局面。主要有以下几点启示。

（1）解放思想是前提。在推进统一市场监管改革中，我们每解决一项难题、实现一次突破、战胜一次困难，都得益于思想的解放和观念的更新。要始终把解放思想放在首位，向发达地区学习，向一流标杆看齐，明确找准本地推进统一市场监管体制和综合执法改革的优势和不足，抓好市场监管执法各项工作，真正使解放思想成为营造良好市场环境、助推经济转型发展的强大动力。

（2）深化改革是关键。不论是市场监管的"三合一"改革，还是综合执法职能的"15＋X"改革，都立足于嘉峪关的实际，坚持创新思维，针对执法和监管职能分散、职能交叉、效能不高等问题，对症下药，开出良方，重点突破，迅速推进，使改革红利得到释放，做到真正造福于人民，方便企业，促进发展。

（3）队伍建设是基础。对干部进行岗位穿插重组和交叉任职，合理均衡调配人员，全面提升干部的综合能力，激发干部的活力。尤其是注重高素质人才队伍建设，花大力气、全方位打造一支"一专多能、一岗多责"复合式干部队伍，在推进统一市场监管和综合执法改革中，提升了工作效能，发挥了积极作用。

（4）群众满意是标尺。随着经济社会的发展，群众对食品、药品、特种设备三个安全和市容市貌、市场秩序等有了更高要求，我们从群众最期盼的领域改起，通过改革切实解决好群众最期盼、反映最强烈的问题，围绕服务群众来转，向着群众满意的方向前行，营造公平公正的市场竞争环境。

改革没有完成时，只有进行时。下一步，我们将直面问题、主动作为，坚持改革不停顿、管理不放松、干劲不放松，进一步加大资源整合力度，不断提升工作效能，着力打造市场监管和综合执法的"升级版"。

B.19

2017年嘉峪关市城乡社区网格化服务
管理工作现状及思考

王皙浙　陈志远*

摘　要： 近年来，针对城乡社区服务管理行政化倾向严重、职责不明、力量薄弱等瓶颈问题，嘉峪关市结合实际，扎实推进基层社会治理创新模式，全面深化城乡社区网格化服务管理，探索出一条科技支撑、程序规范、机制健全的新途径，为基层社会治理精细化服务管理打下了坚实基础。

关键词： 网格化管理　社会治理　社区

　　城乡社区网格化服务管理是创新社会治理的有效方式，也是提升基层社会治理能力的重要举措。十八大以来，嘉峪关市委、市政府始终坚持创新城乡社区网格化服务管理机制，逐步探索建立具有嘉峪关特色的中小型城市城乡社区网格化服务管理新模式，实现全市城乡社区网格化服务管理科学化、规范化、精细化、长效化。建立健全城乡社区网格化服务管理责任体系，提升城乡社区网格化服务管理工作水平和运行效率，并在全省网格化服务管理工作领域跻于前列。

---

　* 王皙浙，毕业于甘肃政法学院汉语言文学专业，现在嘉峪关市委政策研究室工作；陈志远，毕业于中央广播电视大学法律专业，现在嘉峪关市社会治理局业务科工作。

一 科学布局，实现全城全域全覆盖

2015年3月，按照甘肃省委、省政府相关文件要求，嘉峪关市全面启动网格化服务管理工作，将全市城乡社区划分为297个城乡社区网格。近年来，随着经济社会跨越式转型发展步伐加快，原有的网格功能已无法满足城市现有发展需求。2017年，嘉峪关市采取一系列工作举措，对全市现有城乡社区网格化服务管理工作进行全面深化改革，推动全市城乡社区网格化服务管理工作不断前行。

（一）统筹全局

嘉峪关市对全市网格进行划分，坚持三区属地划分原则，将行政机关、学校、医院、园区企业等企事业单位，车站、商场、街面门点、小区物业等公共场所，以及三镇农村均纳入所在网格管理，实现网格全市全域全覆盖。

（二）科学规划

嘉峪关市根据省委办公厅、省政府办公厅《关于在全省基层推行网格化服务管理的指导意见》（甘办发〔2015〕12号）精神，结合市情，按照每300户1000人设置一个网格的标准，综合考虑辖区分布特点、人口数量（含流动人口）、居住集散程度、群众生产生活习惯等情况划分网格，根据环保、环卫、安全生产实际，尽量保持管理对象区域的整体性，不搞机械割裂，一般以自然街巷、住宅小区为基本单元划分网格，达到全市网格无缝对接。

（三）精细设置

2017年，嘉峪关市在不打破下辖三区现有行政区域划分和管理格局的前提下，结合实际，对全市城乡社区网格化服务管理工作进行全面深化改革和升级。重新确定网格设置规模，将全市原有的297个城乡社区网格增加至

340个城乡社区网格（雄关区95个，长城区110个，镜铁区135个）；三镇17个行政村以村民小组为单元划分成117个网格，以村民自治的网格化服务管理为主，实现了全市城乡社区网格化服务管理工作由粗犷管理向精细化服务转变，实现了网格化服务管理工作由机械的条块分割向扁平化、科学化、精细化转型[①]，达到全域覆盖无缝对接，为实现嘉峪关市城市转型跨越发展夯实基础。

二　做实网格，提升服务管理活力

城乡社区网格化服务管理工作是一项庞大的社会系统工程，涵盖嘉峪关市所有部门和领域，对网格工作人员素质能力也有较高要求。近年来，随着嘉峪关市城乡社区网格服务管理工作探索逐步深入，城乡社区网格服务管理工作逐步暴露出职责不明、群众参与积极性不高、网格工作人员现有素质与岗位需求不符等问题。为此，嘉峪关市坚持不断创新，采取一系列措施，全面深化打造具有嘉峪关特色的网格化服务管理工作。

（一）工作职责明确

嘉峪关市全市城乡社区网格化服务管理工作结合发展实际，明确了全市城乡社区网格化服务管理工作主要任务。重点工作在于及时发现、制止、上报四个方面内容的问题事件，即社会治安综合治理、城市市容和环境卫生、环境保护、安全生产（包括食品安全）等问题。在工作方法上，一是政策法规宣传。通过面对面发放传单、电子信息推送互动、配送书刊资料等多种方式，宣传党的路线方针政策，特别是与群众切身利益密切相关的政策，宣传社会治安综合治理、城市市容和环境卫生、环境保护、安全生产等方面的法律法规。二是网格基础信息收集。按照人、地、物、事、组织等要素，分

---

① 许广琦：《社区网格化管理存在的问题与对策》，《黎明职业大学学报》2011年第3期，第55~60页。

门别类采集各项基础信息和社情民意，做好调查统计和情况反馈，及时为网格化精准服务管理提供准确信息和分流办理依据。三是日常工作巡查。对网格内社会治安综合治理（包括民生诉求受理、治安防范问题报告、矛盾纠纷排查调处、吸毒人员服务管理等）、城市市容和环境卫生（包括辖区公共领域"门前三包"落实、街面秩序维护、公共设施管理监督、全域全城无垃圾创建等）、环境保护（包括废水、废气、废渣、噪声污染等）、安全生产（包括辖区企事业单位和门点的安全管理监督、食品安全管理监督等）四个方面的问题事件进行巡查、制止、监督和报告，及时反馈事件处置情况。四是服务居民群众。做好社会救助、优抚救济、住房保障、劳动就业、维权消费等社会事务方面的公共服务代办，积极推动事关群众利益的问题及时有效解决；针对特殊人群以及孤寡老人、留守儿童等弱势群体，主动嘘寒问暖、提供家务帮助等爱心服务，密切关注思想动态和日常生活状况。

（二）充实力量

嘉峪关市在城乡社区网格化服务管理中，加强网格工作力量配备。网格服务管理工作力量采取"1+2+N"模式进行充实，"1"是指为每个网格配备1名网格长，在社区编内人员、"进村进社"、"三支一扶"以及社区聘用人员中选拔高素质有能力的人员兼任，指导监督网格员落实职责；"2"是指为每个网格配备2名专职网格员，将现有的流动人口协管员和治安综治员（联防员）全部移交三区管理，其中一名网格员从现有社区聘用人员、社区协理员和流动人口协管员中选拔配备，另一名网格员从治安综治员与零就业人员中选拔配备；"N"为广泛吸纳网格内社会积极力量，如党代表、人大代表、政协委员、老干部、老党员、社会组织人员、志愿者和各类有专业专长的人员、各网格内单位、企业确定的内部管理人员等加入网格服务管理工作，担任网格协管员。农村网格由村民小组长担任网格员。

（三）强化队伍建设

在城乡社区网格化服务管理中，嘉峪关市着眼长远发展，加强网格工作队伍建设。一是补充薄弱环节工作力量。采用政府招聘公益性岗位的方式向社会公开招录89名高校毕业生，其中62人参与补充31个城市社区的网格工作力量，15人参与加强网格服务管理和"12345"热线办理登记、受理、转办、督办、回访等工作，10人参与全域全城无垃圾创建工作的督查考核。二是搞好日常训练。各社区采取多种形式，对网格员进行经常性的强化训练和教育培训工作，强化网格员对工作手册内容的掌握，和信息化操作技术的熟练度，保证网格员工作中能够及时发现问题和正确反映问题。同时定期开展党的方针政策、法律法规、群众工作方法等内容的培训，不断提高网格工作人员把握全局、服务群众、处理基层复杂矛盾的能力和水平。三是组织专业培训。制订月、季、年度培训计划，全市各职能相关部门梳理需要网格工作人员落实任务的工作方法，以手把手指导、现场观摩、交流讨论等形式对全市网格工作人员进行专业培训，通过年度练兵大比武，对网格工作人员进行考评，并予以适当表彰，激励网格工作人员主动学习掌握专业知识。

嘉峪关市通过明确职责，充实网格力量，强化网格队伍建设等方面工作措施，有效解决了城乡社区网格化服务管理工作中日益凸显的问题，实现了全市城乡社区网格服务管理工作再提升，为全市社会治理工作下一步发展取得更大突破奠定了基础。

三　创新方法，强化服务管理动能

近年来，随着城市化转型进程的加快，城市内部构成日趋复杂，传统社会管理模式难以进行有效管理和提供便民服务，全市网格化服务管理工作面临瓶颈。嘉峪关市通过不断创新社会治理工作机制，采取有效措施，探索出了一条信息化程度高、工作流程规范、运行机制健全等具有嘉峪关特色的城乡社区网格化服务管理工作模式，从而实现打通服务群众"最后一公里"的目标。

（一）建立数字网格

城乡社区网格数字化管理是城乡社区网格服务管理的全新变革，是信息技术支撑下的社会治理创新。近年来，嘉峪关市委、市政府加强实施标准化智慧社区建设，推进市级综合信息平台互联网应用，加快推进"互联网＋政务服务"，实现部门间数据高度共享，提升了城乡社区网格化服务管理的信息化水平①。一是整合建立数据网络处理系统。整合现有社会治安综合治理信息平台、数字嘉峪关集成管理平台和嘉峪关市社会治理服务平台等信息系统，统一标准，规范基础数据库，实现多套系统的有机连接和一个端口录入、多套系统互联互通、数据集散一体的网络信息处理功能。二是整合基层工作人员手持终端 APP 软件。整合多个手持终端软件，打造成一个智能集成 APP 客户端。实现部门和领导随时查阅参考信息，随时检查工作情况，随时查看群众反映的问题；实现部门工作人员的移动办公；实现网格工作人员信息报送、事件处理、工作记录的移动上传；实现群众移动终端在线诉求、影像举证提交、处理进度查询及处理结果评价等功能。

（二）规范工作流程

嘉峪关市在着力打造数字网格的同时，还致力于全市网格工作流程规范化建设。一是建立"一门式"政务服务窗口。在不改变现有政府职能部门结构和办事流程的前提下，整合政府各部门的专业便民服务系统，形成一门式系统；合并专业服务窗口，形成综合服务窗口，通过信息技术平台实现政务事项的"一窗通办，后台流转"，简化群众办事环节，提升政府办事效率。二是配备工作手册。将网格员主要履行的社会治安综合治理、城市市容和环境卫生、环境保护、安全四个方面的职责，以及巡查要求、事件处置流程、信息上传渠道等关键内容制定成《网格员工作手册》，配发至每一名网格工作人员。三是制定统一规范的"三图一册"。即制定全市网格、社区网

---

① 夏露露：《社区网格化管理的利弊》，《学习月刊》2013 年第 2 期，第 62～63 页。

格、单元网格设置示意图及网格基本信息手册，用于协调指导、落实责任；各社区将网格员的姓名、联系方式和基本工作职责等信息制作成统一的网格员信息公示牌，固定展示在所在网格每栋楼和重要标志性建筑物的醒目位置，方便居民群众联络和监督网格员。

（三）健全督查机制

城乡社区网格服务管理工作是一个系统工程，需要全市各职能部门和区（镇）、社区（村委会）共同进行管理，同时又要做到职责分工明确，各履其职，各负其责，防止推诿扯皮。为实现这一目标，必须建立健全网格化服务管理工作督察机制。一是完善督查考评机制。嘉峪关市委、市政府督查办牵头组织相关部门，采取限期督办、挂账销号、点名通报、媒体曝光等方式，高密度、常态化、精细化开展督查工作。按照一周一督查、一月一通报、一季一排名、半年一评议、一年一奖惩的"五个一"的工作制度，推动全市各部门、各单位严格执行工作责任制，确保全市网格化服务管理工作制度化、规范化、精准化、长效化进行。社会治安综合治理、环境保护、安全生产（包括食品安全）等工作，分别由各职能部门牵头，按照各自的目标责任体系进行考核。城市市容和环境卫生结合全域全城无垃圾创建工作，由市委、市政府督查办牵头组织督查考评。二是完善网格员考核制度。网格员属行政事业编外人员，其薪酬由财政承担，参照国家社区工作人员级别标准，逐步统筹解决同工不同酬待遇问题，制定全市统一的网格工作人员工资待遇管理办法。市委、市政府对三区、各社区的网格工作进行督促检查、评比考核；城乡各社区是网格管理工作的主体，要对所属网格员进行及时督促检查、评比考核；综治办、三区负责对网格员进行年度考核，结合综治中心信息平台汇总的报送信息量综合确定网格员绩效工资，根据实际工作量对网格协管员进行奖励。三是完善激励问责机制。坚决整顿网格员队伍，抓典型，严问责。通过开展月通报、季评比、年表彰活动，整治网格内"脏乱差"问题、改变网格工作人员"慵懒怠"行为。每年对考核成绩排名靠前的 20 名网格员进行表彰奖励，对排名靠后的 10 名网格员进行通报批评，对

严重不履职或发生重大突出问题的网格员，要对本人、网格长、社区主要领导酌情予以约谈、诫勉、调离和免职等处理。四是完善容错纠错机制。在年度考核中要对信息系统绩效统计评定分数进行实践验证，对日常掌握评定的分数进行深入分析，科学划分比例尺度，对考核结果有异议可申请复议，要及时容错纠错，切实调动好、保护好广大网格工作人员的积极性和创造性。

嘉峪关市通过着力抓好网格工作信息化、工作流程规范化和督查机制健全化等工作，实现城乡社区网格服务管理水平全面提升，为嘉峪关全面深入打造科学、合理、精细、实用、经济的城乡社区网格提供保障。

B.20
2017年嘉峪关市城市综合执法和
城市管理形势分析与展望

魏 泉 孙志栋*

摘 要： 本文通过对2017年城市综合执法和城市管理工作形势进行全面分析与研究，发现和寻求规律性问题，提出切实可行的对策建议，为新时期做好城市综合执法工作和城市管理工作，提高执法水平和城市管理工作水平提供参考。

关键词： 综合执法 城市管理 城镇化

近年来，随着嘉峪关市城镇化的快速发展，城市规模不断扩大，建设水平逐步提高，保障城市健康运行的任务日益繁重，加强和改善嘉峪关城市管理工作的需求日益迫切，城市管理工作的地位和作用日益突出。为适应嘉峪关市经济社会发展形势，嘉峪关市在积极做好城市管理工作，探索提高城市管理执法和服务水平，改善城市秩序、促进城市和谐、提升城市品质等方面采取了诸多务实有效的措施，对改善城市面貌和生存环境起到了重要作用。但我们必须清醒地看到，与嘉峪关市经济社会转型发展要求和人民群众生产生活需要相比，嘉峪关市在市政管理、交通运行、人居环境、应急处置、公共秩序等方面仍有较多问题，城市管理执法工作还存在管理体制不顺、职责边界不清、法律法规不健全、管理方式简单、服务意识不强、执法行为粗放

---

* 魏泉，毕业于兰州大学会计学专业，现在嘉峪关市委政策研究室工作；孙志栋，毕业于中央广播电视大学法律专业，嘉峪关市综合执法局工业园区综合执法大队副大队长。

等问题，社会各界反映较为强烈，在一定程度上制约了嘉峪关市经济社会健康发展和新型城镇化的顺利推进。深入推进综合执法改革，改进城市管理工作成为当前和今后一个时期的主要任务。

在新一届综合执法局领导班子带领下，综合执法局坚持以创建全国文明城市为契机，以全域全城无垃圾创建活动为载体，以"五个保障、五大服务"为手段，以综合执法"强基础、转作风、树形象"活动为抓手，主动承担起市政府五大景区、棚户区改造项目、全市环境综合整治、新城草湖湿地公园项目、扬尘（油烟）污染治理、全市门头牌匾改造提升工作等重大项目和重点任务，营造一个整洁有序的城市环境。

一　凝聚共识、创先争优　夯实党建统领工作根基

严肃党内政治生活，突出党建带动、党建引领的主导地位，营造良好的党内政治生态环境，是增强团队凝聚力、提高团队战斗力的有力保障。面对迅速发展的社会环境，要想综合执法工作更好地适应当前的城市发展需求，必须重视党的建设，重视党建作用的发挥，通过党的建设促进全局工作上水平、上台阶①。2017 年，新一届市综合执法局领导班子明确责任目标、强化工作落实，通过带头落实意识形态领域主体责任和一岗双责，全面贯彻落实意识形态"十项机制"，不断学习政治、经济、社会、法律等各个方面知识，深入推进学习型领导班子建设。党组中心组学习制度落实得好、贯彻得好、坚持得好，每月保证至少两次的学习，切实做到学习一个专题，研讨一个问题，破解一个难题，推动一项工作。通过开展党风廉政教育，充分发挥廉洁文化的引领作用，增强了全局党员领导干部廉洁自律意识。始终坚持用法治思维和法治方式处理问题，不断把全面从严治党的要求转化为扎实的工作实践。通过党务、政务的全面公开，切实加强民主政治建设，促进事务公开透明运行，提高工作效能和服务水平，充分保障了党员、干部、群众的知

---

① 邓林：《浅谈城市综合执法之现状及对策》，《改革与开放》2011 年第 18 期，第 15～18 页。

情权、参与权和监督权。在市委、市政府的领导下，市综合执法改革工作走在全省前列，被嘉峪关市委、市政府授予市级文明单位、全市依法行政示范单位，并获得2017年第二季度嘉峪关市全域全城无垃圾创建工作综合测评成绩突出单位的荣誉称号。

二　鼓足干劲、补齐短板　加快综合执法体制改革

市综合执法局领导班子始终以问题为导向，用新视角发现综合执法队伍建设中存在的问题，用新办法研究解决综合执法队伍建设中存在的问题①。主动作为，通过组织聘任、调任、转任等措施配齐配强了关键岗位干部，补齐了执法力量不足的短板。使干部在综合执法工作中充分发挥宏观导向、组织协调、凝聚人心、模范表率、业务指导、督促检查的作用。全局332名综合执法"红袖章"爱岗敬业、认真履职，作用发挥良好，架起了综合执法与人民群众之间的桥梁，筑牢了综合执法工作的群众基础，全面提升了综合执法成效。通过内部岗位调整，加快执法人员岗位交流，让新鲜血液能够及时补充更新，全局干部职工配备结构更加科学、更加合理，执法骨干、业务能手成为综合执法的主导力量。公开招标采购了12辆新能源汽车、4辆皮卡业务用车和一批执法记录仪、摄像机、行车记录仪等执法设备，改善了综合执法车辆不足、执法装备落后的面貌，为综合执法队伍在全市经济社会转型发展中发挥更大作用注入了强劲的动力。

三　汇集众智、迎难而上　破解综合执法管理难题

2017年，市综合执法局在全面深化综合执法体制改革、忠实履行行政处罚职能的同时，主动承担起城市环境综合整治、全市门头牌匾改造提升、

---

① 吴军飞：《我国城市管理综合执法问题探讨》，《成都大学学报》（社会科学版）2006年第5期，第21~24页。

垃圾围城专项治理这三项难度较大、任务繁重的工作。积极配合公安、市场监管、环保、房管、五大项目指挥部、国土、工业园区等部门做好城市道路交通秩序专项治理、流浪犬专项治理、"牛皮癣"小广告专项治理、五大项目拆迁改造、棚改拆迁、土地整治、闲置土地收回等工作，以及市委、市政府交办的其他任务。

面对艰巨的工作任务和前所未有的压力，局党组领导班子带领全局干部职工采取挂图作战、建账销号、延时错时、责任倒查、问题回查等措施，一项一项推进、一件一件落实，在研究新情况中认识新规律，在运用新办法中探索新经验，在解决新问题中实现新突破。全局上下严格遵守"四在岗四在线四个有"（即早六晚十在岗位、刮风下雨在岗位、节庆假日在岗位、带病坚守在岗位；研究问题在一线、推动工作在一线、督促检查在一线、解决问题在一线；开展工作有计划、落实工作有措施、检查工作有标准、完成工作有考核）的工作要求，采取攻难点有硬手段、解难题有硬办法的有力措施，全面开展工作。

班子成员率先垂范带头干，干部群众撸起袖子跟着干。领导号令明确、职员遥相呼应，做到了引擎有力、干劲十足、有计献计、有力出力，较好地完成了各项工作任务。

1. 在创建全国文明城市的进程中，积极发挥综合执法队伍攻坚克难、能打硬仗的尖刀作用

一是组织开展城市环境综合整治联合执法。依法清理取缔重点路段、公共场所、人流密集区域各类占道摆摊 25000 余次，整治铝合金门窗室外加工及占道摆放商品、物料行为 5000 余次。严肃查处破坏城市建设秩序、有碍市容观瞻和城市形象的违法违章建设 49 处，共约 8697.6 平方米。持续强化城市扬尘污染治理工作，加强建筑施工现场特别是棚户区改造工地的扬尘管控工作，三个城市出入口扬尘污染检查站昼夜不停检查过往车辆 4020 台次，有效控制抛撒遗漏车辆进入市区，减少了扬尘污染。全年共核发建筑垃圾（渣土）准运证 330 余个，依规收取建筑垃圾处理费 400 余万元；组织执法人员 2000 余人次，出动自卸车、铲车 1000 余车次，清除、平整各类常年积

存的无主建筑垃圾 71.53 万立方米。禁止焚烧垃圾工作实现常态化，根据季节特点，重点监控市区及周边区域清扫垃圾、枯枝落叶等废弃物露天焚烧行为 40 余次，有效防止垃圾自燃及人为焚烧。按照源头治理、重点整治、全面普及的思路和"谁污染、谁治理"的原则，扎实推进市区餐饮油烟污染治理。逐步推广清洁能源，切实减少餐饮油烟污染，共督促餐饮服务经营场所安装油烟净化设施 1141 台，采取"以奖代补"方式，发放油烟净化设施安装奖补资金 94.4 万元，鼓励和带动餐饮服务经营场所自觉安装油烟净化设施。二是组织开展市场出入口环境综合整治联合执法。查处市场出入口及周边违法广告、流动摊点、店外经营、乱贴乱画、乱涂乱写行为 4000 次。全面开展安全隐患排查，对全市人流量较大的集贸市场出入口进行重点排查，劝离乱停乱放占用消防通道的机动车、非机动车 500 余辆。三是组织开展对背街小巷及校园周边环境的综合整治联合执法。集中各成员单位的力量清理背街小巷占道经营、占道加工、乱贴乱挂、乱堆乱放等违规行为 6000次，全面清理校园周边流动摊贩 3000 余次，多措并举、多管齐下，消除校园周边商业、建筑噪音 700 余次，收缴各类非法出版物 50 余册，校园周边环境得到明显改善。四是协调推进全市门头牌匾改造提升联合执法工作。坚持政府引导、社会参与、公众受益的原则，集中各方面联合执法力量对市区主次干道两侧的门头牌匾进行全方位改造提升，按照标准要求和先主后次的工作步骤，把新华路、机场路作为全市门头牌匾改造提升的开端，先行先试，逐渐向市区其他主次干道辐射。截至目前，共计拆除陈旧、破损、有碍观瞻的门头牌匾 1823 块，清洗、翻新 1200 余块，完成门头牌匾改造提升5500 块，并发放奖补资金 188.5 万元。五是积极开展全市文明交通劝导志愿服务活动和全市爱国卫生行动。认真组织参与"平安雄关·谦恭礼让"文明交通劝导活动，全局领导干部带头参加"美丽雄关·万人清洁"爱国卫生行动，清扫垃圾，让文明的种子通过综合执法队员广泛传播。

2. 在完成《政府工作报告》目标任务中，积极发挥综合执法工作对全市经济社会转型发展的保驾护航作用

一是按期强制拆除了长期损害新城草湖国家湿地公园生态环境的静海生

态养殖场厂房、新城水利管理站在拱北梁水库以西修建的办公房、嘉峪关亨顺经贸有限责任公司在新城草湖湿地公园内修建的餐饮服务区及五处建筑物（总拆除面积5029.51平方米），有力保障了新城草湖国家湿地公园建设的正常进行。二是积极预防和及时制止关城大景区建设范围内，农民新建、改建、扩建、装修和改变房屋用途，抢栽、抢种花卉苗木等一系列增加建设成本和建设难度的行为。依法拆除违法建筑159户，拆除面积40000平方米，其中国有土地44户，拆除面积约18000平方米；集体土地115户，拆除面积约22000平方米。清运垃圾8000立方米。为关城大景区世界遗产保护中心的建设创造了良好的环境。三是服务全市棚户区改造项目，制止和查办影响棚改进程的行为。组织力量强制拆除志强街区、绿化街区等影响棚改工程进度的违法建筑，及时消除影响棚改进程的各种不利因素，确保棚改项目顺利进行。四是牵头主办了中央环保督察组转办的永乐北小区46号楼1楼餐饮业油烟污染的问题、恒基美居水晶街油烟噪声扰民问题等信访投诉案件7件；积极协助环保、市场监管、公安等部门完成翰林院小区石头打磨店排放粉尘污水等信访投诉问题8件，做到了配合紧密，保障有力。五是广泛采取"四用四转化"（用心感化、用智解疑、用勤规范、用法处置；把围追堵截转化为疏堵结合，把命令强迫转化为教育引导，把车上喊话转化成面对面协调，把突击整治转化为长效机制）措施，集中开展马路市场专项治理，雍和街区、同乐街区马路市场、佳禾市场、市医院北巷道市场噪音扰民、油烟污染、私搭乱建、道路堵塞、环境脏乱差等一直是群众反映强烈的热点、难点和焦点问题。通过深入细致的调研，广泛征求多方意见，在平衡各方利益，降低社会稳定风险的前提下，果断决定开展马路市场专项整治，解决居民与摊贩之间的利益冲突。通过为期一个月的马路市场专项治理，马路市场噪音扰民、油烟污染、私搭乱建、道路堵塞、环境脏乱差等问题得到有效解决，城市面貌得到明显改善。六是为了切实解决居民买菜难、商贩卖菜难以及"一管就死、一放就乱"等长期困扰综合执法工作的老大难问题，在全市实施了"实名定位画线"和"承诺制"，科学合理设立了18个实名定位画线点，提供了650个固定摊位，安排摊贩620个；建立健全了商贩自觉承诺制，达到了马路市场逐渐减少、流动摊贩固定经营，居民买菜有市场、摊贩从商有去处、摊贩自治讲规矩、干群共治有新措的目标，城市面貌明显改善，管理水平显著提高。

全年共查处各类行政违法案件 1482 起，罚款共 117.5 万元。其中一般程序案件 311 起，罚款 110.9 万元；简易程序 1171 起，罚款 6.6 万元。

3. 在落实《中共中央国务院关于深入推进城市执法体制改革改进城市管理工作的指导意见》，深化综合执法改革改进城市管理的工作中，积极发挥率先带动作用

一是建立管罚同门、管源头、罚末端的综合执法机制。在履行行政处罚职责的同时，肩负起行政审批职责。2017 年 4 月，嘉峪关市综合执法局与建设局顺利完成了城市建筑垃圾处置审批、门头牌匾设置及大型户外广告审批等行政审批及收费业务的交接工作，建立完善了建筑垃圾处置审批、门头牌匾设置及大型户外广告审批制度；根据改革需要，将随地吐痰，倾倒垃圾、粪便，不履行卫生责任区清扫保洁义务等 5 项行政处罚权移交市环卫局履行。通过"加"（新增执法权限）、"减"（缩减或取消有关执法权限）方式加快综合执法体制改革进程，积极探索实践创新思路和改革措施，促使综合执法职能更加合理、工作更加高效、机制更加顺畅。二是根据住房和城乡建设部、甘肃省住房和城乡建设厅的安排部署，在全局组织开展了"强基础、转作风、树形象"专项行动，针对队伍建设、作风建设、廉政建设、能力建设等 6 个领域的 12 个短板，采取"找病根、献良方、下猛药"等措施补短板、强筋骨，全局干部职工的政治素质和业务水平显著提高，工作作风明显转变，重新树立了崭新形象，改革动能不断增强。三是坚定落实中央、省委和市委各项改革措施，在统一综合执法名称、标志标识、执法服装、执法工作全程记录、建设智慧化综合执法平台等方面提前谋划、提前着手、提前准备，力促诸多改革目标在年内实现。

四　嘉峪关市综合执法工作展望

在新时期综合执法工作中，市综合执法局进一步建立完善发现问题、解

决问题的长效机制，增强工作的主动性、积极性和能动性，为创建全国文明城市、全域全城无垃圾创建活动和促进全市经济社会健康发展提供综合执法保障。

一是在全局深入开展全市门头牌匾改造提升工作"回头看"活动，重点解决进度缓慢、松劲泄气、质量不高、亮点不多等问题。从新华路、迎宾路、机场路门头牌匾改造提升工作的效果看，各支队虽然能够高度重视、起步早、抓得紧、推动快，但截至目前尚未真正形成连线成片的亮点，与一路一景、一街一品、白天美化、夜间亮化的目标仍有较大距离，目前项目执行时间所余不多，但尚未改造提升的门头牌匾仍占有较大比例，时间紧、任务重，各支（大）队、督查科应以全市门头牌匾改造提升工作"回头看"活动为契机，采取"促提质、建亮点"等有效措施，完成全市门头牌匾改造提升工作任务，在全市打造出一条门头牌匾亮点街、精品街和一片鉴赏区、经验推广区。

二是建立全域全城无垃圾创建活动常态化机制。全域全城无垃圾创建是民生工程、幸福工程，全局上下将齐心协力，目标上再聚焦、措施上再强化，把全域全城无垃圾创建工作不断引向深入。各支（大）队需要继续抓好统筹协调、把握重点关系、坚定信心决心，整体上再提高。继续在工作上加力，重点做好"五个抓"工作：（1）覆盖抓延伸，做到城市向农村延伸、单位向公共场所延伸、聚居区向路旁沟道延伸、"门前三包"向全域全城延伸、白昼向夜晚延伸、突击式向常态化延伸；（2）整改抓成效，在巩固"六整治一行动"、回应群众诉求上下功夫；（3）提升抓水平，推动城市管理向精细化、综合执法向规范化提升，由"事后处罚"向"事前预防"提升，由"单一执法"向"联合执法"提升；（4）共治抓机制，充分调动综合执法"红袖章"的工作积极性，注重发挥志愿者队伍的作用，形成人人参与、各方出力的共建共享局面；（5）长效抓制度，完善配套措施，建立完善违法行为依法处置、问题转办等近期及中远期制度。继续在落实上再加强，确保创建工作取得更大成效。

三是加快推进"数字城管"向智慧化综合执法升级改造的步伐。在充分利用嘉峪关市社会治理服务中心现有政务网络资源、服务器/存储/网络设备/机房资源、视频监控资源、监督中心场地资源、GIS地图资源以及现有的数字城管平台等信息资源的基础上，广泛运用"互联网＋"、大数据、移动互联、嵌入式地理信息引擎、WEBGIS（万维网地理信息）以及三维GIS等先进技术，重点对嘉峪关市社会治理服务中心"数字城管"系统实施升级改造，升级改造后的智慧化综合执法系统具备执法协同子系统、勤务管理子系统、资料库管理子系统、文书构建子系统、CA签章子系统等功能，有效提升城市管理和综合执法工作的科技含量和广泛运用现代化技术手段管理城市的水平。主管领导和业务科室应主动加强与市政府相关职能部门的沟通联系，推动"数字城管"向智慧化综合执法升级改造项目早日落地生根，实现综合执法和城市管理工作精细化、规范化、科学化、效能化、智慧化目标。

四是市容市貌管理工作要在"常抓""抓长"上有新思路新举措。运用挂图作战、建账销号、延时错时、实名定位画线、责任倒查、问题回查等有效措施，巩固管理成果，解决新出现的问题，把损害市容市貌的违法行为压缩在一个相对较小、相对可控的空间里，让"干净整洁、文明有序"的市容市貌成为嘉峪关市的常态，全局处置损害市容市貌行为的能力显著增强，管理城市、服务群众的水平进一步提升。各支（大）队要力争在下半年分别打造一条严管街、特色街、亮点街以及一片严管区、特色区、亮点区。

五是建立务实管用、快速高效的联合执法机制。有效整合全局执法资源、集中执法力量，组织开展联合执法行动，积极组织开展跨区域、跨部门、跨行业的重大联合执法行动，解决全局性热点、焦点、难点问题；各支（大）队针对具体问题适时在本区域、本部门开展联合执法工作，积极推动两个区域之间、两个部门之间或多个区域之间、多个部门之间开展联合执法，在全局迅速形成上下联动横向互动的联合执法格局。

六是全力以赴保障重大项目建设稳步有序进行。积极预防和及时制止关城大景区建设范围内新建、改建、扩建、装修和改变房屋用途，抢栽、抢种花卉苗木等一系列增加建设成本和建设难度的行为，为关城大景区的建设创

造良好的建设环境。制止和查办影响棚改进程的行为，及时消除影响棚改进程的各种不利因素，确保棚改项目顺利进行。

七是继续推进法治型综合执法队伍建设。我们要严格按照"法无授权不可为、法定职责必须为"的原则，依法全面履行综合执法职能，完善依法行政制度体系，积极推动《嘉峪关市城市户外广告和门头牌匾设置管理条例》《嘉峪关市建筑垃圾管理条例》等地方法规建设，快速推动综合执法工作迈向法治化轨道。

B.21
2017年嘉峪关市行政审批制度
改革分析及预测

张海吾　邓红玲*

摘　要： 近年来，嘉峪关市认真贯彻中央和省委加快转变政府职能、深化行政审批制度改革的决策部署，以简政放权为核心，全面摸清市政府各部门行政审批事项底数，认真做好行政审批事项的清理精简和承接落实工作，深入推进行政审批制度改革，在全省率先完成综合执法、市场监管等领域改革。本文试就嘉峪关市行政审批制度改革的举措及面临的主要问题加以研究，并提出进一步推进行政审批制度改革工作的对策和建议。

关键词： 行政审批制度　网上行权　监督管理制度

近年来，嘉峪关市坚持把"放管服"改革作为深化行政体制改革的重要抓手，大力推进简政放权，创新优化审批服务，为企业松绑、为政府定责、为群众减负，为推进供给侧结构性改革提供体制助力和机制保障。

---
* 张海吾，毕业于西北师范大学思想政治教育专业，法学学士，嘉峪关市委政策研究室副调研员；邓红玲，毕业于中共甘肃省委党校法律专业，嘉峪关市机构编制委员会办公室副主任。

一 嘉峪关市行政审批制度改革概况

2014年3月，嘉峪关市政府将行政审批制度改革工作领导小组牵头单位由市监察局调整到嘉峪关市机构编制委员会办公室（以下简称"市编办"）。为深入贯彻落实深化行政审批制度改革的要求，嘉峪关市及时制定出台了一系列措施办法，认真做好行政审批制度改革各相关工作，积极向市场和社会放权，更好地推动了政府职能转变。

（一）精简审批事项

近年来，嘉峪关市紧盯甘肃省取消下放的行政审批事项，先后6次积极承接并落实甘肃省政府部门第十批至第二十批取消、调整和下放的行政审批项目等事项。共取消70项行政审批项目，保留248项行政审批项目，减幅达22%；市政府部门保留备案制项目86项。同时，全面完成了嘉峪关市37项非行政许可审批项目的清理工作，至此，全市非行政许可审批项目全部清理完毕，这一审批类别退出历史舞台。

（二）优化审批流程

为提高审批效率，嘉峪关市承担行政审批职能部门的行政审批项目全部纳入市政务服务中心办理，采取"一个窗口受理、一次性告知、一站式审批、一条龙服务、一次性收费、一个时限办理"的运行机制，严格执行"限时办结、首问责任、服务承诺、责任追究、跟踪监督、绿色通道"等制度，提高了审批效率。截至目前，市政务服务中心共受理行政审批业务24094件，办结23463件，平均承诺时间提前率达40.2%。

（三）加大行政审批监管力度

1. 全程监管行政审批行为

为加大行政审批事项监管力度，切实规范行政审批行为，市编办督促各相关部门和单位认真开展行政审批事项的"三减一审",即通过减环节、减要件、减时限优化审批流程,推行网上审批,不断提高服务质量和工作效率,进一步完善行政审批办件系统平台,全面推进嘉峪关市行政审批迈向"高铁时代"。制定并下发《嘉峪关市行政审批事项目录管理办法》和《嘉峪关市行政审批事项审批监督办法》,建立健全长效机制,加强行政审批全过程常态化管理。

2. 推进"双随机一公开"①监管体制改革

按照嘉峪关市《推广随机抽查规范事中事后监管实施方案》要求,围绕健全完善"双随机一公开"抽查工作机制,各相关单位建立和完善了"一单两库一细则"②。其中全市27个部门建立了"随机抽查事项清单",共梳理出抽查监督事项252项;各有关部门建立了本部门的"检查对象名录库",涵盖了全部被监管对象;全市建立了"执法检查人员名录库",1024名执法人员的姓名、工作单位、执法类别及证件编号等相关信息在市法制办及各部门门户网站上同时公布;同时,各相关部门结合各自的工作实际制定了本部门"随机抽查工作细则",明确了检查的对象,确定了不同监管对象随机抽查的比例频次以及随机抽取检查人员的具体方法,细化了抽查的任务、步骤等。目前,市场监管部门随机抽查事项已达到了70%以上。"双随机一公开"监管制度的推行,进一步规范了执法行为,减轻了企业负担,营造了公平竞争的发展环境,体现了简政放权、服务于民的宗旨。与此同时,整合25个政府重点职能部门的企业信用信息资源,建成"嘉峪关企业信用信息网",积极推进企业诚信体系建设,将全市4727户企业纳入管理,初步构建起"守信受益、失信惩戒,一处违规、处处受限"的信用约束机制。加强社会信用体系建设,建成全市社会信用体系平台,72家参建单位

---

① "双随机一公开":在监管过程中随机抽取检查对象,随机选派执法检查人员,抽查情况及查处结果及时向社会公开。

② "一单两库一细则":推进简政放权放管结合优化服务向纵深发展的内容,其中"一单"指随机抽查事项清单;"两库"指市场主体名录库、执法检查人员名录库;"一细则"是指规范"双随机"抽查工作细则。

正在录入社会成员信用信息，积极推进实施守信联合激励和失信联合惩戒工作，建立市场主体诚信档案、行业黑名单制度和市场退出机制。

3. 推进综合监管改革

实行市场统一监管，按照甘肃省委、省政府关于做好统一市场监管改革试点的决策部署，嘉峪关市于2015年1月整合原工商、质监、食药监等部门的职能与机构人员，组建了市场监督管理局，实现了"1+1+1＞3"的效果，达到了"精简、统一、效能"的目标。这一改革带来诸多好处，一是行政效能明显提高。通过优化再造行政审批流程，结束了过去多头监管的局面，进一步减少了办事环节，缩短了审批时限，提高了办事效率。二是监管职能更加统一。实现了行政审批、检验检测、咨询投诉、执法办案、全程监测的"五统一"。三是机构编制大幅精简。内设和下属机构分别精简了38%、55%，行政编制和事业编制分别精简了10%、56%。同时实现综合行政执法，将仅凭直观即可判断、不需要专业手段检测检验的工商、公安、交通、卫生、食品、市容市貌、环境卫生、城乡规划、园林绿化、市政设施、环境保护、文化市场、国土资源、城市道路等涉及城市管理领域15个部门的64项执法职责先行整合，于2015年1月组建了市综合执法局，实现了"四个统一、五个转变"（即统一全市城市管理领域、市场监管领域、行政执法机关内部的执法资源和多部门的检验检测资源，实现了由看到管不到向看到管得到、由单纯执法向综合治理、由多头执法向职责明晰、由自批自管向相互监督和矛盾问题由上交处理向基层解决的转变）。

（四）开展网上行权工作

1. 发布权责清单并及时进行动态调整

根据全市"三张清单一张网"① 实施方案，于2015年8月在甘肃政务服务网公开发布了嘉峪关市政府部门权责清单，并按照"职权法定、简政

---

① "三张清单一张网"：政府部门行政权力清单、市政府部门责任清单、市级财政专项资金管理清单、政务服务网。

放权、权责一致"的原则，参照《甘肃省权责清单管理暂行办法》有关规定，依据相关法律法规的调整以及省政府取消、调整和下放行政审批项目等事项相关文件要求，结合嘉峪关市实际，及时对其中部分行政权力事项进行了动态调整，现保留行政权力事项3666项。截至目前，嘉峪关市已完成了全市41家政府部门10类行政权力事项流程图（细项）梳理、审核、加载和发布工作，并初步完成了行政许可类审批事项的"网上行权"，为全面实现甘肃政务服务网"网上行权"工作奠定了基础。

2.政务服务网如期建成

按照甘肃省政务服务网建设统一服务框架、统一功能设计、统一技术平台，突出阳光政务的总体要求，嘉峪关市于2016年4月建设完成了全市数据交换共享平台系统、网上行政审批系统和行政效能电子监察系统，确保"一张网"建设工作按计划进度进行。同时实现了政务服务网与省级行政审批及电子监察系统的技术对接，嘉峪关市行政权力事项全部纳入全省统一的网上行政审批系统，进行全流程网上办理及监管，覆盖省市两级行政审批业务的数据规范和体系，实现了网上政务服务"一点登录，多点漫游"。

3.网上行权开始试运行

按照"外网受理、内网办理"模式，集中检测"网上行权"的各有关部门受理点，对政务内网各信息点进行重新配置，保障"网上行权"线路通畅。2016年5月，"网上行权"正式开通，全市已经实现各部门248项行政许可类审批事项的在线申报办理，公众和企业在嘉峪关政务服务网上进行用户身份注册后，即可通过政务服务网申报办理市政府工作部门相关行政审批事项，实时查询办件信息，进行业务咨询、投诉和提出意见建议等，初步实现了"让信息多跑路，让群众少跑腿"的目标。

（五）清理规范行政审批中介服务

在对市政府各部门和嘉峪关有关单位行政审批涉及中介服务事项进行全面清理的基础上，向社会公布了嘉峪关市政府部门行政审批中介服务事项清单。清单共涉及5家单位的6项行政审批中介服务事项。除目录中保留的行

政审批中介服务事项外，审批部门不得以任何形式要求申请人委托中介服务机构开展服务，也不得要求申请人提供相关中介服务材料，进一步厘清政府和市场的边界，释放简政放权红利。

（六）清理公布公共服务事项

通过对嘉峪关市各部门涉及公共服务事项进行全面梳理，确认并公布了市级公共服务事项清单，涉及公共服务事项 149 项，其中市政府部门及直属事业单位 93 项，市政府部门所属事业单位 53 项，国有企业单位 3 项，为进一步提高服务质量和效率以及群众办事创业提供了方便。

二　嘉峪关市行政审批制度改革工作存在的问题

行政审批制度改革是政府的一场自我革命，任务十分艰巨。在具体工作中，审批效率不高、管理不够规范、随意性较大等问题仍然存在，以批代管、权责不一、监管不力等现象屡有发生。这些问题从表面上看似乎是监管不严格、不到位，实际是行政审批制度改革不够彻底、不够深入，具体表现在以下几个方面。

（1）市级政府部门保留的行政审批等事项相对较多。由于嘉峪关市未设县区，应由县区承担的行政审批等事项全部由市政府各相关部门负责；同时，国家、甘肃省下放调整到市州县区的事项也由市政府各相关部门承接落实，造成嘉峪关市部分单位既缺乏人员编制也缺乏相应的技术能力和专业设备，审批工作压力较大。

（2）审批事项"两集中、两到位"尚未完全落实。一是窗口人员授权不充分。窗口人员在前台仍然扮演"收发员"角色，仅受理材料、发放证件，无法独立完成审批事项的接件、审查、签批、盖章、发证工作，未能完全达到"既能受理，又能办理"的要求，导致审批效率不高、"前店后坊"现象仍然存在；二是公安局行政审批项目及市场监管局涉及食品药品监管类的行政审批项目尚未进驻政务大厅，造成"体外循环"现象。

（3）重审批、轻监管问题依然存在。由于各部门习惯于传统的事前审批管理模式，对事中事后监管及服务意识不强，重视不够，重审批、轻监管问题依然存在。

（4）"双随机一公开"监管全面推行存在困难。由于嘉峪关市一些单位执法检查人员少，随机抽取选择的范围相对也较小，跨行业抽取检查人员又受其专业知识限制，在一定程度上影响了检查质量。同时，由于嘉峪关市无县区，执法检查对象相对较少，部分单位在检查工作中采用了"抽查"与"普查"相结合的方式。因此，"双随机一公开"监管方式在很多部门实际并未完全推行。

（5）"网上行权"推行不够顺畅。尽管行政审批系统已经完全具备在线审批功能，但各单位仍然接受纸质材料，审批存在线下运行和体外循环的问题，依然采取前台受理、后台办理模式，阻碍了行政审批的网上推行。目前，网上申报事项为零。

三　深化嘉峪关市行政审批制度改革的几点建议

行政审批制度改革是一项政策性、专业性较强的改革，涉及面广，情况复杂，难度很大。真正完成好这项改革，必须高度重视责任落实，强力配合推进，形成深化改革的合力；必须围绕转变政府职能，统筹配套推进，科学界定政府与市场、社会的关系；必须积极稳妥有序、依法依规推进，处理好合法与合理的关系；必须广泛吸纳民意，科学民主地推进，在法治框架下最大限度提高科学民主决策水平。

（1）继续做好行政审批项目的清理工作。继续做好国务院、省政府取消、调整和下放行政审批项目的承接落实工作。同时，严格按照相关程序将不符合嘉峪关市实际的行政审批项目予以取消，真正实现放权于市场、放权于企业、放权于社会。

（2）加强"两集中、两到位"。一是进一步强化职能归并和授权到位；二是强化集中审批服务效能，积极探索改进网上审批和授权审批的有效办

法，解决集中审批即办效率不高和管理分散等问题；三是继续优化政府政务中心工作机制，推进"接待型窗口"向"审批服务型窗口"过渡，改变审批窗口的"收发室"状况。

（3）强化监督管理制度建设。进一步明确监管职责，创新监管方式，加强事中事后监管，积极推动"重审批，轻监管"向"宽准入，严监管"转变，避免出现监管真空。在综合执法和市场监管领域，还必须进一步创新工作方式，完善相关制度机制，持续巩固扩大改革成果，总结推广工作经验。

（4）完善"双随机一公开"监管体制改革。加强事中事后监管，积极探索和推动跨部门、跨行业联合随机检查，由市政府统筹，组织相关监管部门联合开展抽查，减少对市场主体的重复检查。严格规范执法监管部门的自由裁量权，合理确定年度随机抽查比例和频次，保证必要的抽查覆盖和工作力度，防止检查过多和执法扰民。

（5）积极推进网上行权及联审联批（并联审批）。一是在规范审批事项标准化的基础上，推进网上电子签章的使用，不断加强事项受理要件的规范和统一。二是加强部门间信息互联互通，打破"数据壁垒"和"信息孤岛"①，解决信息互通不畅问题。三是积极借鉴先进地区的经验做法，创新体制机制，积极推进嘉峪关市联审联批（并联审批）工作，方便群众和企业办事，营造便捷、高效、务实、清廉的政务服务环境。

---

① 信息孤岛：系统之间在功能上不关联互助、信息不共享互换以及信息与业务流程和应用相互脱节。

生态文明篇

Ecology Civilization

B.22
2017年嘉峪关市园林绿化
工作情况及建议

李燕生　张 辉*

摘　要： 2017年，嘉峪关市园林局开展义务植树和创建全国文明城市、全城全域无垃圾活动，重点完成了北市区道路、东湖等三园区改造，部门绿化稳步推进，园林绿化管护向精细化迈进。但仍存在绿地规划不尽科学、缺少城市园林绿化管理地方性法规、种植结构不尽合理等问题。建议继续完善生态防护林体系建设、全面实施精品工程、加强园林绿化的道路水网体系建设、编制城市园林绿化专项规划和进一步强化监督管理职能，加大单位内部管理的提升力度。

---

* 李燕生，毕业于甘肃政法学院法学专业，嘉峪关市委政策研究室副主任科员；张辉，毕业于中国人民解放军西安政治学院法律专业，嘉峪关市绿化委员会办公室主任。

关键词： 绿化 生态宜居 生态保护

2017 年，嘉峪关市园林局在市委、市政府的正确领导下，紧紧围绕建设"湖光山色、戈壁明珠"和市十一次党代会确定的"深入实施绿色提质行动，建设生态宜居城市园林"的总体目标，加快生态体系建设步伐，全面提高和改善嘉峪关市生态环境和人居环境质量，进一步巩固绿化成果，为争创国家生态园林城市打下坚实基础。

截至目前，嘉峪关市绿地率和绿化覆盖率分别达到了 38.30% 和 39.41%，城市人均公园绿地面积 35.61 平方米。嘉峪关市民用自己的双手，靠着坚定的信念和辛勤的劳动，经过几代人的不懈努力，将曾经遍地砂石的不毛之地一点点建设成了绿树、蓝天、碧湖交相辉映的现代化工业旅游城市，绿色生态已成为嘉峪关市一张亮丽的名片，初步形成了"三季有花、四季有景、层次分明、各具特色"的绿化效果，先后荣获"甘肃省绿化模范城市""甘肃省园林城市"的荣誉称号，2016 年 1 月被住房和城乡建设部命名为"国家园林城市"。

一 2017年园林绿化工作情况

（一）广泛动员全社会力量推进城市绿化建设

2017 年，嘉峪关市广泛动员全社会力量推进城市绿化建设。一是深入开展宣传动员和义务植树活动。在"3·12"植树节和"甘肃植树周"活动期间，由市绿委办和市园林局通过嘉峪关广播电视台、《嘉峪关日报》和微信公众号向全市发送"3·12 植树节倡议书"，动员和组织全市广大人民群众积极投身造林绿化工作，在全市范围内掀起了造林绿化工作的新热潮。4月 14 日和 10 月 26 日，嘉峪关市委、市政府组织全市党政机关、武警官兵、团员青年志愿者及社会团体分别在酒钢西门南北一线、迎宾湖旅游园区、东湖生态旅游景区和益民街区北侧等地开展了轰轰烈烈的义务植树活动。三区三镇及酒钢（集团）公司等单位和部门也积极组织人员开展义务植树活动，酒钢公司组织人员2.2万人次，在新尾矿坝种植各类树木1万余棵，清理冶金厂区树沟120万平方米。全市116个单位参加了义务拉运绿化土方工作，共计义务拉运绿化土方9.2万立方米，全市义务植树尽责率达到了91%。全市106个沿街企事业单位、商业网点和市园林局完成了在城市主干道两侧、重点路段、关键节点、主要出入口及广场、游园、景区和门前的摆花任务，共计摆放各类鲜花52万盆，新建立体植物雕塑12处，总面积达330平方米，美化了城市和家园。

二是乡镇造林绿化和部门绿化稳步推进。按照"政府主导、地企联手、全民参与"的原则，农林局、大景区管委会、工业园区、酒钢（集团）公司和华强集团等单位和部门在完成全市义务绿化任务的同时，按照职能要求，认真落实部门分工负责制，积极组织开展乡镇绿化以及辖区内绿化工作。其中，市农林局向市财政申请乡村绿化苗木购置资金25万元，通过公共资源交易服务中心招标，为三镇提供新疆杨、槐树、垂柳等优质苗木21490株。为全面推进生态文明建设，提升农村生态环境水平，指导三区三镇大力开展全民义务植树运动和乡村绿化建设，总投资107.99万元，绿化农村6.1公顷。嘉峪关市工业园区继续加大对厂区周边道路和园区内的绿化建设，新建绿地1公顷。酒钢公司加大对厂区周边绿化及绿化设施改造力度，全年投资684万元，重点组织完成新尾矿坝防风林绿化建设、冶金厂区、嘉北工业园区、酒钢医院绿化建设及公共区域基础设施修缮工作，新建绿地1.4公顷。

（二）树立"大园林"理念，建设和精细化管护同步推进

一是结合全市创建全国文明城市和创建全城全域无垃圾活动，组织人员对历年来被命名的94家"花园式单位"及"绿化达标小区"进行复查，督促各单位及时处理绿化产生的杂草枯枝，对存在问题的单位要求进行整改，经过整改，城区整体绿化效果得到根本改观。

二是提升城市园林绿化水平。注重生态建设与人文、历史、地理和艺术的有机结合，努力提升城市绿化的美感、艺术感和立体感，在景区和市区各主干道两侧、转盘、交叉路口等主要路段摆花造景，共增设立体花架和悬挂式花篮154组，打造城市环境美化新亮点，摆放大型立体植物造景12组，城市绿化品质得到进一步提升。

三是促进园林绿化管护向精细化迈进。依据《甘肃省城市园林绿地养护标准》，进一步完善《嘉峪关市绿地养护管理考核实施细则》和《嘉峪关市绿地养护质量考核标准》，细化绿地养护质量标准、检查考核评分细则，做到养护有标准，考核有依据，全面提升绿化管护水平。同时，加强绿地浇水、施肥、病虫害防治、树木修剪等日常管护工作，重点对机场路两侧树木进行修剪，并对树沟内的垃圾进行多次清理，使沿路面貌为之一新；为激发和提升全局干部职工开拓进取、锐意进取的积极性，组织开展了"园林绿化技能大赛"，由专家小组对每一名单位技术人员的实际工作进行考核评比，有力推动了园林绿化工作向专业化、科学化、规范化方向迈进。[1]

四是全力推进创建全域全城无垃圾及全国文明城市工作，使园区路段的美化、净化效果进一步凸显。加强景区和绿地范围内卫生保洁，做到无垃圾、无污水、围墙及护栏无破损、无乱张贴、无乱涂写、无乱设广告等；景区、公园硬化区域平整坚实；景区及园区内无乱堆乱放、私搭乱建、乱刻乱画、乱丢乱扔等现象，垃圾箱分类设置，布局合理、外观整洁、垃圾日产日清。及时打捞湖面及飘带河漂浮物并进行清淤工作，保持水面、水体清洁，确保景区和园区的水域环境质量。落实景区、园区厕所卫生保洁制度，确保了厕所地面与池面卫生干净、无异味。在全国文明城市创建进程中，在各公园、景区醒目位置共设立社会主义核心价值观宣传牌和文明公约宣传牌842块，将东湖生态旅游景区打造成"社会主义核心价值观主题公园"。在日常养护中，成立专门督办组，自我加压，增加工作强度与检查，实现创建工作与园林绿化工作"两促进、两提高、两不误"。各部门修剪各类乔木2.8万

---

① 陈玲玲：《景观设计》，北京大学出版社，2012，第209页。

株，做到边修整边清理，及时清理工作中产生的枝干、杂草等，截至目前已清理绿化垃圾 26000 余立方米，确保环境卫生整洁。同时注重基础设施维修维护工作，发现问题及时处理，及时做好设施维护保养工作；建立长效机制，各景区组织人员每天做好景区防护栏的擦拭和维护，同时对景区和园区的果皮箱、座椅、标示牌、花坛及地面的污物进行清理和擦洗，各景区延长保洁时间，确保责任区内卫生无死角，确保景区环境更加优美、整洁、靓丽。

（三）缩小南北市区绿化差异

结合全市棚户区改造规划，嘉峪关市多方筹措建设资金，投资 2998 万元对北市区 11 条道路和周边绿化进行提升改造。按照嘉峪关市建设局对棚户区道路改造的计划安排，为避免道路改造与绿化改造交叉施工造成影响和损失，2017 年对已改造完或不改造的 4 条道路实施重点绿化改造。主要完成了新华路、兰新路、胜利路、玉泉路绿化带改造及嘉文路桥洞以北绿化、市区部分路段苗木的补植补栽，共提升改造绿化面积 6.6 万平方米，种植花灌木、地被植物 2.6 万平方米，乔灌木 1.7 万株，开挖换填土方 4.3 万立方米，改造安装滴灌、取水器等绿化管线 4.6 万米。剩余路段改造将于 2018 年完成。

（四）进一步提升景区绿化品质，完成迎宾湖园区基础设施提升改造工程

对迎宾湖旅游园区基础设施及绿化进行提升改造。投资 973 万元，重点对园区道路、广场、路灯、音响、北门房等基础设施和园区绿化进行了提升改造，铺装路面 18500 平方米，改造绿地 5200 平方米，改造公厕 4 座，新增庭院灯 58 盏，敷设电缆 2000 米，改造绿化管线 1.52 万米。完成东湖气象塔灯光亮化改造工程。投资 200 万元，改造东湖气象塔灯光亮化设施，拆除原有灯具及配套设施，重新安装 7000 套 LED 八段数码管，安装智能中控自动控制箱、数字控制器、服务器等配套设备，目前已投入使用。完成讨赖河生态园和明珠文化公园环湖路塑胶跑道工程。投资 210 万元，铺设南市区

讨赖河生态园和明珠文化公园环湖道路塑胶跑道 10500 平方米，为市民提供了更加优质的运动休闲场所。

二　存在的问题和对策建议

1. 绿地规划不尽科学合理

多年来，嘉峪关市城市园林绿化工作缺乏科学完整的、适合嘉峪关市城市绿化建设的城市绿化专项规划，仅在 2014 年创建国家园林城市之初邀请上海市政工程设计研究院制定过一部专项规划。因此，在城市绿化建设中，不能很好地规划、统筹城市的整体绿化，从目前嘉峪关市城市园林绿化效果来看，城市整体绿化工作缺乏长远性和前瞻性。为此，正在着手制定新的、适合嘉峪关市城市整体绿化建设的专项规划。

2. 缺少城市园林绿化管理地方性法规，依法治绿还需加强

目前为止，嘉峪关市绿化工作可执行法规只有 1992 年 8 月国务院颁布施行的《城市绿化条例》，甘肃省没有出台相关法规，嘉峪关市于 1995 年颁布的指导性文件《嘉峪关市绿化管理办法》按规定也已失效，在绿化建设和管理中缺乏可依据的法律法规。因此，出台和制定地方性绿化管理的法规和规章也是下一步重要工作任务。

3. 种植方式不够科学，种植结构不尽合理

由于嘉峪关市建市初期绿化面积低，城市绿化主要考虑的是增加体量，没有充分考虑长远规划，更没有一个比较系统、科学和长远的绿化规划体系。尤其在城市外围防护林和个别路段，在最初的绿化种植工作中，主要种植一些易成活、低成本、好养护的适生树种，如杨树、柳树，但从目前情况看，杨柳易生病虫害、需水量大，不利于节约型绿地建设①，还有部分绿地存在乔木种植密度过大，不利生长的现象。

根据习近平总书记在党的十九大提出的"牢固树立社会主义生态文明

---

① 丁轶哲：《工程项目管理企业在我国的发展研究》，同济大学出版社，2008，第 113 页。

观，推动形成人与自然和谐发展现代化建设新格局，为保护生态环境做出我们这代人的努力"的新理念，就城市生态文明建设提出如下建议和意见。

一是继续完善生态防护林体系建设，根据嘉峪关市城市绿化专项规划，分步骤逐年实施，力争2020年建成较为完善的城市防护林体系。

二是全面实施精品工程，打造一批精品公园，推进小区绿化和街头绿地的建设，提升城市品位。通过修复树沟、树池裸露地面和推行立体绿化，提高城市绿化率和美化率，实现"一街一主题"的街头景观小品，增强市民在绿化工作中的体验。

三是加强园林绿化的道路水网体系建设，完成迎宾路、祁连路、胜利路、建设路等道路的绿化水网改造，提高水资源利用率，减少绿化用水与市民生活用水的矛盾。

四是提前编制城市园林绿化专项规划和起草《嘉峪关市园林绿化管理办法》，争取通过人大立法，为园林绿化发展提供有力的法律支撑。

五是进一步强化监督管理职能，强化园林工作职能，对嘉峪关市城市、乡村、物业和个人的绿化行为进行全覆盖管理，对绿化面积不达标，绿化效果差的单位和企业进行督促管理。

六是加大单位内部管理的提升力度，发挥专家在园林绿化中的作用。成立专家小组，推进绿化管理水平稳步提高，由专家对项目设计、实施、验收等环节进行技术支持和运行监督，并加大对绿地养护企业的考核力度，为园林绿化指标的完成提供可靠保障。

党的十九大胜利召开，为园林绿化事业发展进一步明确了方向。嘉峪关市将秉持生态文明理念，大力推进绿色发展，在市委、市政府的坚强领导下，不断强化内生动力，推进全市园林绿化事业取得新成绩，为嘉峪关市在全省率先实现转型跨越发展和全面建成小康社会做出更大贡献。

B.23
2017年嘉峪关市环境保护
工作情况及建议

李燕生　温旭涛*

摘　要：　2017年，嘉峪关市环境保护工作以中央环境保护督察反馈问
题整改为契机，进一步强化环境监管执法，稳步推进三大污
染防治工作，全方位组织开展环境宣传教育、环境影响评估
积极服务经济社会发展，环境监测、环境应急、核与辐射环
境监管水平不断提升，环境指标达到甘肃省政府考核目标，
整体环境质量稳中向好。

关键词：　环境保护　环境管理　环境评价

一　环境保护工作总体形势

1. 嘉峪关市各级各部门环境保护工作的认识与实践不断深化

嘉峪关市委、市政府始终坚持生态立市战略，将提升广大干部职工生态
环境保护意识作为一项重点工作抓紧抓好，坚持组织开展领导干部生态环境
保护专题培训，并在干部日常培训中增加生态环境保护课程，进一步提升领
导干部对环境保护相关法律法规的理解认识，以及对生态环境保护重要性的
深刻认知。通过报纸、电视、网络大力宣传生态文明理念，普及环境保护、

* 李燕生，毕业于甘肃政法学院法学专业，嘉峪关市委政策研究室副主任科员；温旭涛，毕业
于兰州交通大学环境工程专业，现在嘉峪关市环境保护局法规宣教科工作。

资源能源节约利用等方面的法律法规，共同推动美丽雄关建设。嘉峪关市还成立了由市委、市政府主要领导任组长的"嘉峪关市环境保护委员会"，建立了嘉峪关市环境保护监督管理工作领导小组联席会议制度并定期召开环保联席会议，研究解决环境保护工作中存在的问题。2017年，嘉峪关市委共召开8次市委常委会议，市政府共召开10次常务会议，积极研究环境保护工作短板，认真分析解决环境保护问题，安排部署各类环境保护工作。嘉峪关市委、市人大、市政府、市政协主要领导先后8次对环境保护工作展开现场调研，召开大气污染防治推进会等专题会议12次，全面部署环保工作。市人大、市政协通过执法检查、审议专项工作报告、开展询问、专题调研、建言献策、科学监督等方式，积极督促和推动环境保护工作。目前，嘉峪关市已将绿色发展理念贯穿到社会各个层面，基本具备生态自觉的发展特性。

2.环境保护成为各级党委政府的重要责任

2017年，嘉峪关市出台《生态环境保护工作责任规定（试行）》，明确规定了市委、市政府及其有关部门、法院和检察院等56家单位和部门在生态环境保护工作中的职责。2017年初召开的全市环保工作大会上，市政府与全市40家单位和部门签订了2017年度嘉峪关市生态环境保护工作目标责任书。加大督查力度，将环保工作纳入《嘉峪关市人民政府2017年督查工作计划》重点工作任务，全面推动生态环境保护工作责任和各项决策部署落到实处。嘉峪关市委组织部将环境保护工作纳入全市党政领导干部和领导班子政绩考核评价体系，将生态环境保护工作考核结果作为领导干部评先评优、提拔任用的重要依据。对环境保护工作推动不力、落实不到位的，实行"一票否决"制。目前，全市环保工作已经形成了由市委、市政府统筹领导、环保部门统一监管、各部门分工负责的格局。

3.环境质量稳中向好，但持续改善的任务依然严峻

监测结果表明，近年来嘉峪关市环境质量稳中向好，但在全面建设小康社会和转型发展的关键时期，资源消耗和污染排放的新增压力必然加剧，经济社会发展与环境承载力不足的深层次矛盾也愈加凸显，随着经济增长下行压力不断增加，企业生产经营困难增多，治污力度减弱，无疑给环境保护带

来新的难题，环境保护形势不容乐观，环境质量持续改善任务仍然艰巨。一是嘉峪关市生态环境差，城市周边地表多为沙砾或流沙覆盖，降水极少，蒸发强烈，多大风与沙尘暴，给大气环境质量改善带来极大压力。二是资源能源消耗持续增长，环境容量相对不足，以煤炭为主的能源结构和产业偏重化结构的趋势还将维持较长一个时期。三是大型工业项目相继投产，造成污染物排放总量增加，污染物减排难度增大。尽管新建大型工业项目采用了先进的生产工艺和环保技术，实现了主要污染物达标排放，但总体上仍会导致嘉峪关市大气主要污染物排放总量呈上升趋势，环境质量持续改善的任务依然严峻。

二 环境质量状况

2017年，剔除沙尘天气影响，全市空气质量优良天数310天，优良率为91.4%；PM10平均浓度为72微克/立方米，PM2.5平均浓度为19微克/立方米，二氧化硫平均浓度为17微克/立方米，二氧化氮平均浓度为24微克/立方米，一氧化碳第95百分位数1.00毫克/立方米；臭氧日最大8小时滑动第90百分位数148微克/立方米；空气自动站联网率在90%以上；地表水水质、饮用水水质达标率均为100%；各项指标达到省政府考核目标任务。

三 主要工作开展情况

1. 开展中央环境保护督察反馈意见整改落实工作

嘉峪关市把中央环境保护督察反馈意见整改落实作为一项重大政治任务，对存在的问题按照"照单全收、对账销号、全面整改、不留死角"的工作原则，成立了以市委、市政府主要领导为双组长的环境保护督察整改工作领导小组，全面负责督察整改工作的推进。制定了《嘉峪关市贯彻落实中央环境保护督察反馈意见整改方案》，整理出18个具体问题，从增强生态环境保护意识、落实环境保护主体责任、持续推进突出环境问题治理、坚决打好水土壤大气污染防治攻坚战、大力开展城乡环境综合整治、强化环境风险隐患全过程防控等方面，确定了11类42项整改措施，进一步明确了整改工作的方向和要求，确立了总体目标和整改时限，并落实了责任单位。建立和完善长效机制，督促各部门根据方案早安排、早规划、早着手，持续加大重点环境问题整治力度，全面推进中央环境保护督察反馈意见整改工作。中办国办就甘肃祁连山国家级自然保护区生态环境问题发出通报①后，嘉峪关市第一时间学习传达相关文件精神，印发了《嘉峪关市持续做好生态环境保护问题整改和监督管理工作的实施意见》和《关于深刻汲取甘肃祁连山国家级自然保护区生态环境问题教训持续做好中央环保督察反馈及生态环境保护问题整改工作的通知》，深刻汲取祁连山生态环境破坏问题的经验教训，举一反三，对嘉峪关市生态环境保护工作中存在的问题进行再梳理、再自查，并再次确认中央环境保护督察移交嘉峪关市办理的27个信访问题的处理情况。截至目前，按照甘肃省整改办关于做好中央环境保护督察反馈意见整改措施清单销号工作的安排部署，嘉峪关市完成了整改措施清单中18项问题材料的报送工作。

2. 狠抓落实，三大污染防治工作稳步推进

扎实做好大气污染防治工作。开展建成区燃煤小锅炉"清零"行动，截至目前，建成区内73台燃煤锅炉已全部完成淘汰或清洁能源改造；出台《煤炭经营使用监督管理办法》，建设煤炭集中交易中心，明确禁止在城市中心区域及文物保护区设立煤炭经营场所，同时依托煤炭集中交易区已初步形成散煤配送管控体系，按时对煤炭质量进行抽检，检测不合格的煤炭一律不准进入辖区经营；出台了《建筑施工场地大气污染防治管理办法》《建筑垃圾（渣土）审批管理制度》等一系列规章制度，强化道路扬尘污染管控，规范渣土道路运输，鼓励广大群众积极参与偷倒乱倒、抛撒遗漏等违法行为

---

① 《中办国办就甘肃祁连山国家级自然保护区生态环境问题发出通报》，《人民日报》2017年7月21日，第1版。

的监督。同时对未落实抑尘措施的施工场地采取一票否决制,一律停工整改。2017 年,嘉峪关市共有各类施工场地 92 个,其中 91 个达到"六个百分百"① 扬尘管控要求。共登记检查车辆 32891 台次,查处无密闭措施、抛撒遗漏等造成扬尘污染的违法行为 240 起,罚款 781400 元;积极督促酒钢集团公司加强污染物排放治理,强化对已建成污染减排设施的日常运行管理。宏晟电热公司新 4# 机组,东兴铝业公司 4# 机组的超低排放改造,酒钢公司选烧厂 1、2 号球团竖炉的烟气脱硫除尘改造,酒钢热力站 3 台 220 蒸吨燃煤锅炉的提标改造等项目已完成并投入运营;持续推动城区餐饮业油烟整治工作。截至 2017 年年底,全市 1825 家餐馆均已完成炉灶清洁能源改造工作,完成率为 100%,需安装高效油烟净化装置的餐馆已全部安装油烟净化装置;深入推进黄标车淘汰工作,2017 年共淘汰 714 辆黄标车。

切实抓好水污染防治工作。出台了《嘉峪关市水污染防治 2017 年度工作方案》《嘉峪关市畜禽养殖禁养区划分方案》等制度方案,持续加强工业企业、城镇生活、农业农村等重点领域的水污染治理,完成城市集中式饮用水水源地环境保护规范化建设、禁养区畜禽养殖场摸底排查和搬迁等重点工作。积极推进嘉峪关工业园区分布式污水处理站及污水收集管网项目建设,计划于 2017 年底前建成投运。持续升级改造生活污水集中处理设施,不断完善城镇污水收集管网,城镇污水处理率达到 92%,城镇污水处理厂污泥无害化处理率达到 100%,再生水回用率达到 67%。

深入贯彻落实国务院《土壤污染防治行动计划》(简称"土十条"),全面推进土壤污染防治各项工作任务的落实。印发《嘉峪关市土壤污染防治方案》,开展农用地土壤污染状况详查工作。积极督促甘肃民丰化工有限责任公司加快推进老渣场含铬污染场地修复项目建设。目前该项目已在相关招标平台挂网招标,并于 12 月 28 日开工建设。

---

① "六个百分百"工作标准出自国家《关于严格执行全市城区房屋建筑施工现场扬尘治理六个百分之百标准的通知》,即:工地周边 100% 围挡;物料堆放 100% 覆盖;出入车辆 100% 冲洗;施工现场地面 100% 硬化;拆迁工地 100% 湿法作业;渣土车辆 100% 密闭运输。

3. 创新管理，环评积极服务经济社会发展

对嘉峪关市各项新、改、扩建项目执行严格的环境影响评价和环保"三同时"制度①。制定《嘉峪关市全面深化环评"放管服"改革工作实施方案》，对水利、交通等影响较小的建设项目不再组织技术评审，直接审批；对城市基础设施项目，开通快速高效的审批通道，确保项目快速实施。建立重大项目环评审批推进机制，对重大项目、"兰洽会"签约项目实行环评动态管理和联络员制度，确保项目快速落地。截至目前，共审批建设项目环评67个，验收建设项目32个。

4. 依法行政，进一步强化环境监管执法

市检察院、市公安局环保犯罪侦查分局、市环保局联合出台了《嘉峪关市环境保护行政执法与刑事司法衔接工作实施细则》，建立了环保、公安、检察机关环境保护联动执法机制，形成防范和打击环境违法犯罪的合力。实施全市环境监管网格化管理，按照"属地管理、分级负责、无缝对接、全面覆盖、责任到人"的原则，以市、区、镇、社区为四级网格，建立包括340个城市网格和117个农村网格在内的环境监管体系。坚持源头严防、过程严管、后果严惩，全面贯彻新《环境保护法》，深入开展环境保护大检查活动，依法严厉打击环境违法行为。建立重点污染源巡查制度，开展"双随机"（随机抽取被检查对象、随机选派检查人员）检查工作，督促企业落实环境保护主体责任，切实解决敏感区域、敏感行业和敏感污染源存在的环境污染问题。及时查处污染隐患，2017年共立案查处企业41家，处罚金额达423万元，下达责令改正通知书60份，移送公安行政拘留2起，行政拘留2人。切实保障群众环境权益，确保"12369"及环保微信举报平台投诉渠道畅通，认真办理各类环境投诉案件。共接受各类投诉举报96件，其中转办案件21件、电话投诉47件、网络举报10件。做到了事事有落实、件件有处理、案案有结果，切实维护了人民群众的环境权益。

---

① "三同时"制度是指一切新建、改建和扩建的基本建设项目、技术改造项目、自然开发项目，以及可能对环境造成污染和破坏的其他工程建设项目，其中防治污染和其他公害的设施和其他环境保护设施，必须与主体工程同时设计、同时施工、同时投产使用的制度。

5. 加强引导，全方位组织开展环境宣传教育

为确保网格管理充分发挥监管作用，网格员能熟悉掌握环境保护相关法律法规，分三期对全市三区 400 余名网格长和网格管理人员进行环境保护管理培训。在 6 月 5 日世界环境日，在雄关广场开展环保系列宣传活动，设置"绿水青山就是金山银山"主题墙、签名墙以及横幅、宣传展板，营造浓厚的宣传氛围，向群众发放生态环境保护和法律法规宣传资料，设立环保咨询台，面对面解答有关环保方面的问题，普及环保科普知识。加强对企业的环保知识培训，市环保局对酒钢集团宏兴钢铁股份有限公司中层及以上干部共计 200 余人开展了环保法律法规专题培训，进一步提高了企业环境保护主体意识和环境管理人员环境管理整体水平。在全市 30 个社区开展"助力'创城'环保宣传进社区"活动，通过设立咨询台解答居民日常生活中遇到的各种环保节能问题，发放《环境保护法》《环保知识手册》《环保科普手册》《嘉峪关市 2016 年环境质量公报》等宣传材料，向广大居民宣传环境保护的相关法律法规知识，活动共发放宣传资料 2 万余份，现场解答群众咨询 1500 余人次，营造了人人关注环保、支持环保、参与环保的浓厚氛围。

6. 全面推进，不断提升环境监测、环境应急、核与辐射环境监管水平

对辖区内国控企业进行监督性监测并公布监测结果，按要求公布环境质量监测信息和 2016 年环境质量公报。建成两个空气自动站房，并购置了有机物分析仪器设备，监测能力大幅提升。开展环境应急管理督察工作，针对企业突发环境事件应急预案编制、备案情况，以及应急防范设施建设和风险防控措施落实情况开展排查整治。建立了环保、气象部门重污染天气应急联动工作机制。截至目前，嘉峪关市未发生突发环境事件。加强核与辐射日常监管，开展放射源安全检查和保障核与辐射环境安全专项行动，确保辐射安全。组织开展了 2017 年辐射事故应急演练，得到甘肃省环保厅充分肯定。

四　存在的问题及建议

（1）环境保护责任需进一步落实。嘉峪关市委、市政府下发了《嘉峪

200

关市生态环境保护工作责任规定（试行）》，从具体实施情况看，还存在部分部门对经济发展与环境保护关系的认识不足、环境保护责任落实不到位的问题，分工负责、各司其职、齐抓共管、相互协调的机制尚需进一步落实。

（2）生态环境质量改善压力巨大。虽然嘉峪关市已针对《大气污染防治行动计划》《水污染防治行动计划》《土壤污染防治行动计划》（以下简称"气、水、土三个'十条'"）制定方案，各项措施也都基本落实到位，各项工作取得了阶段性成效，但生态环境脆弱问题突出，环境质量改善与中央的"硬任务"和老百姓的"硬需求"之间还存在明显差距，贯彻气、水、土三个"十条"的力度还需进一步加强。

（3）污染治理水平需进一步提升。企业污染治理整体水平不高，有待进一步加强污染物超低排放改造、污染物达标治理等工作。此外，由于嘉峪关市经济总量小，财政资金有限，故综合在生态环境修复、污染物治理等方面投入的资金相对有限，部分生态环境修复项目、污染物治理项目的推进难度较大。

针对以上问题，建议重点抓好以下几个方面工作。

一是进一步提高认识。全面落实政府环境保护监管责任和企业环境保护主体责任。继续加大《环境保护法》等法律法规的宣传力度，为环境保护工作提供思想和技术保障。

二是加大整治力度。加强对全市重点行业、重点单位的监管，全力推进在线监测网络建设，强化对重点污染源的监督性监测，强化项目建设管理力度，从源头上预防环境污染和生态破坏行为。

三是继续深化大气、水和土壤的污染防治工作。继续在各项工作中采取切实有效的措施，巩固现有成绩，继续加大环境监管力度，持续改善大气、水和土壤环境质量。

四是强化环境监管执法。坚持源头严防、过程严管、后果严惩原则，严惩环境违法犯罪行为，对涉嫌环境犯罪的企业形成合力打击的高压态势，推进全市环境保护工作。

　　五是持续加强舆论宣传引导。充分利用电视、电台、网络、报纸等新闻媒介，继续加大新《环境保护法》及其配套法规的宣传力度，充分发挥"12369"环保举报热线的社会监督作用，保持公众信息表达渠道的畅通，回应公众诉求，努力营造全社会关注环保、支持环保、全力推进环保工作的舆论氛围。

B.24
2017年嘉峪关市水资源保护开发
工作情况及建议

李燕生　赵玉珍 *

摘　要： 嘉峪关市水资源的保护开发工作综合了自然条件、地理环境、经济社会发展历史、社会综合能力等诸多因素，已基本形成了比较完整的体系。但是，作为一座新型工业旅游城市，水资源的可持续利用依旧是一项最重要的课题，需要不断探索提高保护、开发、利用水资源的能力，确保经济社会健康可持续发展。

关键词： 水资源保护　资源循环　水生态

合理开发、利用、节约和保护水资源，防治水害，实现水资源的可持续利用是保障人民生活、生产的先决条件，是经济社会稳步发展的基本前提。嘉峪关市地处戈壁腹地，自然条件艰苦，属全国缺水城市之一。为统筹利用有限的水资源，近年来，嘉峪关举全市之力兴修水利，变利为宝，以"管好水资源，做好水文章"为工作目标，以有限的水资源为基础，在水资源管理、水利工程建设、水生态建设等方面取得了可喜的成绩。

---

* 李燕生，毕业于甘肃政法学院法学专业，嘉峪关市委政策研究室副主任科员；赵玉珍，毕业于中共甘肃省委党校经济管理专业，嘉峪关市水务局干部。

一 嘉峪关市水资源基本情况

嘉峪关市地处祁连山北麓的戈壁平原地带，属温带干旱气候区，干旱少雨，蒸发量大，数据统计显示，1956～2015 年多年平均降水量为 91.3 毫米，多年平均蒸发量为 1175.8～2205.4 毫米，干旱指数 2～10。讨赖河是流经嘉峪关市的唯一常年河流，在嘉峪关市境内长约 40 公里，嘉峪关断面多年平均径流量为 5.31 亿立方米，是嘉峪关市工、农业用水的基本水源。目前，嘉峪关市已建成大草滩水库，引流讨赖河地表水存储，主要用于酒钢工业；农业用水主要依靠讨赖河农业渠首的南、北干渠引水灌溉；生活及部分工农业用水主要依靠嘉峪关水源地、北大河水源地、双泉水源地、黑山湖水源地、新城水源地等地下水水源供给。

根据甘肃省地矿局水文地质工程地质勘查院 2010 年 1 月完成的《嘉峪关市水资源调查评价》报告，嘉峪关市水资源总量为 4.78 亿立方米，地表水资源量为 3.34 亿立方米，地下水资源量为 1.44 亿立方米。其中地表水资源可利用量平均为 1.33 亿立方米/年，地下水可开采量为 2.22 亿立方米/年。

二 水资源的保护、开发利用情况

水资源的保护开发工作是一项长期性和持续性的工作，具有较强的地域性特征，要在尊重自然的基础上适应经济社会的发展，在有限的空间内适应人们的生活、生产需求。因此，水资源保护开发工作的开展、取得的成绩、获得的利益、展望的前景都要用历史的眼光和要求来衡量。嘉峪关市自建市以来不断开拓和壮大水利事业，水利工程建设由粗略的实用走向了精细化和人文化，水资源统筹管理水平不断提高[1]。但是，随着社会文明的进步，对

---

① 陈家琦：《论水资源学和水文学的关系》，《水科学进展》1999 年第 3 期，第 215～218 页。

水资源保护开发工作的要求也在持续提高，需要坚持探索和提升工作方法、工作效率来适应新时代的要求。

（一）水利工程建设基本情况

（1）水库建设。截止到2017年，嘉峪关市先后建成中小型水库15座和1处水面景观：大草滩水库、安远沟水库、迎宾湖水库、双泉水库、九眼泉、酒钢种植园水库、酒钢养殖园水库、酒钢公园人工湖、酒钢三号门水库、紫轩葡萄庄园调蓄水库、拱北梁水库、讨赖河生态公园人工湖、明珠文化公园人工湖、龙湖水库、双泉应急备用水库以及讨赖河生态治理景观工程。总库容量7788.3万立方米，营造水面面积698.37万平方米。

（2）防洪设施。嘉峪关市城市防洪工作采取工程和非工程措施相结合的原则，以工程措施为主。目前城区共建有六条主防洪渠，分别是东线防洪渠、东侧双洞桥防洪渠、南线防洪渠、南侧铁路地区南防洪渠，以及西线防洪渠、西侧保护嘉峪关村沿山防洪渠。

（3）农田水利主要工程设施。讨赖河南干渠：始建于1958年，1966年进行改建，1967年完工并投入运行，属中型灌溉引输水渠道工程。渠道设计流量20立方米/秒，实际控制流量14立方米/秒。讨赖河北干渠：始建于1959年，1965年进行改建，1966年完工投入运行。该渠道从讨赖河渠首北干进水闸开始引水，沿东北向布置至鸳鸯分水闸前，全长17.23千米，工程上段、下段设计流量均为20立方米/秒，实际最大过闸流量16立方米/秒。三个灌区1.0立方米/秒以上灌溉渠道51条，长168.4公里，已衬砌157.2公里，共有渠系建筑物660座；0.2~1.0立方米/秒灌溉渠道589条，长357.05公里，已衬砌261.55公里，渠系建筑物有4111座；0.2~1.03立方米/秒灌排结合渠道1条，长2.8公里，有渠系建筑物8座。高效节水灌溉项目共计实施高效节水灌溉面积9.65万亩。

（4）取水工程。全市现有5个地下水水源地和一处截引工程，即北大河、嘉峪关、黑山湖、大草滩、新城水源地和双泉截引工程，共有取水工程项目246处。

（5）生活供水。城市生活用水由嘉峪关市供水管理处、酒钢公司公共服务中心、兰州铁路局兰州供水段嘉峪关供水车间分区域供水。城郊及乡镇供水工程，设计供水规模 200 立方米/日及以上（2000 人及以上）农村供水工程 9 处。

（二）取水情况

2017 年，嘉峪关市全市用水总量预计为 18511 万立方米。按照水源类型划分，地表水用水量预计为 8261 万立方米，地下水用水量预计为 10250 万立方米。按照用水性质划分，工业用水量预计为 7581.36 万立方米，农业用水量预计为 5600 万立方米，生活用水量预计为 2198 万立方米，生态绿化用水量预计为 3175 万立方米。预计 2017 年全年农业灌溉用水 7306 万立方米。

（三）水资源管理

2011 年中央一号文件提出实行最严格的水资源管理制度的战略举措。国务院随后下发了实行最严格的水资源管理制度意见和实行最严格的水资源管理制度考核办法，全面部署了最严格的水资源管理工作和考核工作实施细则，并要求将此项工作纳入政府考核，从根本上解决水资源短缺、水污染严重、水生态破坏严重的问题。2013 年起，甘肃省政府陆续下发了甘肃省地级行政区 2015 年、2020 年、2030 年水资源管理控制指标，以及甘肃省实行最严格水资源管理制度考核办法，对全省 14 个地州市的用水总量、用水效率和水功能区水质达标率等水资源管理控制指标予以分解下达，明确了考核制度和评分标准，并将考核结果作为各市州政府主要负责人和领导班子综合考核评价的重要依据。按照省政府的工作要求，嘉峪关市近几年主要开展了以下几项工作。

（1）开展了配套规划编制工作。根据《甘肃省实行最严格水资源管理制度考核办法》要求，委托黄河水资源保护科学研究院编制完成了《嘉峪关市最严格水资源管理方案》《嘉峪关市水资源保护规划》《嘉峪关市地下水开发利用与保护规划》《嘉峪关市地下水开发利用红线管理技术方案》，经市政府审查后已批转执行。

（2）完善水资源管理制度。起草了《嘉峪关市贯彻落实最严格水资源管理制度实施意见》和《嘉峪关市实行最严格水资源管理制度考核办法》，经嘉峪关市政府第89次常务会议审议通过并批复实施；修订出台了《嘉峪关市取水许可与水资源费征收管理办法》《嘉峪关市节约用水管理办法》《嘉峪关市地下水资源管理办法》《嘉峪关市水功能区监督管理办法》，经嘉峪关市法制办审查后已印发实施。

（3）严格取水许可管理工作。认真贯彻落实《取水许可和水资源费征收管理条例》《建设项目水资源论证管理办法》等法律法规，向各相关单位下发了进一步加强规划水资源论证及建设项目水资源论证工作的通知，编制完成了《嘉峪关市城市总体规划（2012～2030年）水资源论证报告书》，依法审批新打机井和旧井更新项目，适时开展取水许可证换证和取水许可动态管理工作，全面开展取水许可闲置指标核定工作，及时更新嘉峪关市取水许可台账信息，促进合理配置水资源。

（4）进一步加强计划用水工作。根据水利部《计划用水管理办法》，要求各取水户严格执行年度用水计划和用水总结申报制度，按照时间节点及时上报用水计划，在汇总各单位上报用水计划后下达年度用水指标，并按照下达的用水指标合理取用水资源，进一步加强节约用水。

（5）成立了嘉峪关市实行最严格水资源管理制度考核领导小组。完成了省政府年度考核工作，并获得高度认可，被评为良好等级。开展年度考核和资料整理工作并安排下一年度考核相关工作。在城市供水区域内关闭了自备水源井，开展节水型载体建设工作，进一步加强节水器具配备和管理工作，明确水污染防治工作任务。

（四）水利改革

根据《甘肃省加快水利改革试点方案》和嘉峪关市委、市政府《关于加快水利改革发展的实施意见》精神，在全市范围内开展了一次大范围、全方位、深层次的水利改革调研活动，全面摸清了嘉峪关市水利改革发展的

现状及存在的问题。在此基础上，经过反复论证、广泛征求意见，最终形成了《嘉峪关市加快水利改革试点工作方案》，于2013年3月经市政府常务会议研究后印发，标志着嘉峪关市水利改革试点工作已全面启动。

（1）健全水利工程管理机构。按照试点方案的工作目标，经市编办批复，成立了嘉峪关市水利建设管理站和嘉峪关市水利工程质量监督与安全管理站（落实全额事业单位2个，编制5名），将现有4个基层水利站由自收自支事业单位变更为全额拨款事业单位（暂落实全额事业编制9名，其余人员经费和日常公用经费纳入市级财政预算），将原"抗旱服务队"更名为"市抗旱防汛服务队"，市河道管理所由自收自支事业单位变更为差额拨款事业单位（落实编制5名），原"水务科"更名为"规划计划科"，增设市水务局总工程师副处级领导职数1名。

（2）规范水利工程建设市场。全面落实建设项目法人负责制、招标投标制、建设监理制和合同管理制①，成立了嘉峪关市水利工程项目建设办公室，明确了全市各水利工程项目的项目主管和法人，加强和规范了项目建设管理，确保水利建设项目保质保量完成。依托嘉峪关政府网、甘肃经济信息网等门户网站，集中公开水利建设项目信息和市场主体信用信息。严格执行水利建设市场主体备案制度，对全市范围内的水利工程招投标工作进行管理，按照甘肃省水利厅招投标原则，执行市场准入和退出机制，建立水利建设市场主体守信激励和失信惩戒机制。

（3）推进水利工程管理体制改革。经嘉峪关市编委会同意成立了水文化生态事业发展管理办公室，人员编制由嘉峪关市水务局划出，规定工作职能、进行制度化管理，积极带动水利投资的多元化发展，鼓励社会和民间资本兴建水利工程。小型水利工程管理体制改革目前正在起步阶段，明确150处小型水利工程的工程产权，除62处小型农田水利工程归农村集体经济组织所有，其余88处小型水利工程产权均归国家所有。小型水库、中小河流及其堤防、农村饮水安全工程均建立了安全管理责任制、明确了安全管理主

---

　　①　霍明远：《资源科学的内涵与发展》，《资源科学》1998年第20期，第11～16页。

体、落实了安全管理责任，为稳步推进小型水利工程管理体制改革奠定了基础。积极建设基层水利服务体系，加强农民用水合作组织建设。完善农业用水计量设施建设，地表水达到斗口精准测量，地下水按机电出水口计量，实现数据信息化管理。进一步明确初始水权，积极探索建立水权交易制度，水价改革工作得到有序推进。

（五）水生态建设

2009 年以来，嘉峪关市水生态建设取得了可喜的成绩，讨赖河水生态建设工程获得了广泛赞誉。2016 年，根据省水利厅安排，嘉峪关市水务局制作了嘉峪关市水生态文明建设试点申报纪录片，于 5 月 27 日向甘肃省水利厅领导进行了详细汇报，顺利申报全省第一批水生态文明建设试点城市。按照《水生态文明建设试点实施方案编制大纲》要求，经公开招标，委托黄河水资源保护科学研究院开展了方案编制工作，在立足本地经济社会、水资源和水生态现状的基础上，编制完成了《嘉峪关市省级水生态文明城市建设试点实施方案》，从水安全、水生态、水环境、水节约、水监管、水文化六个方面提出了城区防洪工程等 25 项建设任务。该方案经过甘肃省水利厅专家组、嘉峪关市委、市政府领导和市级各部门多次审查后进行了修改完善，审议通过并下发实施。

三　2017年水资源保护开发工作情况

2017 年以来，嘉峪关市水务局着眼全市发展大局，立足本职，进一步夯实工作基础，抓基层管理、抓工程建设，继续把水资源保护开发工作放在第一位，开展了以下工作。

（一）工程措施

水利工程是实现水资源保护开发的主要手段。2017 年，嘉峪关市水务局共实施了六项工程。（1）2017 年高效节水灌溉项目。经过 9 个多月的紧

张施工，目前该工程已进入收尾阶段，固定资产投资 2500 万元。（2）农业水价综合改革试点项目。该项目于 9 月中旬完成招标工作，现已全面完工，投资金额 1000 万元。（3）嘉峪关市大草滩水库至世界文化遗产公园供水工程。该工程于 9 月底完成招标工作，固定资产投资 3220 万元。（4）文殊镇南干二支渠改建工程。该工程于 10 月初完成招标工作，10 月 26 日正式开工，固定资产投资 944 万元。（5）文殊镇田家沙河治理工程。该项目固定资产投资 527 万元。（6）讨赖河南岸水土保持提升工程。该工程于 8 月初完成招标工作，9 月底建成投运，固定资产投资 620 万元。

（二）贯彻执行最严格的水资源管理制度工作

（1）做好水利部水资源专项督查检查工作。2017 年 1 月 4 日至 6 日，水利部水资源专项监督检查组对嘉峪关市 2016 年度水资源管理情况进行了专项监督检查，建议进一步强化管理，依法依规做好取水许可管理工作，统筹考虑地表水、地下水和中水的综合利用，减少地下水开采量，不断夯实水资源管理基础工作。检查工作结束后，嘉峪关市水务局按工作要求及时上报了后期复核资料和工作整改措施报告。

（2）开展了计划用水管理工作。根据水利部《计划用水管理办法》，按照各取水单位上报的 2016 年度取水总结和 2017 年度取水计划，参照行业用水定额、用水控制指标、取水许可水量等资料，结合全市用水总量控制指标，对 239 个申领用水许可证的单位下达了 2017 年度取水计划；同时向各取水单位下达了规范用水总量统计工作的通知，要求严格执行统计工作要求，做好用水统计工作。

（3）开展节水型载体建设工作。编制完成了《嘉峪关市开展节水型载体示范区创建活动实施意见》，经征求相关单位意见后上报市政府，已获批复并实施。

（4）开展了 2016 年度实行最严格水资源管理制度工作资料整编工作。按照省水利厅要求及时上报了 2015 年度实行最严格水资源管理制度工作整改措施。开展了市级 2016 年度实行最严格水资源管理制度考核工作。

（三）水污染防治工作

编制完成 2016 年度水污染工作台账，做好 2016 年度水污染防治工作年度考核工作。按季度上报水污染防治重点工作任务销号清单，按月上报水污染防治重点工作任务调度表，收集 2017 年度水污染防治工作资料。分解下达嘉峪关市水务局 2017 年度水污染防治工作任务，向涉及水源地管理的相关单位下发了开展重要饮用水水源地安全保障达标建设活动的通知，要求按照《全国重要饮用水源地安全保障评估指南》确定的指标完成调查摸底工作，列出问题清单。向市政府申请组建嘉峪关市重要饮用水水源地安全保障达标建设工作领导小组，加快推进重要饮用水水源地安全保障达标建设活动。

（四）水资源管理日常工作

为了结合最严格水资源管理制度，做细做好日常管理工作，嘉峪关市水务局积极与甘肃省水利厅协调取水许可和建设项目水资源论证报告书审批整合工作，与嘉峪关市工信委协调落实了建设项目水资源论证前置审批工作，与大景区管委会沟通花卉博览园等项目的水资源论证相关事宜，并组织审查了《大草滩水源地迁建工程建设项目水资源论证报告书》。共审批新打水文地质探孔 4 眼、更新旧井 1 眼，督促填埋旧井 8 眼，登报注销无效取水许可证 16 本，并督促未按照取水许可动态管理办法换证的单位及时申请换发新证的工作。

四　对嘉峪关市水资源保护开发的建议

（一）存在的问题

嘉峪关市水资源总量不足，水资源供需矛盾特别突出。作为甘肃省重要的工业城市，嘉峪关市对全省经济发展有着重要作用。酒钢公司多年来投入

大量的资金，对用水设备和工序进行技术改造，挖潜节水，全部用来再发展，节水水平已达到国内先进指标，进一步节水的空间很小。随着规划项目的落地投产，水资源需求量将大幅增加，水资源可供量与国民经济发展需求量之间的矛盾愈演愈烈。嘉峪关市由于没有骨干调蓄工程，按照讨赖河流域分水制度，应该分配给嘉峪关市的地表水没有被利用而过境下流，造成嘉峪关无法利用这些地表水。随着经济社会的发展，依靠大量开采地下水来弥补地表水供水量不足的手段已经对生态环境产生了不利影响。为满足刚性用水需求，亟须增强水资源调蓄能力建设。

（二）建议

严格执行省政府下达的用水总量控制指标。在确保生活用水的前提下，大力推广高新节水技术，压缩农业用水量和生态用水量，经过优化配置、统一调度，最大限度地支撑嘉峪关市社会经济发展。同时建议甘肃省政府增加嘉峪关市可用水总量。

修建二草滩雨洪资源利用水库。通过搭建融资平台，多方筹措建设资金，尽快开工建设二草滩雨洪资源利用水库，在充分利用讨赖河地表水、蓄积夏季雨洪水资源的同时与大草滩水库、双泉水库、东湖、迎宾湖联合调度，对全市水资源进行优化配置。

加强水土保持监督检查，建立健全工作机制，防治水土流失，减少水、旱、风沙灾害，为水资源保护奠定基础。加强水政执法队伍建设，切实为水资源的保护开发保驾护航。做好水资源保护宣传工作，不断提高全民爱水护水意识。不断加强地域间合作，创新提高水利科技能力，争取用更科学的手段保护和节约水资源。

民生保障篇

Livelihood Security

B.25
2017年嘉峪关市棚户区改造情况及建议

邹　哲　贺建琨*

摘　要： 城市棚户区改造是重要的民生工程。近年来，党中央、国务院加大了棚户区改造力度，并出台了各项优惠政策。嘉峪关市委、市政府高度重视这一机遇，持续加大棚户区改造力度，有效改善了困难群众的住房条件，解决了广大低收入家庭的住房困难问题，美化了城市面貌。但在棚改工作的具体实施过程中，还存在资金短缺、房屋征收难、建后管理难度大等诸多问题。嘉峪关市应从拓宽融资渠道、政府与市场合力改造、调动和发挥各方主体作用等方面入手，科学制定棚改工作计划，创新适合本地的发展路径，不断加强和改进棚改工作，切实提升城市居民的居住环境和生活质量。

---

* 邹哲，嘉峪关市委政策研究室综合科副科长，主要研究方向为形势政策分析、基层改革与创新；贺建琨，嘉峪关市房地产管理局住房保障科科长。

关键词： 棚户区改造　城市建设　司法保障

一　嘉峪关市棚户区改造基本情况

近年来，党中央、国务院加大了棚户区改造工作力度。随着各项优惠政策的出台，嘉峪关市委市政府在充分调研、科学分析的基础上，制定了棚户区三年改造计划。嘉峪关市计划在 2015～2017 年三年期间，投资 51 亿元，逐步实施 10171 户共 45.77 万平方米的棚户区改造项目，项目惠及 3 万余人。

2015 年，计划实施棚改 3203 户，实际实施 3303 户，实现任务的103%，总拆除面积 14.86 万平方米。其中实物安置 2365 套，建筑面积21.29 万平方米；货币安置 938 套，货币化安置率为 29%，开工率达 100%。其中市属惠民街 387 户已于 2016 年 6 月 30 日回迁入住，其余 2104 套安置房于 2016 年 4 月 1 日开工建设，2017 年 8 月 31 日交付使用。

2016 年，计划实施棚改 3434 户，实际实施 4394 户，实现了任务的128%，总拆除面积 19.77 万平方米。其中实物安置 4035 套，建筑面积为36.32 万平方米；货币安置 359 套，货币化安置率为 8.2%，开工率达100%。安置房建设项目主体已竣工，正在进行小区内配套基础设施建设。多层房屋计划 2018 年 8 月底竣工交付使用，高层房屋计划将 2018 年 12 月底竣工交付使用。

2017 年实施棚改 3534 户。目前，2015～2017 年三年棚改任务已全面完成，开工率 100%。

二　嘉峪关市棚户区改造主要做法及取得的成效

（一）主要做法

（1）加强领导、协调配合，确保工作高效、有序、安全运行。嘉峪关市委常委会、市政府常务会及时研究决策棚改重大问题，书记和市长亲自指导破解难题，分管领导现场督办。嘉峪关市长任市棚改领导小组组长，总体协调。成立项目指挥部作为棚改项目的责任主体，从全市抽调260多名干部深入一线开展工作。主动请示汇报，争取甘肃省相关部门的有力支持。酒钢公司积极配合，保证了工作顺利进行。

（2）主动担当、勇挑重担，确保棚改政策惠及全市居民。酒钢公司（本部）建职工住宅区7963套，占全市计划的78.3%。受国内宏观经济增速下滑等因素影响，酒钢公司面临空前困难，为支持酒钢转型发展，嘉峪关市委、市政府勇于担当，主动承担了酒钢本部的棚户区改造，将酒钢公司（本部）职工住宅区与市属棚户区统一规划、统一改造，使全市人民均能享受到国家棚户区改造政策福利。

（3）落实政策、细化方案，确保被征收人的合法权益。在棚改工作中，科学合理制定征收补偿方案是关键，嘉峪关市坚持以人为本，最大限度让利于民，充分尊重和保护被征收居民的话语权和主动性。采取自上而下、自下而上的方案，逐条逐户广泛征求意见，依法依规采纳人民群众大于10%的诉求，确保了方案中每一条内容的居民满意率均在90%以上，得到了棚户区改造居民的认可和支持。在全面落实国家和甘肃省棚改政策的基础上，嘉峪关市制定相关优惠政策，对被征收人现有产权房屋根据所在地段商品房的价格进行补偿。对选择货币补偿的被征收人一次性给予2万元奖励；对购买存量商品房的给予高层4.5万元、多层3万元的一次性补助；对于原地产权置换的按"征一还一、产权置换、分段计价"的方式，向被征收人提供回迁房屋进行安置。为提高货币化安置率，对棚改项目一次性统筹规划，分片集中建设安置房，节约优质土地资源。2016年全面落实推进政府购买棚改服务，用政府贷款的方式满足居民改善住房的需求。

（4）依法拆迁、维护权益，确保棚改成果经得起实践和人民的检验。政府法制办及部门法律顾问全程参与，保证征收补偿内容合法、程序合法、解释合法。妥善解决合理诉求，维护群众合法权益。对上访居民合理的诉求即知即改，做到及时解决。对不合理的诉求，耐心解答，积极宣传相关政

策，并给予书面或现场答复。对存在实际困难的特殊被征收人，通过租售并举、安置保障性住房等方式尽力给予帮助；帮助无房租住的老幼病残户协调安置房源；对家人在外地的，由工作人员帮助搬迁；对于积极配合征收，率先签订征收补偿协议的被征收人给予一定奖励及优惠政策，起到搬迁一户带动一片的作用。对拒不执行政策决定多次动员教育仍拒签协议的被征收人，申请法院裁决强制执行。

（5）阳光操作、公平公正，确保社会和谐稳定。召开全市棚改工作动员大会，通过电视、广播、报纸、网络等多种新闻媒体，进行广泛宣传。坚持以人为本、和谐征收、阳光征收的原则，做到重要文件公开发布，操作流程由媒体适时公布，安置房建设方案小区公示，安置房分配公开摇号，所有棚改政策均可供群众随时查阅，棚改工作公开透明。根据房源情况，对老弱病残划定范围，做到低楼层安置，其余人员全部参加公开摇号，由公证处现场公证，并邀请社区工作人员、群众代表、媒体等全程参与，确保分配过程公开透明，分配结果公平公正。加强社会稳定风险评估，做好征收现场维稳工作，随时发现并化解群众矛盾纠纷，自棚户区改造工作开展以来，未发生恶性事件，实现"零上访"。

（6）依靠群众、尊重意愿，确保征收补偿协议顺利签订。棚改工作的难点是拆迁补偿，因此，群众工作是重中之重。在方案制定和政策调整过程中，充分尊重群众意愿，积极探索建立"支部牵头、党员带头、群众参与"的工作机制，通过组织党员宣传小组、居民议事会等形式，发挥社区做群众工作的关键作用、党员和居民代表的示范宣传作用和被拆迁群众的自我监督作用，共同担任棚改工作"政策的宣传员、民意的征集员、矛盾的化解员"。全面开展征收安置工作，切实做到了"户户有人帮、事事有人盯"。在广泛入户宣传动员、征求意见、完善方案的基础上，集中一个月时间完成签订征收补偿协议这一关键环节。对所有工作人员进行了统一培训，做到一个声音对外，一把尺子量到底，树立了"我是谁、为了谁、依靠谁"的工作态度，全体干部职工牺牲了大量休息时间，做到了"和谐搬迁、满意搬迁"，征出了和谐的惠民环境，拆出了融洽的干群关系。

（二）取得的成效

（1）促进了社会和谐进步。通过棚户区改造，占全市人口总户数五分之一、总人口达14%的棚户区居民的居住条件得到彻底改变，全市有1万多户家庭共3万多人告别了低矮破旧的棚户区，搬进了宽敞明亮的新楼房，成为棚户区改造的受益者。户均居住面积由原来40平方米增加到100平方米，人均住房面积由13.3平方米增加到33.3平方米，接近全市人均居住面积35.73平方米的水平。广大棚户区居民享受到了转型发展的成果，精神面貌焕然一新，消除了多年的不平衡心理，同时也增强了自力更生、自主创业的决心，对嘉峪关市转型跨越发展充满了信心，促进了社会的和谐进步。

（2）促进了城市面貌有效提升。嘉峪关市的棚户区呈分散分布的态势，在主城区，许多棚户区还处在城市主干道两侧，与繁华地段的高楼大厦相对比，显得极不协调，影响了市容市貌。通过三年的努力，嘉峪关市集中连片的棚户区全部改造完毕，身处市区繁华地段的棚户区被重新规划设计成功能齐全、设施完备的现代化住宅小区。

（3）推动了经济健康发展。棚户区改造工程盖的是房子，拉动的是经济。棚改带动了嘉峪关市建筑、建材、冶金、化工、家装、运输及社区服务业等相关第二、三产业发展，发挥了带动消费、扩大投资、去房地产库存的积极作用，推动全市经济和社会健康发展。

（4）促进了党群干群和谐关系。在棚户区改造过程中，嘉峪关市委、市政府始终把群众的利益放在首位，坚持立党为公、执政为民，真正做到权为民所用、情为民所系、利为民所谋，千方百计地为困难群众办实事、做好事，使广大棚户区居民感受到了党和政府的温暖，感受到了社会的关爱，进一步密切了党群关系。在棚改实践中，广大党员干部深入棚户区居民家中，看到了棚户区居民的实际生活状况，受到很大震动，转变了工作作风，增强了执政为民的主动性和自觉性。全市各部门、各单位密切配合，通力合作，采取上门服务、现场办公等工作方式，办事效率和服务质量明显提高，促进了良好社会风气的形成。

三 嘉峪关市棚户区改造实践中存在的主要问题

（1）棚改任务依然艰巨。2018～2020年，在三年棚改的基础上，嘉峪关市计划实施老旧小区改造31014套，总建筑面积226万平方米。其中拟纳入拆迁改造范围的项目共143栋楼房，3040套住宅，总建筑面积16.44万平方米；拟列入危房改造范围的项目共737栋楼房，25512套住宅，总建筑面积193.77万平方米；拟纳入老旧小区改建（扩建、翻建）的项目共78栋楼房，2462套住宅，总建筑面积17.25万平方米。拟定的新三年棚改任务较2015～2017年增长205%，拟纳入拆迁改造房屋大部分集中在城市核心区域，任务量大，征迁难度更大。

（2）房屋征收困难多。近年来，嘉峪关市棚户区改造工作中，土地房屋征收难度逐年增加，"钉子户"虽然不多，但征收难、拆不动已成为棚改工作顺利推进的最大障碍和关键性制约因素。由于棚改政策宣传不够深入，部分被征收群众害怕补偿标准不一致，有先签协议吃亏、"老实人"吃亏、最后拆迁"好处多"等错误认识，等待观望思想严重。个别环节政策执行不够严格，造成群众相互攀比，加之融资周期长，部分征收补偿金不能及时兑现，致使阶段性征收签约率低，征收工作很难按计划完成。一些群众期望值过高，漫天要价，超出了政策补偿范围，个别群众不配合征收，甚至阻碍征收，成为"钉子户"。

（3）征收政策不完善。2011年国务院颁布《国有土地上房屋征收与补偿条例》，要求政府承担房屋征收与补偿工作。政府做出房屋征收补偿决定后，被征收人在法定期限内拒不履行补偿决定的，由政府依法申请人民法院强制执行。但司法程序强制征收周期过长，完成全部司法程序需要大约一年时间，法院在受理政府的"强制申请"时，为回避敏感案件、顾虑信访追责，大多持"慎重介入"的态度，立案慢、审结慢。从信访维稳角度，在依法征收上没有切实可行的依据办法，致使"钉子户"不能及时依法征收和强制执行，失去了公平正义，容易陷入恶性循环。

（4）安置分配矛盾较为突出。目前，嘉峪关市安置房多为六层住宅，分配矛盾突出。2015～2017年棚改实物安置6701户，有老人需安置的2759户，其中抽到5层、6层的老人893户。房源有限，不能满足所有老人的需求，摇号分配矛盾比较突出。

（5）资本金筹措难度大。国拨省补棚改资金分配较少，2016年以来，嘉峪关市委、市政府主要领导多次带队与省级有关部门对接，促使甘肃省级财政适当加大了对嘉峪关市棚改国拨省补资金的支持力度，但仍低于其他市州。资金筹措难度大，从根本上制约了棚户区改造进程。

四　加强和改进嘉峪关市棚户区改造工作的对策建议

1. 抓紧抓牢政策机遇，坚决打赢棚户区改造的攻坚战

推进棚户区改造是党中央从国家经济发展的大局和全面建成小康社会的全局出发做出的战略决策，是有效拉动投资、刺激消费需求，带动相关产业发展的重要举措，是重要的民生工程和发展工程。要进一步紧紧抓住国家新一轮大规模推进棚户区改造这一前所未有的政策机遇，把握甘肃省棚改政策性资金支持力度前所未有的历史机遇，用好用活用足国家和省级政策，把握政策机遇期，采取积极有力的措施，稳步推进新三年棚改工作，坚决打赢棚户区改造的攻坚战，使这一重大民生政策得已全面推广，惠及更多的困难群众。

2. 完善体制机制，不断改进工作方式方法

进一步完善协调推进机制，针对目前房屋征收困难的问题，建议政府提前介入，强化监控，定期召开征收工作协调调度会，通报进度、分析问题、交流经验、提出要求，组织、指导、协调征收全过程。进一步强化调度考核，明确各征收片区单位的责任和时限要求，加大对项目的督促检查力度，采取跟踪督查、现场督办等形式，及时掌握情况，解决具体问题，层层传导压力，加快工作进度，推动任务落实。要进一步加大舆论宣传力度，通过广播电视、宣传手册、手机短信、微信等方式和上门做工作、耐心讲政策、反

复讲道理等方法，使被征收群众消除疑虑，切实做好宣传群众、教育群众、引导群众、动员群众的工作，使更多的群众支持棚改，主动参与棚改。

3. 坚持公开公正公平，充分发挥司法保障在征收中的关键作用

严格征收补偿标准，在方案制定上既要考虑与先期棚户区改造政策的有效衔接，又要创新工作思路，充分发挥好补助和奖励政策的激励作用，坚持标准前后一致，一碗水端平，一把尺子量到底，不让先拆的吃亏，不让"老实人"吃亏，不让后拆的占"便宜"，切实做到标准公开、程序公正、人人公平。针对"钉子户"问题，建议在信访维稳工作的基础上，成立由市级领导牵头、相关司法部门参与的专项突破领导小组，出台为棚户区改造提供法律服务和司法保障的指导意见。同时，有针对性地确定目标、提前介入、重点突破，依法处置部分顶风违法人员，形成法律威慑，引导社会舆论，扭转当前征收工作的被动局面。各级人民法院要充分发挥职能作用，积极为棚改工作保驾护航，在查处违法建筑、化解拆迁纠纷、申请强制执行等方面提供司法服务，对一些阻碍依法征收的重点"钉子户"做到快立案、快审案、快执行，加大惩处力度，形成震慑效应，体现公平正义。

4. 积极盘活资金，拓宽配套资金筹措渠道

充分尊重群众意愿，继续实行货币补偿和产权调换两种拆迁安置的通用方式。加大对棚户区改造工作的支持力度，积极争取国家和省级建设补助资金，及时兑付征收对象的安置补偿费。同时，借鉴其他地区的成功经验，积极探索保障性住房市场化运作模式，广泛引导社会力量投身保障房开发建设。

B.26
2017年嘉峪关市医疗卫生事业
发展情况及建议

李国荣　朱建清*

摘　要： 本文全面总结了嘉峪关市2017年医疗卫生和人口计生工作发展情况，概括分析存在的问题和不足，提出了推进医疗卫生事业健康高效发展的对策和建议。

关键词： 医养结合　药品保障　健康信息化

近年来，嘉峪关市高度重视医疗卫生事业发展，加大财政投入和人员培养力度，着力保障人民群众健康，全市已经建立由医院、基层医疗卫生机构、专业公共卫生机构等组成的覆盖城乡的医疗卫生服务体系。截至目前，全市共有卫生单位122个，其中三级综合医院2个，二级综合医院1个，中医医院1个，民营综合医院2个，民营专科医院4个，妇幼保健机构1个，卫生监督所1个，疾病预防控制机构1个，采供血机构1个，社区卫生服务中心（站）22个，镇卫生院3个，村卫生室16个，个体诊所、门诊部、医务室67个。全市医疗机构开设床位1785张，每千人口床位数为7.32张。全市医疗机构业务用房面积7.69万平方米，万元以上医疗设备1062台。共有卫生技术人员超过2500人，每千人口拥有执业（助理）医师3.54人、注册护士4.97人；每千人拥有病床数、每千人卫技人员数、每千人执业（助

---

* 李国荣，毕业于天水师范学院中文专业，嘉峪关市委政策研究室（改革办）发展改革科科长；朱建清，毕业于中共甘肃省委党校法律专业，嘉峪关市计划生育协会基层工作部部长。

理）医师数、每千人注册护士数分别达到 7.32 张、10.52 人、3.54 人和
4.97 人①。

一　2017年嘉峪关市医疗卫生事业发展情况

（一）加快医疗、医保、医药联动改革步伐，加快推进医药卫生体制改革

（1）全力推进公立医院改革。嘉峪关市成立了公立医院改革领导小组，组建了公立医院改革工作办公室，各医疗机构均成立了医改工作小组并有专人负责。借助各类新型媒介广泛宣传国家和甘肃省关于深化医药卫生体制改革和公立医院改革的重大决策和政策，做好城市公立医院改革政策解读，合理引导社会舆论和群众预期，凝聚共识，营造改革的良好氛围。2017 年 8 月 30 日零时，全市各公立医院医保新旧系统顺利完成切换，取消药品加成销售并执行新医疗服务价格。

（2）巩固完善城乡居民大病保险和医疗救助制度。2017 年嘉峪关市大病保险筹资标准提高到 55 元/人，全面实施大病保险二次报销政策，积极落实特殊困难人员住院费用和城乡居民门诊慢特病保险补偿政策，极大地缓解了城乡居民因病返贫和因病致贫问题。城乡居民大病保险承保人数 11.347 万人，筹集大病保险基金 624.09 万元，截至 11 月底，共报销大病保险 1425 人，支付大病补偿款 452.72 万元。进一步规范了疾病应急救助基金使用范围，救助 13 人，支付资金 14 万余元②。

（3）健全药品供应保障机制，巩固完善基本药物制度。制定了《嘉峪关市公立医疗机构药品采购"两票制"③ 实施方案（试行）》，启动了药品和高值医用耗材阳光采购工作，进一步加强对医疗机构、药品中标企业、配

---

① 数据来源：嘉峪关市卫生和计划生育委员会。
② 数据来源：嘉峪关市卫生和计划生育委员会。
③ "两票制"，即要求药品在流通到消费者手中之前，只能开两次发票。

送企业三方交易行为的监督，使嘉峪关市药品采购网上配送率和覆盖率名列全省前茅。

（4）推进建立分级诊疗制度。制定乡镇级、市级、省级分级诊疗病种参考目录，下发了《嘉峪关市关于进一步完善分级诊疗制度建设的补充通知》，成立了分级诊疗病种评估专家委员会，对市级承担的450种病种及基层承担的50种病种进行了评估，对二级以上医疗机构评估病种及单病种费用进行上报备案，初步形成"基层首诊、双向转诊、急慢分治、上下联动"的分级诊疗机制。

（5）推进医联体建设。建立以嘉峪关市第一人民医院、嘉峪关市中医院和酒钢医院为核心的医联体，制定了《嘉峪关市推进医疗联合体建设和发展的实施方案》，嘉峪关市第一人民医院与甘肃省中医药大学附属医院、兰州大学第二医院、甘肃省人民医院、兰州大学第一医院、甘肃省妇幼保健院签订医联体协议；嘉峪关市中医院与甘肃省人民医院、甘肃省中医院签订医联体协议；酒钢医院与兰州大学第二医院签订医联体协议。共建立3个医联体签约机构，成立了医联体理事会，制定了医联体理事会章程及医联体规章制度。通过定点帮扶、专科建设、临床带教、业务指导等措施，建立健全医疗资源下沉长效机制，为分级诊疗的实施提供医疗技术支撑，方便人民群众看病就医。

（6）继续推进中医药事业发展。大力加强专科建设，嘉峪关市中医院康复医学科和骨伤科被确定为省级重点专科。紫轩社区卫生服务中心中医馆建设项目顺利完成并投入使用。各社区卫生服务中心和镇卫生院均设置了中医科及中药房，中草药种类达到300种以上，开展基层医务人员15项中医适宜技术培训1922人次，常见病、多发病的诊疗和预防保健服务能力得到提升。持续开展"西医学中医"培训项目，累计培训70余人。

（7）大力整治规范医疗行业秩序。制定了《关于开展进一步改善医疗服务行动实施方案》，进一步改善了诊疗环境，提高了门诊服务质量，并实行便民措施33项。目前二级以上医院实现了优质护理病区全覆盖。开展了依法执业暨医疗安全管理和风险防范专项整顿工作，启动了对医疗收费、预

防接种、传染病防治等项目进行抽查的专项检查，达到了发现问题、消除隐患、确保医疗安全和规范执业的目的。定期对医疗机构开展综合监督检查，严格落实医疗卫生行风建设"九不准"①和"八八排队"②制度，利用巡查大型医院的有利契机，加大了对乱收费、过度医疗、收受红包等行为的惩治力度。组织5名二级以上公立医院相关工作人员参加甘肃省监督局举办的医疗机构千分制考评培训。截至目前，共对9个机构、37人进行了不良执业行为积分。

（二）坚持计划生育基本国策，促进人口长期均衡发展

（1）全面推进计划生育服务管理改革。制定了《关于实施全面两孩政策改革完善计划生育服务管理的实施意见》，建立出生人口监测和预警机制。截至2017年10月31日，嘉峪关市共出生2586人，其中二孩1045人，二孩出生人数与上年同期相比增长64.5%。全面落实生育登记服务制度。共登记服务对象2626人，其中二孩1138人。继续推进家庭发展能力建设项目试点工作，积极开展国际家庭日系列宣传活动、圆梦女孩志愿行动和全国"敬老月"活动，创建幸福寓所示范点40个，评选陇家福"健康百佳"先进个人、典型家庭和示范单位100个。12家医疗机构开设了计划生育特殊家庭就医服务绿色通道，开展了健康检查和家庭医生签约等服务。积极开展流动人口健康示范创建活动，创建省级流动人口健康示范社区1个、省级流动人口健康促进示范企业1个、示范学校1所、健康家庭3户。流动人口健康档案建档率达到60%以上，流动人口个案信息合格率、信息协查反馈率

---

① "九不准"：不准将医疗卫生人员个人收入与药品和医学检查收入挂钩，不准开单提成，不准违规收费，不准违规接受社会捐赠资助，不准参与推销活动和违规发布医疗广告，不准为商业目的统方，不准违规私自采购使用医药产品，不准收受回扣，不准收受患者"红包"。

② "八八排队"制度：对医务人员的用药量、抗生素使用量、激素使用量、目录外药品使用量、门诊患者输液人次比例、住院患者输液人次比例、患者自费比例、重点监控药品用药比例8个核心指标，以及医疗机构的药占比、门诊输液人次占比、平均住院费、平均门诊费、平均单病种费、平均住院自费比例、大型设备检查阳性率、患者满意度8个核心指标进行实时监控。

均达到99%以上[1]。

（2）积极推进全民健康保障信息化工程建设。依托卫生专网、政务专网、互联网等工具，加强统筹规划设计，融合卫生计生信息资源，推动市、镇（社区）、村三级卫生计生机构网络全面覆盖。新型农村合作医疗、城镇居民医保、城镇职工医保、铁路医保基本实现即时报销，生育登记服务实现在线即时办理。加快医疗机构信息化建设，在三级以上医院建立了医院管理信息系统、电子病历系统、检验信息系统和医学影像管理工作站，方便人民群众自助缴费和信息查询，实现了医疗信息采集、传输、存储、利用的最大化。嘉峪关市所有助产机构均建立使用了统一的新版出生医学证明管理系统。积极建设市级全民健康信息虚拟平台，完成数据上传任务。

（3）大力提升妇幼健康服务能力。持续推进重大公共卫生项目的贯彻落实，制定了《嘉峪关市母子健康手册推广使用工作实施方案》，选派52人参加国家和甘肃省新生儿复苏、农村孕产妇产前筛查等各类培训班，另有468人参加了市级培训。

（4）全面加强计生协会工作。扎实开展系列宣传倡导活动，在全市开展暑期青春健康巡讲活动，共宣讲12场次，500余人参加。积极推动"幸福家庭"创建，全市共创建幸福寓所40个，幸福家庭2293户。深入开展特殊困难家庭扶助关怀工作，切实解决计生特殊家庭的现实困难和问题。2017年各类奖励优惠资金共计808.39万元，使24492户家庭受益。

（三）全面优化健康促进模式，满足群众多样化健康需求

（1）加快健康促进模式改革工作。制定了《"健康嘉峪关2030"规划》《关于公共政策中进一步体现健康导向的指导意见》，建立健全重大经济社会政策和重大建设项目健康影响评估机制，将健康理念融入所有政策的制定和实施中。成立健康管理小组开展巡回体检活动，年内累计开展健康体检41562人次，随访干预41179人次，实现镇级全覆盖。建成了铁南社区健康

---

① 数据来源：嘉峪关市卫生和计划生育委员会。

促进宣传教育示范大院、朝晖社区健康促进示范社区和野麻湾健康促进文化广场，在全市镇、社区设立"健康大讲堂"，举办市级专家健康巡讲、"健康沙龙"、流动人口健康教育"五进"（进礼区、进医院、进企业、进药店、进农村）活动，流动人口健康讲座和义诊服务专场共计1130场次，参与人数达3.9万人次，群众健康知识知晓率大幅提高。

（2）深入推进医养结合工作。市卫计委、市财政局等八部门联合印发了《嘉峪关市关于加快推进医疗卫生与养老服务相结合的实施方案》，试点单位建设社区卫生服务中心筹建了康乐寿医护养老院、文殊镇卫生院为残疾、低保、计生特困等人群开展优先服务。全市4家二级以上综合医疗机构开通了方便老年人就医的绿色通道。3家二级以上综合医疗机构和9家政府办基层医疗卫生机构均开设了计划生育特殊家庭就医服务绿色通道，并开展了健康检查和家庭医生签约等服务。

（四）扎实开展公共卫生服务，疾控应急能力不断提高

（1）不断提高基层卫生服务能力。将基本公共卫生服务实施项目人均补助标准提高至50元，嘉峪关市常住人口电子建档率达90%以上，65岁以上老年人体检率为67.3%，高血压患者规范管理率为85%，糖尿病患者规范管理率达到77%，血压血糖控制率达55%，孕产妇和0~6岁儿童系统管理率均达到85%以上，结核病患者规则服药率为100%，单针次报告接种率达到98%以上，学生接种证查验率达到100%，传染病报告率达到100%，同时对严重精神障碍患者做到了应管尽管。在2017年3月国家基本公共卫生服务绩效考核中，嘉峪关市取得了甘肃省第四的好成绩。社区卫生服务中心被评为"全国优质服务示范社区卫生服务中心"和"全国百强社区卫生服务中心"，峪泉镇卫生院被评为"全国群众满意的乡镇卫生院"，并实现了"群众满意的乡镇卫生院"覆盖全市。

（2）全面推进家庭医生签约服务。制定了《嘉峪关市家庭医生签约实施方案》。采取发放联系卡、播放公益广告、制作签约项目宣传栏、举办家庭医生签约推介宣传活动等措施，扎实推进家庭医生签约服务。截至目前，

全市家庭医生签约人数达 84733 人，覆盖率为 35%；老年人、慢性病患者等重点人群签约达 44767 人，覆盖率为 65%；计划生育特殊家庭签约人数达 309 人，覆盖率为 100%。

（3）持续提升血液安全及 120 指挥中心服务质量。加大无偿献血宣传力度，全年共采集血液 108 万毫升，无偿献血率达到 100%。不断加大急救网络医院的培训和考核力度，院前急救质量进一步提高。

（4）加大重点疾病防控力度和应急能力建设力度。全市无甲类传染病报告；乙类、丙类传染病共报告 15 种、1025 例，报告发病率为 4.2‰，较上年同期上升 22.17%；艾滋病病毒感染者和艾滋病病人报告 17 例，发病率较上年同期上升 183.33%；严重精神障碍患者累计 468 人，其中在册患者 448 人，患者报告率为 1.89‰，规范管理率为 50.89%，为 37 名贫困严重精神障碍患者提供补助，总金额 3.4 万元。开展了旱獭密度调查及动物疫点应急处置工作，完成了保护性灭獭灭蚤工作；与毗邻的张掖市、酒泉市等市县签订鼠疫联防协议书 7 份。完成了水碘含量测定检测项目，尿碘实验室已完成建设工作并投入使用。完成了中央转移地方嘉峪关市生活饮用水监测项目，各项指标合格率均为 100%；完成了嘉峪关市水污染防治工作城市用户水龙头水质监测和检测项目，通过政府网站向社会公布集中式饮用水水源地水质、供水厂出厂水质、用水水龙头水质监测（检测、抽测）结果 4 次。

（5）深入推进爱国卫生工作。全面巩固国家卫生创建成果，顺利通过了第三次国家卫生城市复查确认工作。农村无害化卫生厕所普及率达到 87%，自来水普及率达到 100%。每季度对全市卫生计生系统控烟禁烟工作进行暗访通报，要求对存在的问题及时整改。开展健康保健工具包培训 136 次，受训人数 3174 人次；开展健康沙龙活动 1210 次，参加人数 3.6 万人次。

（五）推进依法行政，加大卫生计生综合执法力度

（1）加快推进依法行政。嘉峪关市成立了工作领导小组，制定了依法行政和综合监督工作要点等，组织开展了各类普法宣传活动，荣获"学习

十九大·宪法在心中"全市法律知识优秀组织奖。制定了《"放管服"改革实施方案》《"双随机一公开"实施方案》《"双随机一公开"实施细则》《落实重大执法决定法制审核工作方案》《重大行政执法决定法制审核办法》等，将一般程序行政处罚、行政强制、行政征收和重大行政许可等139项内容全部纳入重大法制审核范围；组织开展了便民服务事项清理和"便民减证"专项行动，编印了业务手册和办事指南；取消市疾控中心、市监督执法支队的卫生检测费、委托性卫生防疫服务费和预防性体检费，全年共减免123万元。对行政事业性收费项目、三公经费、行政许可结果和行政处罚结果进行了公开公示，全年累计发放行政许可447件，实施行政处罚13起；政务服务大厅窗口获"微笑服务窗口"荣誉，个人获"微笑服务明星""服务标兵"称号。

（2）大力加强卫生计生综合监督行政执法。开展了全市医疗机构依法执业专项暨医疗质量安全管理和风险防范专项整顿活动，对全市医疗机构门诊日志进行了统一和规范。开展了多个专项检查，如疫苗管理专项监督检查、打击非法医疗美容专项行动、打击违规开展人类辅助生殖技术专项行动、医疗执法监督检查、第二批中小学校"健康校园"创建活动、《传染病防治法》等法律法规落实情况监督检查等。对医疗机构、公共场所、职业放射等做到百分百监督覆盖，监督频次在每年两次以上，医疗机构监督频次达到每年4次。完成了打击非法行医、医疗收费专项检查、二级以上医疗机构综合督导、采供血及母婴保健机构监督检查、计划生育专项监督、公共场所监督监测、生活饮用水监测等执法工作。全年共有行政处罚案件13起，一般程序6起，简易程序7起，罚款5.3万元，有3起尚未结案。

（六）加强保障能力建设，提升卫生计生工作水平

（1）加强专业人才队伍建设。制定了《嘉峪关市名中医评选工作实施方案（试行）》，共评选出3名省级名中医、5名市级名中医，落实奖励资金12.5万元。认真落实中医药五级师承教育工作，在全市范围内遴选出9名指导老师和19名继承人。成立了2个劳模创新工作室。组建了市级医疗卫

生专家人才库，建立了医学、中医、护理、预防4个学会，成立了脑心同治、糖尿病、风湿病专业委员会等学术交流平台，医务人员参与学术交流、素质提升等各类继续教育达3000人次；举办各类专业培训班、研讨会、学术沙龙30多场次，培训约1800人次；选派126名医务人员赴北京、广州、上海、湖南等大型医疗机构进修；持续开展岗位练兵、技术比武、临床适宜技术大赛等活动，参与人群达875人次。招聘录用包括4名硕士研究生在内的医疗卫生专业毕业生25名，各医疗单位自主招收74人。

（2）加强医疗基础设施建设。嘉峪关市南市区医院建设项目总建筑面积8.5万平方米，设置床位650张，一期建设包括门急诊楼、医技楼、住院楼及儿童病区，于2015年6月开工建设；二期建设已完成上述医用建筑主体工程，正在进行室内装修。嘉峪关市中医院建设项目总面积3.6万平方米，已完成室内外装饰装修和室外管网等配套设施工程量的80%，预计2018年2月完工。一期配套工程目前已完成放射防护、治疗带设计施工一体化招标，正在与土建施工同步交叉进行；医疗净化、信息化智能管理、楼体亮化等工程设计招标已完成，正在进行初设评审，预计2018年8月底前完工，并投入使用。二期工程可研报告已通过嘉峪关市发改委评审，计划于2018年5月开工建设，预计2019年年底完成土建安装工程及配套设备购置安装，2020年竣工投入使用。建设社区卫生服务中心。康乐寿医护养老院改扩建项目旧楼改造工程共投资456万元，全部完成房屋装修及设备安装，于2017年5月初正式运营，目前已入住失能、半失能、自理老人近40名。新建业务楼工程主体楼已封顶，同步开展冬季施工前各项准备工作和医用设备采购立项工作，计划于2018年1月31日前完成室内装饰工程并通过验收，3月底正式投入使用。

（3）加强社会服务能力建设。组建了市红十字会应急救援队，深入学校、国企、私企、旅游行业和社区开展现场动态演示急救教学，通过互动提升急救本领，让参与群众看得懂、学得会、用得上。与市总工会、市社保局和市卫计委等单位联合举办了卫生应急技能大赛，进一步提高了应急救援的实战能力。组织志愿者服务队开展义诊活动25次，健康知识讲座30余次，

约有1300人参加；对全市六所幼儿园学生进行视力筛查，共检查740人。开展近视防控宣教和青少年视力筛查体检工作，为4030人进行视力检查，免费为901名学生进行近视治疗。开展无偿献血知识宣传，提高群众对无偿捐献知识的知晓率。积极招募志愿者，动员和组织广大群众积极参与无偿献血工作。

二　嘉峪关市医疗卫生事业发展中存在的问题

（1）医疗卫生资源分布不均。卫生资源分布不均，健康产业发展滞后，难以满足人民群众不断增长的多层次、多元化的医疗卫生健康服务需求。随着全面二孩政策的实施，妇幼健康服务资源不足的矛盾更加突出。基层卫生服务能力比较薄弱，人才总量不足，结构不合理，高端人才、专业人才缺乏，设施设备短缺。

（2）社会办医能力不足。嘉峪关市的民办医疗机构多数设施设备较差，医疗技术力量相对薄弱，不注重自身人才培养和梯队建设，人员流动性大，医疗技术队伍不稳定，缺乏竞争力，规模和服务量占比仍然较低。

（3）深化医改任务依然艰巨。医药卫生体制改革步入深水区，改革任务更加艰巨。医疗保障整体水平仍然较低，公平性亟须提升。医疗卫生发展迫切需要转变简单规模扩张的发展模式，通过体系优化和结构调整提高服务水平和效率。

（4）药品供应保障机制尚需完善。甘肃省对基层医疗机构药品使用限制较多，导致许多慢性病患者在基层医疗机构买不到所需药品。同时，由于药品实行省级招标，有些药品招标周期过长，群众无法购买到药品和药品涨价问题严重影响群众用药和群众满意度。

（5）满足群众健康需求的能力不足。随着社会经济的发展，城镇化、老龄化、疾病谱变化等问题对医疗卫生服务提出了新要求。目前，嘉峪关市城镇化率达到93.42%，65及岁以上人口达1.95万人，占总人口的7.99%。面对城市化明显加快，城乡优质医疗卫生资源的配置不均衡与快速城镇化矛盾日益突出。老龄化问题日趋严重，人口抚养比持续上升，快速老龄化使老年人生活照料、康复护理、医疗保健、老年病专科服务等医疗服务需求日益增长，老年护理等薄弱环节上的问题将更为凸显。

三 推动嘉峪关市医疗卫生事业健康发展的对策和建议

（1）继续深化公立医院综合改革。全面落实政府办医责任，建立科学补偿机制，统筹推进管理体制、运行机制、价格调整、编制人事和薪酬制度等各项改革，严格控制医疗费用不合理增长，认真执行药品"两票制"和开展医药采购与医保联动工作。持续推进医联体建设和发展，建成"服务共同体""责任共同体""利益共同体""管理共同体"的紧密型医联体，逐步实现为人民群众提供全方位、全周期健康服务的目标。

（2）鼓励和引导社会资本办医疗卫生机构。引导社会资本建设的医疗机构向高水平、专业化专科医疗、康复养老方向发展，逐步实行非营利性民营医院与公立医院享受同等待遇，促进医疗服务市场有序、公平竞争，促进公立和民营医疗机构之间的交流与合作。

（3）完善药品供应保障机制。完善基本药物制度，健全药品供应保障机制，理顺药品价格。在公立基层医疗机构全面配备使用基本药物的基础上，全市范围内公立医疗机构全面配备并优先选择使用基本药物。力争到"十三五"末期，公立医疗机构所有药品（除中药饮片外）全面实现网上采购，使药品平均配送率达到95%以上。建立健全以基本药物为重点的临床用药综合评价体系。

（4）推进全民健康信息化。以服务医改、保障和改善民生、惠及居民健康为出发点，充分利用云计算、大数据等信息技术，加快推进嘉峪关市智慧医疗与全民健康信息平台项目建设。

（5）加快推进医养结合工作。进一步探索医养结合服务新模式，不断完善工作措施，继续推动医养结合试点工作；充分利用家庭医生签约服务，深入推进医疗卫生服务与居家养老相结合；促进公立医疗机构与养老机构建

立合作关系或签订合作协议，为入住老年人提供医疗卫生服务；进一步建立和完善为老服务医疗绿色通道，不断提升为老服务的意识和能力，形成功能互补、有序发展的医养融合发展新格局。

（6）加快医疗人才队伍建设。加大现代化医院管理人才、重点专科建设人才、高精尖人才的多渠道培养力度，进一步提升基层医疗机构服务水平。加快推进基层卫生计生队伍转型发展和承担健康教育职能，切实做好健康管理和健康促进工作。

（7）扎实推进"健康嘉峪关"建设。建立政府主导、部门联动、全民参与的健康嘉峪关促进工作机制，充分发挥卫生计生系统健康促进工作的统筹协调职能，将健康融入所有政策，改善生活环境，满足人民群众健康需求，提升健康素养。大力开展"健康嘉峪关""全民控烟行动"等活动。

B.27
2017年嘉峪关市教育事业发展情况分析及预测

李燕生　王　林[*]

摘　要： 本文就嘉峪关市教育事业发展现状、推动发展的重要举措及取得的主要成效进行分析，指出教育事业发展中存在的主要问题，并对全市教育事业的发展进行预测分析，提出下一步工作目标及主要政策措施，以期全面贯彻党的教育方针，努力增强教育综合实力，不断提高教育质量和水平，促进嘉峪关市教育事业稳步发展。

关键词： 教育发展　教育改革　义务教育

嘉峪关市委、市政府高度重视教育事业发展，全面贯彻党的教育方针政策，始终把教育摆在优先发展的战略地位，放在保障和改善民生的突出位置，以办好人民满意的教育为目标，2017年，先后出台一系列深化教育改革发展、加强教师队伍建设的政策措施，为实现教育事业与经济社会协调发展、在河西地区乃至甘肃省的领先发展提供了坚强保障，为全面落实各项教育改革措施、稳步提升教育质量提供了有力支撑。

---

* 李燕生，毕业于甘肃政法学院法学专业，嘉峪关市委政策研究室副主任科员；王林，毕业于西北师范大学历史专业，嘉峪关市教育局局长。

一 嘉峪关市基本教育情况分析

嘉峪关市共有各级各类学校 85 所，其中幼儿园 50 所（公办幼儿园 9 所、民办幼儿园 41 所），小学 18 所，独立初中 6 所，九年一贯制学校 2 所，特教学校 1 所，完全中学 1 所，普通高中 2 所，中等职业学校 3 所，高等院校 2 所（甘肃广播电视大学嘉峪关分校、甘肃钢铁职业技术学院）。在校学生 48268 人，其中在园幼儿 9351 人（民办幼儿园 6768 人），小学生 16588 人，初中生 8143 人，特教学校在校生 51 人，普通高中生 6151 人，中等职业学校在校生 2070 人，高等院校在校生 5914 人。全市中小学、幼儿园在编教师 2161 人。学前三年毛入园率达到 97.8%，九年义务教育巩固率达到 99.77%，高中阶段毛入学率达到 95.12%。2017 年高考录取率为 95.33%，高出全省录取率近 15 个百分点；三本及以上录取率为 69.62%，高出全省录取率 30 个百分点，位列甘肃省各市州之首。

（一）加强教育投入，全面改善各级各类学校办学条件

坚持把改善办学条件作为全市教育工作的重中之重，2012 年以来，累计投入 10.5 亿元，对全市中小学、幼儿园的教学楼、运动场、实验室及食堂等基础设施进行全面改造，改造范围覆盖城乡各学段并延伸到农村教学点，几乎所有学校的办学条件都得到了根本改善，面貌焕然一新。

一是基础设施建设成效显著。嘉峪关市大力实施学前教育推进工程、农村学校建设工程、绿茵操场铺装工程、全面改薄工程等教育建设项目。对市一幼、市二幼 2 所省级示范性幼儿园进行原址重建，对市三幼、市四幼 2 所省级一类园进行改扩建，新建市五幼、市六幼、福民街幼儿园、建林街幼儿园、南市区幼儿园 5 所城区幼儿园和 3 所乡镇中心幼儿园，利用闲置校舍改造了 3 所村级幼儿园，使公办幼儿园总量增加了两倍多，让农村孩子与城市孩子一样享受到优质学前教育。对市一中、市四中、市六中等 4 所中学进行重建，在南市区易址新建市酒钢三中，对市师范附校、新城中学等 16 所城

乡学校教学楼进行维修加固改造，完成市明珠学校和文殊中学改扩建，消除D级危房4.3万平方米，全部消除学校D级危房。新建、改建、扩建校舍面积35.4万平方米，各中小学生人均校舍面积和活动场地等主要指标均达到全省义务教育学校办学标准，部分办学条件远高于全省义务教育办学标准。特别是在南市区易址新建的市酒钢三中，总投入3.56亿元，占地面积300亩，采取全封闭管理模式，为60个教学班、3000名学生提供了设施一流、功能齐备、环境优美的学习生活空间，被打造成全省领先的示范性普通高中。完成了市建设路小学、实验中学、第四中学等19所学校19万平方米塑胶操场铺装工程，全市中小学塑胶操场铺装率达到100%。全面完成农村教师周转宿舍及农村中小学食堂建设项目，为农村教师和学生的食宿提供了良好的基本条件。争取中央资金建成市职教中心实训楼，依托市职教中心和酒钢职业技术学院建成实习实训基地，职业教育基础设施条件进一步改善。

二是教育设备现代化水平不断提高。嘉峪关市围绕实现教育现代化的目标，积极落实国家《教育信息化发展十年规划（2011～2020）》和甘肃省《中小学信息化环境建设指导纲要》，大力推进"三通两平台"建设①，促进信息技术与教育教学深度融合，构建了人人能学、处处可学、时时能学的教育信息化发展格局。投入6400余万元完善教育信息化基础设施，对图书、实验室、音体美教学器材、办公设施设备进行大幅度补充更新，全市义务教育阶段学校的升降课桌椅、音体美设备配备率达100%。新建改建计算机教室、课堂实录转播教室、音乐教室、心理咨询室等功能教室140余间，70%的初中配备了地理专用教室，实现了同步教学、同步录制、同步互动的"三位一体"课堂教学新模式。完成教育城域网互联网出口带宽2000M扩容工程，为所有教学班配备高水平的触控一体机、交互式电子白板等教学终端设备，在全省率先实现了宽带网络"校校通"、优质资源"班班通"。通过常态化开展"专递课堂"、持续推进"智慧校园"建设、深入开展"网络学

---

① "三通两平台"：宽带网络校校通、优质资源班班通、网络学习空间人人通，建设教育资源公共服务平台和教育管理公共服务平台。

习空间人人通"工程、认真组织师生参加各类信息化竞赛活动等,不断加强教师信息化培训及提升教师应用能力,进一步促进信息技术与教育教学的深度融合。100%的教师和学生注册了甘肃公共资源教育平台并在实际教育教学中加以运用,优质数字资源应用范围逐步扩大,教育信息化和现代化水平居于全省前列。

(二)抓好师资建设,不断增强教育发展的后劲

嘉峪关市始终坚持"人才强教、人才强校"工作思路,制定实施了《教师队伍建设的实施意见》《十三五教师培训方案》《中小学教师校长交流办法》《市教育局落实〈关于深化人才发展体制机制改革的若干意见(试行)〉实施方案》等政策措施,着力构建和落实教师队伍建设机制,狠抓师德建设和师能培训,教师队伍建设取得了显著成绩。

一是大力实施师德师能提升工程。以"师德师风建设年"为抓手,开展了学师德规范、学身边典型、做"四有"好教师等系列活动,充分发挥典型的引领作用,切实强化教师职业道德教育,广大教师的教育教学行为得到了有效规范①。不断完善教师招录补充、合理流动的良性机制,五年内共招录教师200名,交流教师300多人次,在一定程度上破解了一线教师紧缺和校际间师资不均衡的难题。积极落实嘉峪关市委、市政府"人才58条",坚持"引进来"与"走出去"相结合,邀请教育部直属6所免费师范院校招生就业处专家领导和部分2018届免费师范毕业生来嘉峪关市考察交流,并组成招聘工作组分赴北京师范大学等院校招聘,2017年招聘免费师范生40人,创历史之最,师资补充长效机制进一步建立。

二是实施名师培养工程。持续实施名师培养工程,为优秀教师成长搭建平台,6名教师被评为全省"陇原名师",形成了名师引领、优秀教师参与的名师工作队伍,有效发挥了名师在教师专业成长中的带动作用。陇原名师闫桂珍、何军海被市委、市政府授予促进教育发展特殊贡献奖,分别获得

---

① 徐晓东:《社会转型与办学体制创新》,浙江大学出版社,2004,第75页。

20万元奖励。260人次被评为省、市级"青年教学能手"，660余人被评选为市级"131"名师，优秀教师比例不断扩大。不断健全培训体系，根据教育发展实际和教师专业成长需求，大力开展灵活多样的"菜单式"培训。落实国培、省培、市级培训、联盟校培训和校级培训的五级培训格局，共组织4200人次参加了市级及以上培训，探索校长、骨干教师到国内外名校跟岗学习制度，选派中小学校长、幼儿园园长到香港参加专业能力提升培训，管理人员的管理水平和优秀教师的教育理念得到进一步提升。与教育部直属师范院校签署培训合作协议，建立教师培训基地，目前已与北京师范大学、华东师范大学、华中师范大学、东北师范大学、西南大学、陕西师范大学、西北师范大学等高等院校签约，选派168名骨干教师分赴陕西师大和东北师大参加培训，先后组织了十余次高级研修班，累计培训500人次。

三是不断提高教师待遇。根据国家和甘肃省关于加强教师队伍建设和提高乡村教师待遇的有关政策，积极协调有关部门，出台并实施了教师职称评聘意见，会同嘉峪关市人力资源和社会保障局，对344名已取得中高级职称的未聘任教师使用限额外岗位聘任并兑现待遇，有效解决了评聘矛盾突出这一多年困扰教育发展的难题。将农村教师绩效工资总量提高15%，每人每月平均增加400元以上，有力调动了农村教师工作的积极性，稳定了农村教师队伍。针对绩效工资考核中教师反映强烈的班主任补助问题，研究出台班主任补助发放政策，按照幼儿园、小学、初中、高中、中职每月分别400元、500元、500元、500元、400元的标准发放班主任补助，极大地调动了班主任工作的积极性。广大教师深受鼓舞，干劲倍增，教书育人的责任感和使命感进一步增强。

（三）深化教育改革，全面激发教育发展内驱力

以突出教育服务功能为核心，不断推进教育综合改革，激发教育发展的活力，主动适应人民群众对教育工作的新要求、新期盼。

一是不断深化幼儿园"划片帮扶、抱团发展"模式。大力实施《学前教育三年行动计划》《扩大学前教育资源总量的意见》，将全市50多所民办

幼儿园按区域划分为 6 大片区，由公办幼儿园实施对口管理帮扶，发挥公办幼儿园尤其是省级示范性幼儿园的示范引领作用，达到了公办、民办幼儿园组团发展、互相促进、共同提高的目标。嘉峪关市公办、民办幼儿教育协调、均衡发展的做法，得到了教育部及甘肃省有关领导和专家的充分肯定，《中国教育报》专门进行了整版报道，省内多家学前教育办学机构前来观摩学习。嘉峪关市委、市政府积极推动"扶持学前教育改革与发展"项目，为民办实事，2017 年落实资金 1075 万元。市教育局制定了详细的实施方案并有序推动项目落地，协助市财政局争取甘肃省教育厅普惠性民办幼儿园专项奖励补助资金 860 万，市级财政配套资金 215 万元已全面到位。资金主要用于改善普惠性民办幼儿园办园条件、购置设备、加强教师队伍建设等，使民办幼儿园办学条件得到进一步改善。

二是推进义务教育均衡发展。结合嘉峪关市教育发展实际，制定实施《关于大力推进义务教育均衡发展的实施意见》《城区学校布局调整规划》等一系列政策措施，按照全省义务教育学校办学基本标准，统筹推进基础设施、办学水平、教育质量均衡发展。为解决区域内师资不均衡问题，探索实施"5321"① 联盟校工程，将全市中小学按地域划分为 3 大联盟、10 个联盟校，联盟间推行统一教学管理、统一师资调配、共享设施设备，推动优质资源共建共享和区域教师资源科学配置，推动全市义务教育发展更加均衡。

三是大力推动教育特色化、内涵式发展。在改善办学条件的同时，市教育局确定了特色化、内涵式发展的新目标，逐步形成了"一校一特色""一校一品牌"的格局。市实验小学的围棋、长城路小学的经典诵读、五一路小学的生命绿灯工程、实验中学的家长学校、市五中的法治教育已形成鲜明特色，市一中的心理健康教育、市酒钢三中的国际化办学已成为高中教育的品牌。市一中原创舞蹈《袖舞·京魂韵》代表甘肃省参加全国第五届中小学生艺术演出，获舞蹈类一等奖，得到专家评委和甘肃省教育厅的高度赞扬。

---

① "5231"是指以"五个整体"为基础，即整体管理、整体统筹、整体教学、整体教研和整体考核；以"三项交流"为核心，即干部交流、教师交流和学术交流；以"两级考核"为保障，即常规考核和终极考核；以"一个目标"，即共同发展为出发点和落脚点。

四是增强职业教育适应力。全面贯彻落实国家、省、市发展职业教育的政策措施，嘉峪关市政府印发了《职业教育助推城镇化改革发展实施方案》，职业教育影响力不断提升，对经济社会发展的贡献日益凸显。进一步加强嘉峪关市高中阶段招生工作，推进普通教育与职业教育协调发展，中高职衔接工作有序推进，职业高中与普通高中比达到4∶6，职业学校毕业生就业率达到90%以上。不断推进"2+2+1""3+2"① 等中高职一体化培养模式，与甘肃钢铁职业技术学院、山东德州职业技术学院成功对接，拓宽了中职学生的升学渠道。与酒钢集团、中核四〇四、华强集团等大型企业建立长期合作办学关系，充分利用企业实习实训基地资源，深化人才培养模式。成立"吕杰焊接创新工作室"和"梁勇机械技能工作站"，依托团队优势，整合专业技术及人力资源，参加全省中等职业学校技能大赛，获奖率达到77.6%。为改革人才培养模式，提高人才培养质量，服务全市产业结构调整和经济社会转型跨越发展，市政府与上海交大教育集团签订了《战略合作框架协议》，2017年9月28日，成功举办"甘肃钢铁职业技术学院上海交大教育集团嘉峪关中德学院（筹）挂牌暨HWK汽车检测与维修考试和认证中心启动仪式"，目前协议各项内容有序推进，尤其是中德学院建设项目加速实施，已进入实质性阶段。

五是深化校园安全网格化管理。以生命教育、心理健康教育和安全技能实训为载体，积极构建与全市"平安细胞工程"建设相适应的校园安全网格化管理体系，为维护全市教育系统和谐发展构筑了安全基石。结合"改薄"项目（改善贫困地区义务教育薄弱学校基本办学条件）实施，着力推进"数字化平安校园"建设，为全市所有学校安装了与公安联网的一键式报警装置，建成数字网格化管理平台，实现所有学校视频监控无死角、全覆盖。实施校车安全工程，所有线路全部由专用校车运行，站点延伸到所有行

---

① "2+2+1"：初中毕业生在中等职业学校学习2年后，通过考试、考核，到高等职业学校（专科学校）学习2年，然后到企业顶岗实习1年，获得高职学历。"3+2"：初中毕业生在完成3年中职教育后，再接受2年高职教育，让中职生不通过高考进入相应高职院校学习的衔接模式。

政村。在校车运行中，安排专人跟车接送，定期组织安全演练，做到督促检查常态化，自运行以来未发生任何安全事故。全面实施农村义务教育学校营养改善计划，率先在全省实现100%食堂供餐，米、面、油等原材料实行招标采购，全过程监管，食谱及资金使用情况及时向社会公示。为确保营养合理及时调整食谱，做到品种丰富、安全卫生，杜绝食品安全事故的发生。

（四）推进教育公平，全面保障特殊群体受教育权利

高度关心关注特殊群体的健康成长，全面落实国家和甘肃省关爱特殊群体的各项政策措施，在资源配置、入学机会等方面一视同仁并给予更多关心和帮助。

一是实施《特殊教育三年提升计划》，建成了特殊教育学校和特殊教育指导中心，特殊教育学生的教育经费和教师相关待遇得到全面落实。对全市中小学随班就读的残疾学生教育提供专业化指导，逐步使特殊教育向学前和初中教育阶段延伸，确保"三残"（智残、体残、肢残）儿童能够接受更好的教育。

二是全面落实国家"两免一补"（免杂费、免书本费，逐步补助寄宿生生活费）、家庭贫困学生资助等各项教育惠民政策，实现困难学生、弱势群体从学前教育到大学教育的教育救助全覆盖，无一名学生因家庭贫困而失学。2017年，共发放各类助学资金近1471万元，惠及学生2.1万余人次。实施学前教育幼儿免（补助）保教费政策，对全市幼儿园中甘肃户籍在园幼儿按照每人每年1000元标准补助保教费。

三是实现外来务工人员随迁子女就近入学同城待遇。从幼儿园到高中，全部实现外来务工人员随迁子女在入学和政策上的同等待遇，不设置任何限制性政策。省级示范性普通高中招生名额的60%分配到各初中（农村倾斜至62%），远远高于省教育厅的不低于50%的要求，广大市民对嘉峪关市教育工作的满意度稳步提升。

二　存在的主要问题

嘉峪关市的教育工作虽然取得了一定成绩，同时也要清醒地意识到，与

甘肃省其他市州相比，工作还存在一定的差距和不足，面对人民群众对优质教育资源的需求，还需要付出更大的努力。也存在一些制约教育进一步发展的问题和困难。

一是一线教师人员紧张问题突出。2012年，甘肃省对嘉峪关市教育系统的核编未单独审核幼儿园和职教中心编制，导致目前幼儿园和职教中心占用全市中小学编制，而中小学编制不足，共缺编179名。按师生比，中小学缺编26名、职教中心缺编54名、幼儿园缺编83名、特殊教育缺编16名。加之生育二胎的教师人数增加，教师队伍存在阶段性和结构性缺员问题。

二是教育机构不够健全。教育督导机构不够健全，专业督导队伍缺失，影响了督导工作的正常开展。没有成立教育考试中心，国家教育考试的组织与实施仍由嘉峪关市招生、自学考试办公室负责，不能适应国家考试招生制度改革的需要。市明珠学校未升格为副县级单位，影响内部机构设置，不能满足教学规模扩大及日益精细化的教育教学管理需要。

三是优质教育资源总量仍显不足。通过近几年学校布局调整和新建、改扩建校舍，全市教育资源总量进一步扩大，但部分学校校园用地面积、建筑面积、体育活动场地不足的问题仍然存在，制约着嘉峪关市义务教育实现优质均衡发展。公办幼儿园在学前教育中所占比例偏低，民办幼儿园发展不均衡，不能满足人民群众对优质学前教育的需求。

四是职业教育发展缓慢。嘉峪关市职业教育规模小、人才培养质量不高、实训设备落后，已不能适应社会经济发展和产业结构调整升级对高技术技能型人才的需求。

三 嘉峪关市教育发展预测

（一）工作思路

"十三五"时期是嘉峪关市全面建成小康社会的决胜阶段、深化改革扩大开放的重要阶段和推动经济社会转型升级的关键阶段。按照市委、市政府

的决策部署，嘉峪关市教育部门将深入学习贯彻党的十八届六中全会和党的十九大精神，以创新、协调、绿色、开放、共享五大发展理念统领教育工作，努力办好人民满意的优质教育，以素质教育为主题，更加突出教育公平，以改革创新为主线，不断提升教育科学化管理水平，全面深化教育领域综合改革，切实加强教育基础设施和教师队伍建设，积极稳妥地推动教育布局调整，进一步扩大优质教育资源总量，全面提升教育软实力，努力打造西部基础教育高地。

（二）工作目标

到2018年，各级各类学校办学条件明显改善，办学质量、创新能力明显提高，教育公平与均衡发展取得重大突破，总体发展程度达到西部地区平均水平，部分指标达到西部地区先进水平。到2020年，形成完备的现代国民教育体系，总体实现基本公共教育服务均等化；教育优质资源明显扩大，人才培养质量大幅提高，服务质量和创新能力显著提高，综合发展指标达到全国平均水平，基本实现教育现代化，努力打造"省内领先、全国一流"的西部基础教育高地。

（三）工作措施

一是不断扩大优质教育资源总量。着力扩大公办学前教育资源，落实城市住宅小区、新城区建设和棚户区改造过程中配套幼儿园建设的政策，扶持普惠性民办园增容提质，进一步扩大优质学前教育资源总量。落实《加快民办教育发展的实施意见》《促进学前教育改革发展的实施意见》，加大普惠性民办幼儿园的认定扶持力度，继续落实公办、民办幼儿园对口帮扶措施，不断提高保教质量。积极探索公建民营幼儿园的发展模式，推动公办、民办幼儿园协调均衡发展，逐步解决"入优质幼儿园难"的问题。结合经济社会发展和国家政策调整，合理增加义务教育阶段学校布点。办好三镇学校和教学点，保障农村儿童就近入学。合理布局中等职业学校，重点办好1～2所中职示范校。加大中外合作办学力度，加快建设中德学院，努力将其建成综合性应用技术型大学。

二是深入推进学校内涵式、特色化发展。加快推进学校章程建设，大力研发校本课程，深入实施"一校一品"校园文化建设工程。积极探索特色办学、多样化发展道路，努力构建特色立校、特色强校的发展体制，推动学校个性化、优质化、品牌化发展，培养一批具有鲜明办学理念且勇于探索实践的教育专家，开发一批基础型、拓展型和研究型的本土课程，不断推动学校办学模式多元化和育人方式多样化发展。

三是持续加强教师队伍建设。深化师德师风建设，深入落实《关于深化人才发展体制机制改革的若干意见（试行）》，加大免费师范生招聘力度，进一步优化教师队伍学科和年龄结构。深化中小学教师职称制度改革试点工作，落实职称评聘、农村教师绩效工资总量提高 15% 、班主任津贴等利好政策，坚持两年一次的教师体检、重大节日走访慰问和重大疾病关怀救助等工作，吸引优秀人才长期从教、终身从教。[①]

四是全面加强教育信息化建设。坚持应用驱动和机制创新，建立与嘉峪关市教育现代化发展目标相适应的教育信息化体系。深入推进"三通两平台"建设，有力有序推进"网络空间人人通"建设。积极开展数字校园建设，逐步实现师生、生生、家校互动数字化。加大管理人员和骨干教师的培训力度，有效提升教师运用信息技术开展教育教学活动的能力。

五是深入推进教育综合改革。以推进教育治理体系和治理能力现代化为主线，深化教育综合改革。合理配置区域间、区域内教育资源，推动基本公共教育服务均等化。遵循教育规律和人才成长规律，创新人才培养体制与人才培养模式，推动各级各类教育有机衔接，形成体系开放、机制灵活、渠道互通、选择多样的人才培养体制。优化全社会积极参与、公办教育和民办教育共同发展的教育格局。深入推进管、办、评分离工作，形成政事分开、权责明确、统筹协调、规范有序的教育管理体制。深化教育督导改革，完善督政、督学、监测三位一体的教育督导工作体系。

---

① 张晓乐：《框架理论视野下的道德叙事》，《全球教育展望》2005 年第 2 期，第 54 页。

B.28
2017年嘉峪关市社会保险
工作情况与对策建议

吕伟杰　杨 阳*

摘　要： 2017 年，嘉峪关市社会保险工作深入贯彻落实新发展理念，以深化社会保险制度改革为主线，按照"兜牢底线、聚焦重点、防控风险、引导预期"的总体要求，稳步推进社保扩面征缴和机关事业单位养老保险制度改革，加快城乡居民医疗保险整合、跨省异地就医结算、医保支付方式改革，加强社保基金预算管理，强化社保经办管理风险防控，做好社保卡发放工作，扎实推进社会保险工作标准化、信息化、规范化建设，社会保障制度进一步完善，全民参保覆盖面不断扩大，基金监管能力有效提升，社保待遇水平稳步提高，社保经办管理服务能力不断提高，为服务"两个率先"、保障供给侧结构性改革构筑了稳定的社会保障网。

关键词： 社会保险　社会保障　参保率

一　社会保险改革任务有序推进，制度体系日益完善

2017 年，嘉峪关市围绕全省社保改革任务和目标责任，同步推进社保

---

* 吕伟杰，毕业于西北师范大学公共管理专业，公共管理学硕士，现在嘉峪关市委政策研究室党建科工作；杨阳，文学学士，嘉峪关市人力资源和社会保障局档案管理中心副主任。

制度改革、基金监督管理、信息化建设和经办管理"四位一体"工作,全面实施全民参保登记计划,①加强"五险合一"经办管理,健全基金监督制度体系,推进社保规范化、标准化、信息化建设。目前,全市社会保险工作呈现出基金收支稳中有增、重点改革任务有序推进、重点经办任务成效显著、风险防控体系健全、经办服务效能不断提升的良好发展态势。

1. 社会保障政策和制度改革方面

社会保险制度实现全覆盖,统筹层次不断提高,城镇职工基本养老保险实现省级统筹,失业、工伤保险实行省级调剂金制度,城镇职工基本医保、城乡居民基本医保、生育保险、城乡居民养老保险均实现了市级统筹。积极推进机关事业单位养老保险制度改革,全面完成政策解读宣传、数据采集审核、业务经办培训、软件测试等工作,数据采集率、上报率及迁移入库率均达到100%。机关和事业单位的养老保险、职业年金均按规定开设了银行账户,并全额代扣个人的保险费和职业年金,实现市财政专户储存,实际缴费代扣人数完成率达100%,参保单位及工作人员缴费和退休人员养老待遇的清算工作正有序推进。嘉峪关市符合政策条件的6000多名国有企业原"五七工""家属工"②被纳入城镇职工基本养老保险保障范围,切实解决老有所养问题。完善统筹城乡居民社会养老保险制度,实现城乡待遇同城化、政策一体化及服务均等化。整合城乡居民基本医疗保险制度,完成政策、人员、机构、职能的整合,完成城乡居民医保基金审计验收和医保信息数据的分析比对,实现全省城乡居民覆盖范围、筹资政策、保障待遇、医保目录、

---

① 社会保险法等法律法规规定,以社会保险全覆盖为目标,通过信息比对、入户调查、数据集中管理和动态更新等措施,对各类群体参加社会保险情况进行记录、核查和规范管理,从而推进职工和城乡居民全面、持续参保的专项行动。

② "五七工""家属工"是指20世纪六七十年代,曾在石油、煤炭、化工、建筑、建材、矿山、交通、运输、冶金、机械、农业、林业、水利、牧业、电力、军工等行业的国有企业中从事生产自救或企业辅助性岗位工作的,以及城镇街道居民委员会等自行组建的集体企业中从事生产自救工作的,具有城镇常住户口、未经劳动部门录用、没有企业正式职工身份的人员。这些人员多数是在20世纪六七十年代初响应毛泽东"五七"指示,走出家门参加生产劳动,组建街道"五七"厂或进入企业不同岗位的城镇职工家属,因此也称为"五七工"。

定点管理、基金管理的"六统一"管理模式，城乡居民参保缴费标准统一调整为成人180元/人/年、在校学生和学龄前儿童100元/人/年，城乡居民基本医保财政补助标准达到450元/人/年。自2015年以来，全面建立城乡居民大病保险制度，充分发挥基本医疗保险、大病医疗保险与医疗救助的协同互补作用，以参保居民人均55元标准统筹城乡居民大病医疗保险资金，建立城乡居民大病医疗保险，由中国人民财产保险公司嘉峪关分公司承办业务，对参保居民个人负担的合规医疗费用予以再次报销，城乡居民大病补偿上不封顶，统一筹资标准和报销比例，确保城乡居民平等享受大病医保待遇和服务。深化医疗保险支付方式改革，坚持"总量控制、按月结算、综合考核、年终清算"的原则，实行按病种付费、按人次付费和按服务项目付费等复合式、多元化付费方式，控费效果明显。以实施建筑业参加工伤保险"同舟计划"为重点，推进农民工参保扩面，开辟建筑业农民工工伤认定绿色通道，保障农民工工伤权益。

2. 全民参保覆盖面不断扩大

全面开展参保登记工作，制定印发《嘉峪关市全民参保登记计划实施方案》，完成政策宣传、业务培训、社保基础数据入库和入户调查等工作，已确认登记人数为20.28万人，全民参保登记信息入库人数为20.28万人，嘉峪关市户籍人口总数为20.53万人，已完成总人口的98.78%。截至目前，嘉峪关市城镇职工基本养老参保人数达到11.13万人、城镇职工基本医疗参保人数达到9.13万人、失业保险参保人数达到6.10万人、工伤保险参保人数达到6.95万人、生育保险参保人数达到6.88万人，城乡居民基本养老保险和医疗保险参保人数分别达到1.91万人和11.34万人，各项社会保险综合参保率达到97%以上。财政资金给予补助的农村代课教师、被征地农民和失地农民及基层服务项目大学毕业生、5548名重度残疾人和农村计生"两户"人员也已全部纳入社会保险覆盖范围。社保扩面逐步向新成立企业、小微企业、个体工商户和外来务工人员延伸。

3. 社保待遇水平显著提高

连续14次为全市企业退休人员上调基本养老金，参与调整养老金的退休人员2.9万人，月养老金支出增加425万元；企业退休人员人均增加168.12元/月，人均养老金达到2812.03元；"五七工""家属工"人均增加54.47元/月，人均养老金达到1105.76元。全年基本养老金支出95029万元，丧葬费、抚恤金支出626万元，企业养老保险各项待遇均按时足额发放，发放率达到100%。城镇职工基本医保加上城镇职工大病医保年度内最高报销限额达到41万元，政策范围内的合理费用报销比例最高达到95%，普通慢性病门诊报销比例提高至85%，重症慢性病门诊报销比例提高至90%。城乡居民大病医疗保险补助比例达到70%以上，补助限额由3万元调整为14万元；城乡居民医保住院医疗费用和大病医疗补助两项合计达到14万元；残疾人群医保政策范围内报销比例达到100%；低保户参保缴费全部由财政补助代缴，定点医疗机构增至73家，定点零售药店增至141家；失业保险待遇由2012年的575元/月提高到1458元/月。增加女职工生育保险基金支付项目，将7种生育并发症纳入支付范围；提高生育报销标准，增加男职工未就业配偶报销生育医疗费项目；逐年提高工伤亡人员补助金、伤残津贴等补助费标准。

4. 社保基金监管水平有效提升

加强社保基金收支预决算管理，科学合理编制预算，在4家银行分设财政专户7个，在5家银行分设支出户7个，在1家银行分设收入过渡户2个，与相关银行签订社保基金支出户服务协议7份，按月申请资金从财政专户及时拨付到支出户，确保足额发放。定期按月与银行、地税、财政对账，并编制银行存款余额调节表，做到账账、账表、账实相符，数据真实、准确、完整。严格执行社保基金财务制度和会计制度，实行收支两条线，明确财务人员岗位职责，做到会计、出纳互不兼任，会计审核流程、支付程序规范，相关人员签字齐全，银行回单传递及时，财务凭证录入及时。启用A++财务系统，加强对社保基金的及时对账、自动分析和预警，做到专户管理、专款专用。截至2017年12月，企业职工养老保险、失业保险、职工医疗保险、城镇居民医疗保险、工伤保险、生育保险保费征缴收入分别为99106万元、4056万元、33717万元、1256万元、3644万元、1197万元；企业职工养老保险、失业保

险、职工医疗保险、城镇居民医疗保险、工伤保险、生育保险保费支出分别为96180 万元、3825 万元、31252 万元、5270 万元、4917 万元、1971 万元。

5."互联网＋人社"行动提升社保公共服务水平

深入实施"互联网＋人社"① 行动，2017 年 3 月完成"五险合一"信息系统上线运行和参保登记、基数核定、征缴稽核等业务整合优化，提升了"五险合一"经办管理服务能力，推动嘉峪关市社保业务信息化经办跨越式发展。圆满完成机关事业单位在职和退休人员、企业在职人员社会保障卡数据采集、入库审核工作，发放社保卡 72466 张。其中，为异地安置退休人员发卡 1676 张卡，为企业在职人员和常驻异地工作人员发卡 42679 张卡，为机关事业单位人员发卡 11420 张，为城乡居民养老保险参保人员发卡 16691张，对已到达待遇享受年龄的持卡人实现卡上支付，完成企业退休人员、灵活就业退休人员和"五七工""家属工"社保卡数据采集入库 28235 人，并开始制卡。依托"五险合一"信息系统的技术支撑，完成 4 家公立医院和全市医保两定机构信息系统中三大目录（药品目录、诊疗项目目录、服务设施目录）的切换，完善异地安置退休人员、异地常住退休人员和常驻异地工作人员信息备案库，于 6 月 16 日通过人社部审核，顺利接入国家异地就医结算平台，实现部、省、市三级联通，3 家二级以上定点医疗机构信息也按要求全部上传人社部异地就医结算平台，为异地就医结算上解预付基金130.1 万元，实现异地就医住院费用的直接结算 103 例，总费用 112.18 万元，统筹报销 81.7 万元。结合经办实际梳理医疗保险智能监控风险点，制定医疗保险智能监控系统上线实施方案，启动医疗保险智能监控系统，对全市 15 家医院、诊所的医疗服务行为进行全过程监控，对违规行为做到事前提醒、事中控制、事后追溯，对医疗机构的监管更加精准、更加科学。建成智慧眼人脸识别系统并投入使用，对于行动不便的老人，指导其子女或亲属运用手机 APP 进行认证，提高领取养老金资格认证工作的效率和水平。推

---

① "互联网＋人社"：为贯彻落实"互联网＋"、大数据等国家重大战略，推进"互联网＋政务服务"，加快人力资源和社会保障领域简政放权、放管结合、优化服务改革，2016 年 11月 1 日，人力资源和社会保障部研究制订了《"互联网＋人社"2020 行动计划》。

行服务下沉，将"五险合一"信息系统向社区延伸，在全市3镇、30个社区和市社会保险服务大厅配备38台自助查询服务和缴费一体机，积极打造"智慧社区"。积极推进社会保险经办网站建设和人社手机APP应用开发工作，着手编制技术方案并进行研究论证，稳步推进社保业务网络化。

6.推进社保标准化建设和社保经办管理风险防控

按照社保大厅标准化建设要求，科学合理划分大厅功能区域，设立48个服务窗口，集中办理养老、医疗、工伤、失业和生育保险的基金征缴、账户管理、待遇支付、转移接续以及社保待遇领取资格认证和档案管理等业务，地税和人保财险等配套业务窗口同时入驻大厅，周边银行网点分布合理，方便人民群众办事。在完善基础设施、改进便民服务的基础上，进一步规范办事流程和服务标准，强化人员队伍建设和作风建设。统一工作人员着装，统一开展礼仪培训，推行文明服务用语，做到服务语言规范，表达清晰准确，实行"五制""四公开""三亮明"①，推行"一站式"办理和"五个一"优质服务模式。开通12333咨询服务热线，为办事群众提供便民、快捷、高效的社会保险经办服务。科学合理设置机构，明确业务职责，明确岗位责任，实行分级管理、分级审核。规范各科室之间的业务信息传递、反馈、监控等经办流程，实现各岗位之间互相监督、相互制约。不定期对各项业务、内控管理进行检查，发现问题及时上报上级业务部门并整改。加强对社保基金预算编制、统计、财务人员的培训，加强思想政治教育和党风廉政教育，通过开展专项整治、规范业务流程、优化岗位设置等工作，健全完善廉政风险防控机制。推行"阳光人社"，通过多种渠道主动公开社保经办服务事项、办事依据、办事流程、所需资料、举报投诉及咨询电话等，提高办事透明度。规范基础工作，及时归档整理，妥善保管各种人事、文书、业务、财务档案，做到建档有规定、调档有制度、查阅有记录。

---

① "五制""四公开""三亮明"："五制"即首问负责制、全程代理制、一次性告知制、限时办结制和责任追究制；"四公开"即做到办事程序公开、办事依据公开、办事时限公开、办事结果公开；"三亮明"即窗口单位及工作人员提供服务必须亮明身份、亮明承诺、亮明标准。

二 提升社会保障水平面临的主要问题

尽管嘉峪关市在加快推进城乡社会保障体系建设，着力保障和改善民生上做了大量工作，在深化制度改革和扩大社保覆盖面上取得了较大进展，但面对宏观经济增速放缓，经济下行压力持续加大的新常态，我们清醒地认识到：社会保障体系还不能很好地体现公平性、适应流动性，还不能完全实现动态全覆盖，城乡发展不平衡的矛盾仍然存在。社保行政管理和基金监督及规划人员力量相对薄弱，机构和人员编制较少、专业技术人员紧缺的问题日益凸显，社保扩面征缴难度不断加大。如何探索健全完善社会保险政策制度，规范社保经办管理，打造高效公共服务平台，加快社会保险标准化、信息化、规范化建设进程，是当前和今后需要着力解决的问题。

（1）城乡居民基本养老保险经办能力建设方面。随着管理服务对象的迅速增加，参保人员的服务需求不断增长，日常业务量成倍增加，由于人员缺编现象严重，普遍存在一人兼多岗、一身兼数职的现象，经办人员严重不足的问题十分突出，不利于社保基金征缴、待遇发放、基金安全管理各环节内控管理制度的落实，难以形成相互监督、相互约束、相互制衡的工作机制。

（2）机关事业养老保险系统建设方面。机关事业养老保险建设不完善，如新增人员录入系统时，常出现提示列宽不够不能录入、已做完业务不能回退等问题，不能得到有效解决。机关事业养老保险经办的各项业务环环相扣，系统不完善不仅影响机关事业养老保险清算的进度，也导致业务经办不能顺利开展。

（3）工伤保险参保扩面工作方面。按项目缴费和参保农民工的工资不挂钩，涉及工伤赔偿时，赔偿基数认定与农民工实际收入相差较大；依据行业大类确定缴费费率，存在费率与风险程度不相符的情况。嘉峪关市作为重工业城市，企业工伤（亡）发生率高，工伤待遇标准逐年上涨，基金收入增长幅度远低于支出增长幅度，导致缺口较大。2016 年工伤保险费率下浮调整以来，全市工伤保险基金收入大幅减少，收不抵支问题更加凸显。

（4）生育保险方面。保险基金征缴渠道单一，只有企业和单位承担缴费，政府不补贴，个人不缴费，没有实现政府、集体和个人共同负担的基金社会统筹机制，生育保险的覆盖范围相对较窄，存在不同单位职工生育负担不均衡的情形，生育保险基金筹资渠道少、抵御风险差。

三　健全完善社会保障体系的思路和工作建议

（1）紧贴问题导向，积极创新、多措并举，实现精准扩面。借全市全面深化经济体制改革、经济社会发展和产业结构调整的"东风"，将社会保险扩面向新产业企业、网络、微商从业者和服务行业从业人员扩展延伸。结合新型城镇化建设和城乡一体化发展的深入推进，采取灵活多样的宣传方式和手段，大力宣传社会保险政策优势，引导流动人员和新就业人员主动参加社会保险，充分发挥社会保险激励机制。根据嘉峪关社会保障事业发展实际，按照国家和甘肃省统一部署和要求，有计划、分阶段、有针对性地降低社会保险总体费率，巩固已有参保缴费群体，开辟新的扩面增长点，实现参保缴费群体稳中有增，持续发展。扎实开展"全民参保登记"工作，摸清人员底数，理清人员结构，使基本养老保险覆盖全体职工和适龄城乡居民，基本医疗保险覆盖全民，失业保险、工伤保险、生育保险基本覆盖所有法定群体，有针对性地开展扩面征缴，实现精准扩面。

（2）坚持"一个统一、五个同步"改革思路，积极推进社会保险制度改革。稳步实施国家关于党政机关、事业单位建立与企业相同基本养老保险制度，实行单位和个人缴费，改革退休费计发办法，从制度和机制上化解双轨制矛盾。坚持机关与事业单位同步改革，职业年金与基本养老保险制度同步建立，养老保险制度改革与完善工资制度同步推进，待遇调整机制与计发办法同步改革，打破制度约束，实现全民参保。随着社会保险相关法律法规的健全完善，逐步探索并建立符合本地区社会保险事业发展的政策措施，实现上下联动，相互配合，共同发展。深入开展社会保险转移接续工作，不断

加强调查研究，超前谋划、提前布局，为社会保险基金实现更高层次的统筹做准备，进一步提高基金保障能力，实现可持续发展。

（3）不断加强社会保障信息化建设，提高信息化应用能力，打造高效、利民、惠民的社会保障服务体系。紧密围绕甘肃省"五险合一"社会保险信息系统建设，以改善和提高社会保险经办管理服务为重点，以完善和规范业务流程、建设标准化经办服务中心、优化社会保险信息系统、提高人员业务素质、提高工作服务质量为主要内容，建成体制顺畅、信息共享、标准统一、经办高效、管理精细、服务便捷的社保经办管理服务体系，实现社会保险规范化、标准化、信息化、科学化、精细化管理，全力推动社会保险规范化、标准化、信息化建设目标的实现。根据覆盖全民的社会保障体系，实现向服务型政府的转变以及加快电子政务建设的要求，以信息化建设为依托，理清流程结构，以"流程导向"替代"职能导向"，逐步推进社会保险业务经办流程再造，不断提高社会保险服务综合管理服务水平。

（4）进一步加强社会保险基金运行分析、监督、稽核等管理工作，切实加大基金对社会保障事业的支撑力度。随着社会保险事业的不断发展，社会保险基金总量的不断增加，社会保险基金精细化、科学化、信息化管理的具体要求不断增长，各类欺诈、套取社会保险基金的案件也随之增多。进一步创新基金监管工作方式，加强多部门联动配合，进一步确保社会保险基金监督在收、管、支方面的全面覆盖，积极引入第三方监督和评价机制，完善监管专项人才队伍建设，扎实开展社会保险基金日常监督和专项检查稽核工作，加大检查处罚力度，严防基金跑、冒、滴、漏，确保基金安全运行。不断加强社会保险基金运行分析，加强基金历年数据之间对比分析和现行政策执行效果评估，提高基金的使用效率。进一步健全基金风险管控措施，利用信息化手段封堵和防范各类风险点，建立一岗双责、一岗多责的监督机制，严防人为操作风险和制度漏洞，确保基金安全可控。逐步探索和建立社会保险精算制度，利用社保精算分析现行社保统筹层次制度运行的经济性、效率性和效果性，对制度运行状况进行全面分析和研判。运用社保精算技术，对社会保险基金财务可持续、成本可承受、社会合意性和执行效果性进行测算，监测基金运行，评估未来风险，提出相应的应对措施，为上级部门和领导提供决策依据。根据社保基金发展运行实际情况，对社会保险待遇进行调整，加强对社保基金在日常管理和投资运营领域的指导和管理，提高社会保险管理水平，增强基金可支撑能力和抗风险能力，实现社会保险"集权化"管理，提升社会保障统筹层次，从社会保险"大格局""大责任"角度出发，充分发挥社会保险制度在促进社会稳定方面所起的作用，进一步保障和改善民生，将社保惠民政策落到实处。

Abstract

Annual Report on the Economic and Social Development of Jiayuguan (2017 – 2018) is compiled by the Jiayuguan Municipal Policy Research Office. It is a comprehensive research report which is located in the summary and analysis of the current development of Jiayuguan, and predicts the future development of Jiayuguan.

The whole book includes eight parts: General Report, Transformation Development, Supply Reform, Cultural Tourism, A Well-off Society, Civilized City, Ecology Civilization and Livelihood Security. It displays the all-round economic and social development achievements of Jiayuguan in 2017, and a profound analysis of the future development trend of Jiayuguan.

Aiming at the hot and key issues of economic and social problems of development in Jiayuguan, through several research methods such as data comparison, theoretical analysis, model prediction, every article makes in-depth analysis on the problems related to long-term development of Jiayuguan, leading to provide the development policymaking for the government, and offers the preliminary research results for the experts and scholars who concern the development of Jiayuguan.

Objectively, it also provides some theoretical results for the related enterprises to make a strategic investment in Jiayuguan.

Contents

I General Report

B. 1 Analysis and Prediction on the Economic and Social
Development in Jiayuguan City from 2017 to 2018

Zhang Haiwu, Li Wei / 001

Abstract: Since 2017, in the face of severe and complicated macro-economic environment, Jiayuguan city has thoroughly implemented the spirits of the third, fourth, fifth and sixth Plenary Sessions of the 18th Central Committee of the CPC and the spirits of the 19th National Congress of the CPC. Guided by the spirits of general secretary Xi Jinping's series of important speeches, especially the spirits of the important instructions of "eight focuses" issued by Gansu province, Jiayuguan city has conscientiously implemented the new development concept, comprehensively promoted stable growth, structural adjustment, reform, people's livelihood, risk prevention and other work, and maintained a healthy development of economy and society as a whole. In 2018, we will thoroughly implement the spirits of the 19th National Congress of the CPC, deeply understand Xi Jinping's thoughts of socialism with Chinese characteristics in the new era, fully implement the decision-making deployment of the spirits of the 13th Party Congress of the province and the objectives and tasks set by the 11th Party Congress of the city, deepen the structural reform on the supply side, promote high-quality economic development, do a good job in guaranteeing and improving people's livelihood, and strive to create a new situation of economic and social development in Jiayuguan city.

Keywords: Economic Transition; Urban-rural Integration; Innovation-driven Strategy

Ⅱ Transformation Development

B. 2 Analysis on the Investment Situation of Fixed Assets in
Jiayuguan City in 2017 and Its Prospect in 2018

Zhang Haiwu, *Zhang Fan and Niu Ben* / 017

Abstract: In 2017, Jiayuguan city fixed assets investment started at a low level and recovered from quarter to quarter. However, there are still some problems such as irrational investment structure, insufficient reserve for major projects and insufficient fund guarantee. Due to the complex and severe macro environment, overcapacity, industrial upgrading contradictions and other multiple factors, in 2018, fixed assets investment will still face many difficulties, problems and greater pressure. This paper makes an in-depth analysis on the operation of fixed assets investment in 2017, reveals the difficult problems existing in the operation of investment, and makes a preliminary judgment on the investment of fixed assets in 2018.

Keywords: Fixed Assets; Investment; Private Investment

B. 3 Analysis and Suggestions on the PPP Project Construction in
Jiayuguan City from 2017 to 2018

Zhang Haiwu, *Wang Qingde and Zhao Jinyu* / 027

Abstract: PPP is a newly emerging public project investment and financing structure in recent years. It takes public-private cooperation as the core, effectively introduces market elements as the basis, gives full play to the leverage of financial resources in mobilizing market forces and optimizing resource allocation, and opens up an effective mode for the supply of public goods and services and financial investment project arrangement. Promoting the PPP project actively to explore,

Jiayuguan city carefully plans to implement a number of government and social capital cooperation projects, makes some progress, especially in the province's health system to take the lead in government and social capital cooperation projects. Next, Jiayuguan city will speed up the PPP project construction and effort to achieve greater breakthrough.

Keywords: Investment; PPP Mode; Social Capital

B. 4 Analysis on the Industrial Development of JISCO (Group) in 2017 and the Forecast

Zou Zhe, Chen Ping and Dou Minrui / 036

Abstract: JISCO (Group) insisted the strategy of strengthening the iron and steel and aluminium industries better and developing the relevant industries moderately and coordinately, and vigorously promoted the supply side structural reform, and determined to win the enterprise survival battle and the tough battle of improving the quality and benefits. Its operating condition was improved obviously, and the development capability was enhanced effectively. However, the outstanding contradictions were not resolved fundamentally such as the domestic depressed industry market, the fragile enterprise operating base, the low technology content and the added value, the low high-end product proportion etc. Under the new normal, JISCO (Group) should seize the opportunity of iron and steel and aluminum consumption structure optimization in China, and accelerate the transformation of enterprise production and operation modes to improve the overall competitiveness.

Keywords: JISCO; Aluminium Industry; Diverse Harmonious Development

III Supply Reform

B. 5 Analysis and Forecast on the Service Industry

Development in Jiayuguan City in 2017

Zou Zhe, Zhao Guanshe and Lv Wenting / 044

Abstract: Since 2017, along with the rapid development of cultural tourism industry, the overall development speed of Jiayuguan's service industry has been significantly accelerated, and the scale has been steadily increased and the level has been gradually improved. The good development trend of the industry has gradually become the new driving force of the city's economic growth. However, compared with the whole country, especially in the fast developing cities such as Xi'an, Lanzhou and Yinchuan, the proportion of Jiayuguan's service industry in GDP is low, and the development of producer services is lagging behind. In the future, the development of the service industry in the city will be in an important period of opportunity. The production service industry will be accelerated and the living service industry will be upgraded. In order to adapt more actively to the new normal and lead the new normal, Jiayuguan should improve the opening level of the service industry, cultivate and develop diversified market players, and promote the integration and development of service industry.

Keywords: Service Industry; Market Player; Tertiary Industry

B. 6 Analysis on the Aluminum Industry Development in

Jiayuguan City in 2017 and the Forecast

Zou Zhe, Wang Renhui and He Jinlu / 053

Abstract: In 2017, benefiting from the supply-side structural reform, the price of the domestic electrolytic aluminum rose, and the production capacity of electrolytic aluminum enterprises was gradually restored. Due to the positive factor, the electrolytic aluminum production and aluminum processing in Jiayuguan were increased steadily, but the outstanding contradictions were not resolved fundamentally such as the insufficient industry chain extension, the single aluminum products, the increased cost, the tight resources and the environment constraints etc. Jiayuguan should seize the opportunity of the aluminum consumption structure optimization, further extend the aluminum deep processing industry, and extend the aluminum extrusion profiles from "the intermediate goods" to "the finished goods" to improve the overall competitiveness of industry chain.

Keywords: Aluminum Industry; Manufacturing Industry; Market Risk

B. 7   Analysis on the Development of Trade and Circulation

Industry in Jiayuguan in 2017   *Li Guorong, Jia Jun* / 062

Abstract: This article summarized the development of the trade and circulation industry in Jiayuguan in 2017, briefly analysed the shortcomings of the existing problems and the opportunities to face the situation, and put forward the countermeasures and suggestions to accelerate the development of trade and circulation industry.

Keywords: Trade and Circulation Industry; Tertiary Industry; Optimization and Upgrading

Ⅳ   Cultural Tourism

B. 8   Research and Reflection on the Creation of a Regional

Tourism Demonstration Area in Jiayuguan in 2017

Deng Tingtao, Liu Fang / 069

Abstract: At present, China's tourism industry has entered a period of rapid

development, and the development of tourism has become a pillar industry of urban and rural integration, ecological environment construction and economic development. Jiayuguan puts forward the five development ideas which are "innovation, harmony, green, open and sharing" to lead the global tourism development in our city, and the "Travel Plus" mode of development to accelerate the pace of the integration of the city and the landscape, the industrial function and the urban function, the urban construction and the rural construction to make the tourist city excellent, the tourism attractions fine, the tourism countries beautiful. We should develop the industrial tourism to let the city, the factories, the scenic spots, the parks, the rural and the countryside become beautiful places.

Keywords: Global Tourism; Tourism Industry; Industrial Integration

B. 9 Promotion of the Traffic Infrastructure Construction in
       Jiayuguan City in 2017 and the Suggestions

Li Yansheng, Du Nan / 077

Abstract: Jiayuguan is the only intersection of the Silk Road and the Great Wall. Jiayuguan-Jiuquan is listed as a national comprehensive transportation hub in the State Council's 13th Five-Year Plan for the development of modern comprehensive transportation system. Jiayuguan's transportation development will usher in a new "Golden Period" and "Critical Period", and the pivotal position in the national and "the Belt and Road Initiative" strategic pattern will be significantly improved. This article focuses on speeding up the construction of a national comprehensive transportation hub city and discusses the transportation status quo, the transportation development situation and problems, the transportation planning and layout, etc.

Keywords: Transportation; Infrastructure; Planning Layout

B. 10   Analysis and Prediction on the Construction of the Major

Scenic Spot in Jiayuguan Guancheng in 2017

Deng Tingtao , Li Min and Dong Xuejiao / 086

Abstract: The key to the transformation of Jiayuguan's structure lies in multiple development, and the key to multiple development lies in the integration and development of the culture and brigade. The major scenic spot project is not only the integration and development of text brigade "bibcock" project, an important content of the construction of the national comprehensive tourism demonstration area, the urgent need to promote the city's economic restructuring, but also the "win-win" vivid practice of the protection of cultural relics, cultural heritage and economic development. It has a strong pulling, agglomeration and radiation effect.

Keywords: The Major Scenic Spot; Economic Transition; Five in One

V   A Well-off Society

B. 11   The Development Analysis and Prediction of Gobi

Agriculture in Jiayuguan in 2017

Li Guorong , Gao Yongming / 094

Abstract: This article combined with Gansu's policy planning for the development of Gobi agriculture, analysed the advantages, status and problems of the Gobi agricultural, and put forward the countermeasures and suggestions of the agricultural development in Jiayuguan's Gobi.

Keywords: Gobi Agriculture; Modern Agriculture; Rural Tourism

嘉峪关蓝皮书

B. 12　The Analysis and Prediction of the Rural Reform in

　　　　Jiayuguan in 2017　　　　　　　*Deng Tingtao*, *Chen Xuemin* / 103

　　Abstract：Agriculture is the strategic industry to secure the world and stabilize the people. At the present stage, the main contradiction of agriculture in China has changed from total shortage to structural contradiction which is prominently reflected as the coexist of the oversupply and insufficient supply. The main contradiction is on the supply side. Therefore, to push forward the agricultural supply side reform and promote the rural reform and development is the inevitable choice to solve the problem of agricultural development, and it is the fundamental requirement to promote sustained and stable development of agriculture and agricultural modernization.

　　Keywords：Agriculture Reform；Supply-side Reform；Develope the New Kinetic Energy

B. 13　The Construction Situation and Prospect of the Characteristic

　　　　Town of Guancheng Culture in Yuquan Town,

　　　　Jiayuguan City in 2017　　　　　　　*Wei Quan*, *Zhou Xiaoli* / 110

　　Abstract：In order to promote and implement the national One Belt and One Road development strategy and the construction of the Gansu Huaxia civilization inheritance and innovation zone comprehensively , in accordance with the overall requirements of the country's new-type urbanization, beautiful countryside construction and the cultivation and development of featured towns, the establishment of the national construction town in Yuquan town is an opportunity to build the world cultural heritage of Jiayuguan city, which is based on the profound historical and cultural heritage to plan and construct the town of Guancheng cultural tourism in Yuquan town. The construction of the town will emphasize the superiority of cultural history, strengthen the traditional cultural protection, increase the intensity of the protection of the historical and cultural resources of The Great Wall of Jiayuguan and the Silk Road, make the great scenic spot, the world cultural heritage park and the small town build the same layout, the same plan, the synchronous propulsion, carry on the history and culture, fuse the natural landscape and build the cultural landmark which is the core of the city.

Keywords: The Characteristic Town; Cultural Tourism; Industry Form

B. 14　The Analysis and Prediction of the Urban and Rural

　　　　Integration in Jiayuguan in 2017

Deng Tingtao, Xiao Lin / 118

Abstract: At present, the building of the urban and rural integration has made an important progress in Jiayuguan, and has possessed the conditions for building a new pattern of the integration of Urban-rural Economic and Social Development . But we should also be soberly aware that there are many problems that restrict the integration of urban and rural areas in our city. Based on the analysis of the current situation of urban-rural integration in our city, this paper reveals the main problems and puts forward the suggestions for deepening the integration of urban and rural areas.

Keywords: Urban And Rural Integration; "Three Changes" Reform; Green Development

B. 15　The Analysis and Prediction of the Development of Urban

　　　　and Rural Industrial Integration in Jiayuguan in 2017

Lu Weijie, Wen Lihao / 127

Abstract: Under the new normal state of the economic development, the

integration of urban and rural industry has a great significance for promoting the transformation and the development of agricultural and rural areas, changing the two dimensional structure of urban and rural areas thoroughly and accelerating the development of rural integration of the primary, the secondary and the service industries. This paper started from the actual situation of Jiayuguan urban and rural development, studied the current situation of the development of urban and rural integration industry, and summarized the successful measures for the development of integration of urban and rural industry and the existing problems for the future. It also provided new ideas about how to promote the urban and rural industrial integration and how to solve the bottleneck problems of the development of industrial integration.

Keywords: Industrial Development; Leisure Agriculture; Rural Tourism

Ⅵ   Civilized City

B. 16   The Work and Suggestion of the Founding of the

National Civilized City of Jiayuguan in 2017

Lu Weijie, Zhou Sisi / 134

Abstract: The National Civilized City is a comprehensive honorary title reflecting the whole civilization level of a city, and it is the most valuable intangible asset and the most important city brand of a city. In 1995, the city of Jiayuguan formally put forward the slogan of building a National Civilized City. In November 2017, it was awarded the title of the fifth "National Civilized City". For 22 years, taking fostering and practicing core socialist the soul main line of working, Jiayuguan city always adhered to the fight a protracted war, a relay race, invested a lot of manpower, material and financial resources, and constantly improved the city infrastructure, strengthened the city management, so the city living environment has been improved, and the quality of public culture and the city civilization have been constantly improved, and periodical achievements have been made in working.

However, we should also see that the current construction of civilized cities still faces many problems and pressures. This paper summarizes the work done in 2017 to create a civilized city in China, and puts forward some feasible countermeasures and suggestions for the existing problems, so as to further promote the scientific, standardized and long-term development of civilized city construction in China.

Keywords: National Civilized City; The Construction of Ideology and Morality; The Core Values

B. 17   The Work and Suggestions of Jiayuguan Tertiary

Industry and International Port Area in 2017

Li Yansheng, *Li Yaoshan* / 146

Abstract: In 2017, Jiayuguan paid close attention to the project construction, actively planed and promoted the construction of international port area, built Tiancheng square, Jinyi e-commerce express logistics park, Tiancheng Meiju furniture culture industrial park and other major projects. It is accelerating the development of the Spring agricultural products wholesale market, Jinggang automobile culture industrial park, Jiafengyuan building project construction, etc. The added value of the tertiary industry maintained the province's first for the four consecutive years.

Keywords: Structural Adjustment; International Port Area; The Development of Tertiary Industry

B. 18   Analysis and Suggestions on the Reform of Unified

Market Supervision in Jiayuguan City in 2017

Wang Xixi, *Yang Jia* / 153

Abstract: As the only one pilot city of the province's "three innings" and

institutional reform, daring to be "the vanguard" and "the experimental field", Jiayuguan city first integrated the institutions and responsibilities in the field of market supervision and management of Jiayuguan Industrial and Commercial Bureau, Supervision Bureau, the Food Drug Administration. In January 2015, Jiayuguan formed the Market Supervision and Administration, completed the task of reform which was "streamlined the organs, enriching the basic level, strengthening responsibility, enhancing efficiency", built up the regulatory system which covered the whole process of production, circulation and consumption. After three years of practice, the Market Supervision and Administration has implemented a series of measures to achieve the "1 + 1 + 1 > 3", which has achieved a significant effect from "the physical integration" to "the chemical fusion".

Keywords: Experimental Field; Market Regulation; Interation of Resources

B. 19 The Present Situation and Thinking of Grid Service Management of Urban and Rural Community in Jiayuguan City in 2017 *Wang Xixi, Chen Zhiyuan* / 161

Abstract: In recent years, facing the bottle net problems of the serious administrative tendency, the lack of clear-cut job responsibility and the weak strength in urban and rural community management, Jiayuguan combined with the practice, promoted the innovation model of the grass-roots social governance solidly, comprehensively deepened the management of urban and rural community grid services, and effectively explored a new path of scientific and technological support, program standardization and mechanism, so as to lay a solid foundation for the management of the basic social governance in the whole city.

Keywords: Grid Management; Social Governance; Community

B. 20   Investigation on Urban Comprehensive Law Enforcement

and Urban Management Situation in Jiayuguan City in 2017

Wei Quan, Sun Zhidong / 169

Abstract: This article has done a full analysis and research of the city's general law enforcement and urban management of the city in 2017 to find out and look for the regularity, and to suggest a practical strategy, to make a practical strategy, to do a good job of the city's overall law enforcement and urban management and to improve the level of law enforcement and city management.

Keywords: Integrated Enforcement of Law; Urban Management; Urbanization

B. 21   The Analysis and Prediction of Administrative Examination

and Approval System Reform in Jiayuguan City in 2017

Zhang Haiwu, Deng Hongling / 179

Abstract: In recent years, Jiayuguan city conscientiously implemented the Central Committee of Party and the Provincial Party Committee to speed up the transformation of government functions and to deepen the reform of administrative examination and approval system decision-making deployment. With decentralization as the core, Jiayuguan city understood of the municipal government departments of administrative examination and approval matters comprehensively, conscientiously did a good job of administrative examination and approval matters cleaning and implementation, promoted the further reform of administrative examination and approval system and took the lead in the province to complete comprehensive law enforcement, market supervision and other areas of reform. This paper tries to study the measures and the main problems of administrative examination and approval system reform in Jiayuguan city, and puts forward the countermeasures and suggestions to further promote the reform of

administrative examination and approval system.

Keywords: Administrative Examination and Approval System; Online Rights; Supervision and Management System

VII Ecology Civilization

B. 22 The Work and Suggestions of Jiayuguan's
Gardening in 2017 *Li Yansheng , Zhang Hui* / 187

Abstract: In 2017, the Municipal Bureau of Parks and Woods launched a solid undertaking to plant trees voluntarily and established National Civilized City, and created a city of no garbage. It completed the transformation of the three urban parks such as the northern urban roads and East Lake. However, there are still some problems, such as unscientific green planning, lack of local regulations on Urban Landscaping Management, and unreasonable planting structure. This article suggested that the construction of ecological protection forest system should be perfected and we should implement the quality project in an all-round way and strengthen the construction of road water network system for garden greening to prepare special planning for urban landscaping and to further strengthen the supervision and management functions and to increase the promotion of internal management in units.

Keywords: Greening; Ecological and Livable; Ecological Protection

B. 23 The Work and Suggestions of Environmental Protection
in Jiayuguan in 2017 *Li Yansheng , Wen Xutao* / 194

Abstract: In 2017, taking the rectification of the feedback of the central environmental protection inspect as an opportunity, the environmental protection work of Jiayuguan further strengthened the environmental supervision and law enforcement, steadily advanced the three major pollution prevention and control work, carried out the environmental publicity and education and the environmental impact assessment in a full range of organizations. Jiayuguan actively serves the economic and social development, and the level of environmental monitoring, environmental emergency and nuclear and radiation environmental supervision has been continuously upgraded. The environmental indicators have reached the goals of the provincial government. The quality of the environment is steady.

Keywords: Environmental Protection; Environmental Management; Environmental Assessment

B. 24　The Work and Suggestions of Water Resources Protection and Development in Jiayuguan in 2017

Li Yansheng , Zhao Yuzhen / 203

Abstract: The protection and development of water resources in Jiayuguan integrated many factors such as natural conditions, the geographical environment, the history of economic and social development, the comprehensive ability of the society and so on. Basically, a relatively complete system has been formed. But, as a new industrial tourist city, the sustainable use of water resources is still the most important issue. We need to continue to explore and improve the ability to protect, develop and utilize water resources to ensure the healthy and sustainable development of the economy and society.

Keywords: Water Resources Protection; Resource Cycle; Water Ecology

嘉峪关蓝皮书

VIII Livelihood Security

B. 25   The Situation of the Renovation of Shantytown

in Jiayuguan City in 2017   *Zou Zhe，He Jiankun* / 213

Abstract：The renovation of urban shanty towns is a major livelihood project. In recent years，with the CPC Central and the State Council increasing the shantytowns，and with the introduction of preferential policies，the Jiayuguan Municipal Government attaches great importance and seizes the opportunity to continue efforts to increase the shantytowns，and effectively improves the difficult populace's housing conditions，and solves the housing difficulties of low-income families，improves the appearance of the city. However，there are still many problems，such as the shortage of funds，the difficulty of housing expropriation and management after construction. Jiayuguan should start from the aspects of broadening financing channels，strengthen the cooperation between the government and the market，mobilize and give full play to the main role of all parties，make a reasonable plan for the renovation of the shanty towns，innovate the path of local development，and strengthen and improve the work continuously，so as to enhance the living environment and quality of life of urban residents.

Keywords：Shantytown Renovation；Urban Construction；Judicial Guarantee

B. 26   The Introduction and Suggestions of the Development

of Medical and Health Services in Jiayuguan in 2017

Li Guorong，Zhu Jianqing / 221

Abstract：This article summarized the development of health care and family planning work in Jiayuguan in 2017 and put forward the countermeasures and suggestions to promote the healthy and efficient development of medical and health services.

Keywords: Combination of Medical and Medical Care; Drug Supply; Health Information

B. 27 Analysis and Forecast on the Development of

Education in Jiayuguan in 2017 *Li Yansheng, Wang Lin* / 233

Abstract: This article analyzes the current situation of education in Jiayuguan, the important measures to promote its development and the main achievements it has made. It points out the main problems in the development of education and forecasts and analyzes the future development of education in the city. It also puts forward the major policies and measures to fully implement the Party's education policy, and to strive to enhance the overall strength of education, and to constantly improve the quality and level of education so as to promote the steady development of education in Jiayuguan.

Keywords: Education Development; Education Reform; Compulsory Education

B. 28 The Situation of Social Insurance in Jiayuguan in 2017

and Its Countermeasures and Suggestions

Lu Weijie, Yang Yang / 244

Abstract: In 2017, Jiayuguan city social insurance work thoroughly implemented the new concept of development. With deepening the reform of social insurance system as the main line, in accordance with the general requirements of "keeping bottom line, focusing on the key point, risk prevention and control and guide expectations", Jiayuguan steadily pushed forward the social

security enlargement of area of levy taxes and the government institutions pension insurance system reform, sped up the reform of the urban and rural medical insurance residents of integration, inter provincial remote medical billing and medicare payment reform, strengthened the budget management of social security funds and the social security management risk prevention and control, did a good job of social security card issuance of work, promoted the social security standardization and information construction, further improved the social security system, continued to expand the insurance coverage, effectively enhanced the ability of fund supervision, increased the social security benefits steadily in the level of social security, made management and service capabilities continue to increase and built a stable social security network for the service of "two firsts" and the structural reform of the supply side.

Keywords: Social Insurance; System Reform; Guarantee System

社会科学文献出版社 皮书系列

❖ 皮书起源 ❖

"皮书"起源于十七、十八世纪的英国，主要指官方或社会组织正式发表的重要文件或报告，多以"白皮书"命名。在中国，"皮书"这一概念被社会广泛接受，并被成功运作、发展成为一种全新的出版形态，则源于中国社会科学院社会科学文献出版社。

❖ 皮书定义 ❖

皮书是对中国与世界发展状况和热点问题进行年度监测，以专业的角度、专家的视野和实证研究方法，针对某一领域或区域现状与发展态势展开分析和预测，具备原创性、实证性、专业性、连续性、前沿性、时效性等特点的公开出版物，由一系列权威研究报告组成。

❖ 皮书作者 ❖

皮书系列的作者以中国社会科学院、著名高校、地方社会科学院的研究人员为主，多为国内一流研究机构的权威专家学者，他们的看法和观点代表了学界对中国与世界的现实和未来最高水平的解读与分析。

❖ 皮书荣誉 ❖

皮书系列已成为社会科学文献出版社的著名图书品牌和中国社会科学院的知名学术品牌。2016年，皮书系列正式列入"十三五"国家重点出版规划项目；2013~2018年，重点皮书列入中国社会科学院承担的国家哲学社会科学创新工程项目；2018年，59种院外皮书使用"中国社会科学院创新工程学术出版项目"标识。

权威报告·一手数据·特色资源

皮书数据库
ANNUAL REPORT(YEARBOOK)
DATABASE

当代中国经济与社会发展高端智库平台

所获荣誉

- 2016年，入选"'十三五'国家重点电子出版物出版规划骨干工程"
- 2015年，荣获"搜索中国正能量 点赞2015""创新中国科技创新奖"
- 2013年，荣获"中国出版政府奖·网络出版物奖"提名奖
- 连续多年荣获中国数字出版博览会"数字出版·优秀品牌"奖

成为会员

通过网址www.pishu.com.cn访问皮书数据库网站或下载皮书数据库APP，进行手机号码验证或邮箱验证即可成为皮书数据库会员。

会员福利

- 使用手机号码首次注册的会员，账号自动充值100元体验金，可直接购买和查看数据库内容（仅限PC端）。
- 已注册用户购书后可免费获赠100元皮书数据库充值卡。刮开充值卡涂层获取充值密码，登录并进入"会员中心"—"在线充值"—"充值卡充值"，充值成功后即可购买和查看数据库内容（仅限PC端）。
- 会员福利最终解释权归社会科学文献出版社所有。

社会科学文献出版社 皮书系列
SOCIAL SCIENCES ACADEMIC PRESS (CHINA)
卡号：981387446883
密码：

数据库服务热线：400-008-6695
数据库服务QQ：2475522410
数据库服务邮箱：database@ssap.cn
图书销售热线：010-59367070/7028
图书服务QQ：1265056568
图书服务邮箱：duzhe@ssap.cn

S 基本子库
UB DATABASE

中国社会发展数据库（下设 12 个子库）

全面整合国内外中国社会发展研究成果，汇聚独家统计数据、深度分析报告，涉及社会、人口、政治、教育、法律等 12 个领域，为了解中国社会发展动态、跟踪社会核心热点、分析社会发展趋势提供一站式资源搜索和数据分析与挖掘服务。

中国经济发展数据库（下设 12 个子库）

基于"皮书系列"中涉及中国经济发展的研究资料构建，内容涵盖宏观经济、农业经济、工业经济、产业经济等 12 个重点经济领域，为实时掌控经济运行态势、把握经济发展规律、洞察经济形势、进行经济决策提供参考和依据。

中国行业发展数据库（下设 17 个子库）

以中国国民经济行业分类为依据，覆盖金融业、旅游、医疗卫生、交通运输、能源矿产等 100 多个行业，跟踪分析国民经济相关行业市场运行状况和政策导向，汇集行业发展前沿资讯，为投资、从业及各种经济决策提供理论基础和实践指导。

中国区域发展数据库（下设 6 个子库）

对中国特定区域内的经济、社会、文化等领域现状与发展情况进行深度分析和预测，研究层级至县及县以下行政区，涉及地区、区域经济体、城市、农村等不同维度。为地方经济社会宏观态势研究、发展经验研究、案例分析提供数据服务。

中国文化传媒数据库（下设 18 个子库）

汇聚文化传媒领域专家观点、热点资讯，梳理国内外中国文化发展相关学术研究成果、一手统计数据，涵盖文化产业、新闻传播、电影娱乐、文学艺术、群众文化等 18 个重点研究领域。为文化传媒研究提供相关数据、研究报告和综合分析服务。

世界经济与国际关系数据库（下设 6 个子库）

立足"皮书系列"世界经济、国际关系相关学术资源，整合世界经济、国际政治、世界文化与科技、全球性问题、国际组织与国际法、区域研究 6 大领域研究成果，为世界经济与国际关系研究提供全方位数据分析，为决策和形势研判提供参考。

法律声明

　　"皮书系列"（含蓝皮书、绿皮书、黄皮书）之品牌由社会科学文献出版社最早使用并持续至今，现已被中国图书市场所熟知。"皮书系列"的相关商标已在中华人民共和国国家工商行政管理总局商标局注册，如 LOGO（ ）、皮书、Pishu、经济蓝皮书、社会蓝皮书等。"皮书系列"图书的注册商标专用权及封面设计、版式设计的著作权均为社会科学文献出版社所有。未经社会科学文献出版社书面授权许可，任何使用与"皮书系列"图书注册商标、封面设计、版式设计相同或者近似的文字、图形或其组合的行为均系侵权行为。

　　经作者授权，本书的专有出版权及信息网络传播权等为社会科学文献出版社享有。未经社会科学文献出版社书面授权许可，任何就本书内容的复制、发行或以数字形式进行网络传播的行为均系侵权行为。

　　社会科学文献出版社将通过法律途径追究上述侵权行为的法律责任，维护自身合法权益。

　　欢迎社会各界人士对侵犯社会科学文献出版社上述权利的侵权行为进行举报。电话：010-59367121，电子邮箱：fawubu@ssap.cn。

社会科学文献出版社